KB097288

일본

'우익'의

현대사

일본
'우익'의
현대사

야스다 고이치 지음

이재우 옮김

**'극우의 공기'가 가득한
일본을 파헤치다**

오월의봄

일러두기

1. 본문에 나오는 '전전戰前'과 '전후戰後'의 기준은 일본이 패전한 1945년 8월 15일이
   다. 즉 1945년 8월 15일 이전은 '전전', 그 이후는 '전후'이다.
2. 본문의 주는 모두 옮긴이가 붙인 것이다.

시작하며

민족파의 중진으로 알려진 노무라 슈스케野村秋介*는 우익을 가리켜, 프롤레타리아트의 전위인 좌익과 비교하는 대상으로서 '민족의 촉각'이라고 표현했다.

노무라는 시대에 대한 감수성과 위기에 직면했을 때의 순응성을 화재 경보에 비유했다.

꽁무니를 빼지 않는다. 재빨리 달려간다. 사람들의 목숨을 지키기 위해 자기가 방패가 된다. 필요하다면 목적을 위한 폭력행위마저 긍정했다. 노무라는 사람들의 순박한 심정에 바싹 다가가는 것이 우익이라고 주장했다.

---

* 1935~1993. 일본의 우익 인사. 불량 청소년 출신으로 복역 중 감옥에서 수상 암살을 시도한 해군 장교의 감화를 받아 우익으로 들어섰다. 전후에 반권력적인 우익 인사로 활동했다. 1993년《주간 아사히》가 자신이 이끌던 우익단체를 비난하자 이에 분노해 아사히신문사에 난입했고, 사과를 요구하다 자살했다.

"약자가 강자에게 대항하기 위해서는 폭력이 필요할 때가 있다. 하지만 일반인에게 목적을 위해 희생하라고는 할 수 없다. 그렇기 때문에 민족운동가가 존재한다."

이것이 노무라의 지론이었다. 실제로 노무라는 대자본에는 용서 없이 싸움을 걸었지만, 재일코리안 등 마이너리티에 대한 차별은 용서하지 않았다.

일본의 우익에게는 우익으로서 "정사正史"가 있다. 구미열강에 맞서고, 재벌財閥의 부패에 분노하고, 농촌의 피폐한 상황에 눈물을 흘렸다. 정말로 민족의 촉각으로서 위기를 계속 감수해왔다.

게다가 우익에게는 우익으로서 질서도 있다. 자유, 평등의 이상을 내건 좌익과 달리 우익은 국가에 대한 충성을 우선한다. 일본의 경우는 거기에 절대불가침의 천황이라는 존재가 추가된다.

급격한 변화를 바라지 않고, 국가와 민족의 위엄을 유지하고, 역사의 눈바람을 견딘 전통과 관습을 지키고 국내의 안녕을 유지하기 위해 노력한다. 우익은 매우 농도가 짙은 '일본' 그 자체이고자 했다.

우익과 넷우익의 차이

그러나 도수가 높은 술을 계속 마시면 뒤끝이 좋지 않듯이, 시대 역시 마찬가지다.

인권보다도 국익에 무게를 두는 우익은 때로는 권력과 하나가 되어 무모한 전쟁을 선동했다. 식민지주의에 매진했다. 요인 암살이라는 테러를 거듭 저질렀다.

예를 들면 내가 우익이라는 말을 꺼낼 때마다 목구멍 안에서 역겨운 느낌이 치밀어 오르는 이유는 폭력에 대한 공포를 느끼기 때문임에 틀림없다.

전전에 우익은 테러 대상을 가리켜 "임금 옆의 간신君側の奸"이라고 불렀다. 여기서 말하는 "임금"이란 군주를 가리킨다. 즉 나쁜 정치를 하게 만드는 간신(나쁜 가신이나 신하)이야말로 타도해야 할 적이었다. 빈곤을 낳는 사회 시스템에 대한 증오도 있었지만, 결과적으로는 파시즘 체제의 구축에 손을 빌려주게 되었다. 최근 우익 테러(나가사키長崎 시장 총격 사건*, 적보대赤報隊 사건**, 가토 고이치加藤紘一 저택 방화 사건*** 등)에 이르러서는 정도 눈물도 찾아볼 수 없다. 서로 다른 의견을 폭력으로 막을 뿐이다.

게다가 현재의 우익에게는 '애국'을 내걸면 무엇이든 용

---

* 1990년 1월 18일 천황의 전쟁 책임을 거론한 나가사키 시장 모토지마 히토시本島等를 우익이 저격한 사건. 모토지마 시장은 부상을 입었지만, 생존했고 2014년 사망했다.

** 1987~1990년 동안 일곱 차례에 걸쳐 아사히신문사, 재일한국인, 정치인에 대해 발생한 습격, 총격, 방화, 협박 사건을 가리킨다. 범인의 신원 파악 및 체포를 하지 못했으며 2003년 공소시효를 맞이했다.

*** 2006년 8월 15일에 야마가타현에 거주하는 전 자민당 간사장 가토 고이치의 집에 우익단체원이 불을 지른 사건. 고이즈미 준이치로 전 총리의 야스쿠니신사 참배 등에 비판적이라는 이유 때문이었다. 범인은 범행 직후 할복을 시도했지만 부상을 입고 생존했으며, 체포되어 재판에서 징역 8년형을 선고받았다.

서받을 수 있다는 교만함도 눈에 띈다.

다 큰 어른이 일장기를 흔들면서 조선학교^{朝鮮學校}에 다니는 아이들을 공갈한다. "외국인을 몰아내라"고 외치면서 번화가를 누빈다. 듣기에도 참을 수 없는 혐오발언을 인터넷에 쓰고, 반론을 받으면 "표현의 자유"라며 뻣뻣하게 나온다. 개헌을 주장하면서 일본국 헌법을 들먹이며 제 몸을 지키려고 한다. 나는 생활보호제도 이용자를 욕하거나, 미군기지 건설에 반대하며 연대 시위에 참가한 고령자에게 달려드는 우익도 보았다. 빈곤을 자기책임이라며 냉소적으로 보고, 외국 군대의 주둔을 전력을 다해 지지한다.

아니 이것은 이른바 '넷우익(인터넷 우익)'이지, '진짜 우익'이 아니다—이런 비판이 있으리라 예측하며 미리 반론을 해둔다.

지금 '진짜 우익'과 '넷우익'은 얼마나 차이가 있을까?

차별적이고 배타적이고 공격적이란 면에서 양자에 차이는 있을까? 아니 주장뿐 아니라 양 진영을 왔다 갔다 하는 "편승자"도 이젠 당연해 보이는 판이다. 경계는 애매하다. 게다가 국가권력을 보완하는 위치에서 벗어날 수 없다는 점에서도 양자에 차이는 없다.

노무라 슈스케가 말하는 '민족의 촉각'에 '과연'이라며 무릎을 치지만, 어딘가 께름직한 것은 그것이 싸구려 포퓰리즘으로 전락할 가능성이 있어 보이기 때문이다. 지금 우익이 대의를 내걸고 있다고 해도, 그들이 연료로 삼고 있는 것은 증오와 배타에 가득 찬 사회의 "분위기"이다. 자극을 받아 끊임없이 울리는 경종은 차별을 선동하는 반주가 될 수밖에 없다.

물론 혐오발언에 반대하며 몸 던져 혐오와 맞서고, 외국 군대가 주둔하는 현실에 정면에서 저항하는 우익도 있다는 걸 나는 알고 있다. 하지만 그 우익 인사들은 이단 취급을 받고 있는 것이 현실이다. 적어도 그들은 우익을 상징하는 세력은 아니다.

정부나 지식인이 사회의 분위기를 만들고, 부채질하고, 우익이 폭력을 시사하고, 넷우익이 거기에 쾌재를 부른다. 모두 연결되어 있다. 모두 이어져 있다. 거기에는 담장도 문턱도 없다.

그렇기 때문에 나는 또다시 우익이라는 존재를 역사의 흐름을 따라 알아보고 싶었다. 그것은 항상 우익을 필요로 하는 사회를 아는 것이라고도 생각하기 때문이다.

우익이란 무엇인가

거듭 질문해본다.

우익이란 무엇인가? 좌익이란 누구인가? 우익은 어디에 있을까? 그리고 무엇을 지향할까? 국가권력은 당시의 우익과 어떻게 타협해서 그 존재를 허용해왔을까?

역사를 다시 떠올려본다. 우익의 역사를 읽어본다. 도대체 우익이 지난 길에는 무엇이 남았을까? 관련된 사건이나 사상事象을 통해서 그 발자취를 쫓아가 보았다.

이 책에서는 시대를 크게 두 가지로 구분했다.

하나는 종전부터 1970년 안보까지.

제2차 세계대전은 일본의 패배로 끝났으며, 동시에 우익의 자멸이기도 했다. 전후戰後, GHQ(연합군 최고 사령부 총사령부 General Headquarters, the Supreme Commander for the Allied Powers)의 손으로 우익 세력은 '전전戰前의 유물'이라는 이유로 무대에서 끌어내려졌다. 그러나 그것은 한때의 휴식일 뿐이었다. 국가권력의 폭력 장치로서 숨을 다시 쉬게 된 우익은 '반공'을 기치로 내걸고 되살아났다. 일부는 폭력단과도 연계되어 검게 칠한 선전차로 대표되는 "위협과 공갈"이라는 우익의 이미지를 정착시켰다. 한편 1970년대에는 전후라는 시대에 의문을 제기하며 "반체제"를 주장하는 신우익이 투쟁의 신호를 쏘아 올렸다.

그리고 다시 우익의 새로운 시대가 시작되었다. 또 하나의 시대이다.

"안보의 계절"이 지나고 좌익 세력이 쇠퇴하면서 우익도 좌익과 마찬가지로 방향을 잃었다. 상대가 쇠퇴함에 따라 우익의 세력도 꺾였다.

거기에 '반공'을 대신하는 '개헌改憲'이라는 새로운 테제가 탄생했다. 개헌을 구심력으로 삼은 일부 우익은 "풀뿌리"에서 활로를 찾았다. 그 흐름에서 이를테면 일본회의日本会議와 같은 대중 조직이 탄생했다. 우익은 말하자면 코드 진행을 바꾸며 사회에 다시 침투했다. 강압적인 우익은 결코 주역으로 발탁된 적은 없지만, '우경화'라고 불리는 시대를 만들어내는 데에는 일정한 영향을 끼쳤다. 게다가 이런 움직임을 자양

분 삼아 21세기에 '넷우익'이라는 계층이 탄생했다. 기존 우익들은 처음 넷우익의 배타적, 차별적 주장(이라기보다도 모습)을 백안시했지만, 이제는 앞서 말했듯 양 진영의 경계를 찾아보기 어렵다. 넷우익을 포함한 우익 세력의 목적은 '개헌'뿐 아니라 인종, 반전, 반차별과 같은 전후 민주주의가 키워온 "상식"을 부정하는 것이다. 전후라는 시간에 대한 "반동Backlash"을 꾀하는 것이다.

이것이 지금 일본 사회의 모습이 아닐까?

이런 시대에 위기감을 느끼면서 나는 우익의 역사를 취재했다.

차례

일본의 우익(분류)

전통 우익
伝統 右翼

- 전전부터 이어지는 사상 계승
- 농본주의
- 복고주의, 전전으로 회귀하기

대동숙大東塾(다이토주쿠)
불이가도회不二歌道会(후지가도회) 등

행동 우익
行動 右翼

- 반공, 반좌익
- 거리 선전 중심
- 황도皇道 우익이라고도 불림

시국대책협의회
時局對策協議会(약칭 시대협)
전일본애국자단체회의
全日本愛國者團體会義(약칭 전애회의) 등

신우익
新右翼

- 반미
- 자주방위
- 반체제

일수회一水会(잇스이카이)
통일전선의용군統一戰線義勇軍 등

임협 우익
任俠 右翼

- 폭력단이 모체
- 반공

종교 보수
宗教 保守

- 친정부
- 헌법 개정

세계평화통일가정연합
世界平和統一家庭聯合
일본회의日本会議 등

넷우익
ネット右翼

- 혐한, 혐중
- 배외주의, 인종차별

재일 특권을 허락하지 않는
시민 모임(약칭 재특회) 등

＊ 상호 이용
＊ 경계가 애매

전사前史,
일본 우익의
원류

우익 테러리즘의 시대

지하철 난보쿠선^{南北線}을 타고 혼코마고메역^{本駒込驛}에서 내려 혼고도오리^{本鄕通り}를 따라 도쿄대학 방면으로 향했다. 가로수로 심어진 은행나무 쪽에 깔끔한 느낌의 아파트가 늘어서 있었다. 5분 정도 걸으니 오른쪽에 도립 무코가오카고교의 현대적인 학교 건물이 보였다. 예전에는 그 주변에 분쿄 구립 고마모토소학교가 있었다. 일대가 혼고고마고메오이와케^{本鄕駒込追分}라고 불리던 시절의 이야기다.

1932년 2월 9일 밤 민정당^{民政黨}*의 고마이 쥬지^{駒井重次}의 정견 발표 연설회가 이 소학교에서 있었다. 그해 초 내각이 해산되고 세간에서는 총선거가 한창 진행 중이었다.

---

*　제2차 세계대전 전에 일본에 있던 정당으로, 정식 명칭은 입헌민정당^{立憲民政黨}으로 1927년에 결성되었다.

오후 8시 민정당 소속 전 대장대신 이노우에 준노스케#上準之助*가 고마이를 응원하기 위해 연설을 하고자 자동차를 타고 왔다. 이노우에는 민정당의 선거대책위원장이기도 해서 각지에서 열린 연설회에 참석했다.

혼고도오리 방향을 바라보는 교문 앞에서 내린 이노우에가 교사를 향해 걸음을 내디뎠을 때였다. 마중 나온 인파 속에서 한 청년이 뛰쳐나왔다. 청년은 이노우에의 등 뒤로 돌아서 권총을 겨누었다. "빵." 화약이 터지는 소리가 울려 퍼졌다. 이노우에가 몸을 웅크렸다. 그 순간 청년은 다시 두 발의 총탄을 더 쏘았다. 청년은 곧 경비를 서던 경찰관에게 제압당했다. 군중 가운데에는 지팡이를 치켜들고 저격범인 청년을 마구 때리는 사람도 있었다.

차에 실린 이노우에는 아직 의식이 있어서 "아프다, 아퍼"라고 신음했다고 한다. 그러나 바로 근처 도쿄제국대학 의학부 부속의원(현재의 도쿄대학 의학부 부속병원)에 옮겨졌을 때에는 이미 의식을 잃었다. 저격당한 지 겨우 15분 뒤인 8시 15분에 이노우에의 사망이 확인되었다. '쇼와 테러昭和テロ'의 개막이었다. 범인이 쏜 총탄은 쇼와 초기 일본 사회에 어두운 그림자를 드리운 '우익 테러리즘의 시대'를 알리는 신호탄이 되었다.

---

* 1869~1932. 일본의 정치가. 일본은행 등에 근무하여 재정 전문가로 알려졌으나 대장대신을 지내던 1929년에 발생한 경제 공황에 제대로 대처하지 못해 지탄을 받았고, 이것이 원인이 되어 1932년에 암살당했다.

체포된 청년은 당시 20세였던 오누마 쇼^{小沼正}**. 오누마
는 후에 "농촌의 빈곤, 사회의 부패"에 대한 분노 때문에 정부
요인, 특히 일본은행 출신으로 대장성 장관도 지냈으며, 일본
경제의 키잡이 역할을 했던 이노우에의 책임을 중요하게 보
고 암살하기로 결의했다고 공술했다.

빈부격차에 분노하다

오누마는 이바라키현^{茨城県}의 태평양 방향인 히라이소정<sup>平
磯町</sup>(지금의 히타치나카시^{ひたちなか市}) 출신이다.

1929년 월가의 주식 대폭락으로 시작된 세계 공황은 일
본에 심각한 영향을 미쳤다(이른바 쇼와 공황). 도시에는 실업
자가 넘쳐났고, 생사나 쌀 가격의 폭락으로 농촌도 피폐해졌
다. 딸이 몸을 파는 집안도 줄을 이었다.

오누마의 집안도 겨우 먹고사는 빈곤한 형편이었기 때
문에 그는 충분히 학교를 다닐 수 없었다. 오누마는 사회의
빈부격차에 분노했다. 그 후 결정적인 사건이 일어났다. 그
의 회고록《일살다생^{一殺多生}》(読売新聞社)에 따르면 그 사건은

** 1911~1978. 일본의 우익 활동가이자 사업가. 원래 노동자 출신으로 도쿄에서
일하면서 빈부격차 및 경찰 등의 횡포를 보고 분노했다고 한다. 나중에 이노우에 닛쇼
의 가르침에 심취하여 혈맹단에 들어가 전 대장대신 이노우에 준노스케를 암살했다.
무기징역을 선고받아 복역 중 1940년에 가출소했다. 전후에는 우익 활동을 하면서 사
업을 했다.

1928년 11월에 일어났다. 당시 오누마는 도내의 제과공장에서 일하고 있었다.

히로히토 천황이 즉위하자 도쿄에서 어대전御大典* 특별 육군 열병식이 거행되었다. 오누마는 천황 행행行幸(일행의 대열)을 구경하기 위해 자전거를 타고 고마자와駒澤(시부야구渋谷区)에 있는 제과공장에서 아오야마青山까지 갔다. 오누마는 길가에 넘치는 구경꾼 사이를 뚫고 제일 앞줄에 자리를 잡았다.

그때, 경비를 서던 순사가 오누마에게 소리쳤다.

"이봐, 앞으로 나오지 마." 오누마가 왜 안 되냐고 물어보니, 순사는 이렇게 대답했다고 한다.

"그따위 차림새로 앞으로 나와선 안 돼."

오누마는 위에 핫피法被를, 아래에는 카키색 바지에 짚신을 신고 있었다. 전형적인 하층 노동자의 복장이었다. 오누마는 그 말을 듣자마자 순사에게 반론했다.

"이런 차림새로 있으면 안 되나요? 이래 봬도 저한테는 단정한 작업복이에요. 당신이 입은 복장도 작업복 아닌가요? 도대체 어디가 다른가요?"

하지만 순사는 더욱 고압적인 자세로 나올 뿐이었다.

"안 된다고 하면 안 되는 줄 알아!" 그렇게 화를 내며 그는 다른 순사들과 함께 오누마를 대열 후방으로 억지로 밀어 넣었다.

나중에 오누마는 이런 경찰 권력의 횡포를 강하게 비판

---

* 천황이 즉위할 때 치르는 의식.

했다.

"저는 권력남용은 국가, 국민에 대한 반역이라고 생각합니다. 그렇게 권력을 남용해서 순수한 국민을 착취하고 있습니다."(《혈맹단 사건 공판 속기록血盟団事件公判速記録》)

빈부 차이를 확대시키기만 하는 국가권력에 대한 분노가 오누마를 테러로 몰아넣은 원동력이었다.

국가 개조를 지향하다

1930년쯤 오누마는 오아라이정大洗町의 니치렌종日蓮宗** 사원인 릿쇼고코쿠토立正護國堂의 주지 이노우에 닛쇼井上日召***를 알게 되었다.

이노우에는 군마현群馬県 가와바촌川場村에서 태어나 마에바시前橋중학을 졸업하고 와세다早稲田대학을 거쳐 만철滿鐵****(남만주철도)에 입사했다. 덧붙이자면 마에바시중학의 동

** 일본 가마쿠라 시대의 승려 니치렌을 개조開祖로 하는 일본 불교의 한 종파.《법화경》과 "나무 묘법 연화경南無妙法蓮華經" 일곱 글자를 외는 것을 중시한다.
*** 1886~1967. 일본의 종교가이자 우익 활동가. 와세다대학을 중퇴하고 만주에 건너가 만철에서 정보원으로 활동하다가 귀국한 후 니치렌의 가르침에 귀의했다. 이후 해군 청년장교와 우익 활동가들과 접촉하여 테러를 통한 정치 개조를 하기 위해 혈맹단을 조직해 '일인일살一人一殺'의 정신으로 정치가, 재벌을 상대로 테러를 기도했다. 혈맹단 사건으로 체포되어 무기징역을 선고받고 복역 중 1940년 특사를 받아 출소했다. 전후에도 우익단체인 호국단 등에서 활동했다.
**** 1906년 설립되어 1945년 폐쇄된 만주에 있던 일본의 국책 기업. 러일전쟁 이후에 일본이 획득한 남만주 철도 및 광산 사업 등을 관리했다.

기생 중에는 나중에 일본에서 처음으로 마르크스의 《자본론》을 번역한 다카바타케 모토유키高畠素之*가 있다.

만철에 들어간 이노우에는 육군 참모본부의 첩보 활동도 했다. 신해혁명 지원 등에도 분주했는데, 그 시절부터 《법화경法華經》에 경도되었다. 귀국한 뒤에는 니치렌종에 귀의하여 국가 개조를 목적으로 하는 정치운동에 매진했다. 가시마나다鹿島灘를 바라보는 이바라키현의 오아라이에 거처를 정하고 지방 젊은이들에게 정치의 본연의 자세를 가르치게 되었다고 한다.

이노우에는 '국가 개조'를 지향했다. 사리사욕에 치우친 지배계급을 타도하고 천황을 중심으로 하는 만민평등사회를 실현하고자 했다. 이런 생각은 니치렌종과 국가주의를 뒤섞은 다나카 지가쿠田中智學**(종교단체 국주회國柱会[고쿠추카이]의 리더)의 책에서 영향을 받은 것이다.

이노우에는 '부패 체제'에 격렬히 분노했다. 사회의 빈곤을 생각하지 않고 개인의 이익만을 챙기는 지배계급(정치가와 기업가)을 타도하지 않으면 국가의 안녕은 없다고 생각했다. '만민평등'(평등사회)을 지향한다는 점에서 사회주의혁명을 기반으로 하는 좌익과도 통하는 부분이 있지만, 이노우에의 '국가 개조'는 체제 전복을 노리는 혁명이 아닌 국가 본연의 자

---

* 　1886~1928. 일본의 국가사회주의자. 원래는 사회주의자로 《자본론》을 처음으로 일본어로 번역했다. 이후 우익으로 전향해 국가사회주의 운동을 전개했다.
** 　1861~1939. 일본의 국수주의자이자 종교인. 원래 니치렌종의 승려였으나 환속하여 재가주의 및 국가주의적 종교운동에 뛰어들어 국주회를 설립했다.

세를 바꾸는 '혁신'이었다.

테러리스트 오누마에게도 큰 영향을 끼친 이노우에의 저서《일본 정신에 살자日本精神に生よ》(改造社)에서는 사회에 빈곤을 강요하는 자본주의 체제를 규탄하면서 좌익 사상 역시 비판하고 있다. "좌경파는 인류의 문화가 원시 이래 계급투쟁에 의해서만 진보해왔기 때문에 지금도, 앞으로도 계속 투쟁의식을 왕성히 갖고 계급투쟁에

1954년 무렵의 이노우에 닛쇼. 이노우에는 '부패 체제'에 격렬히 분노했다. 사회 내의 빈곤을 생각하지 않고 개인의 이익만을 챙기는 지배계급을 타도하지 않으면 국가의 안녕은 없다고 생각했다.

서 승리해야 한다고 말합니다. …… 그런데 이상하게도 일본 역사에서 아직 단 한 번도 계급투쟁이 있었던 사실이 없는데도 현재처럼 문화가 진보해왔습니다. 이것만 봐도 그들의 논거에 결점이 있음이 명확합니다. 단순히 이론상에만 결점이 있는 것이 아닙니다. 인류의 사상이 평화에 있음에도, 그들은 투쟁을 목적으로 삼고 있습니다. 그들을 따르면 영원히 평화가 오지 않고 맹수의 세계가 나타나게 됩니다. 그러니 그들은 인류의 반역자라고 할 수 있습니다."

이노우에는 "폐허 위에 이상사회를 세우는" 사회주의혁명을 부정했다. 그가 지향하는 사회는 천황 주변인들이 장악한 독재 체제를 타파하고 천황친정天皇親政(천황에게 권력을 집중

시키자는 주장)에 의한 국가주의 체제를 세우는 것이었다. 이른바 '쇼와유신昭和維新'이라고도 불리는 운동이었다.

혈맹단 결성

　이노우에가 지향한 '국가 개조'와 좌익의 사회주의혁명은 '천황친정'과 같은 내용에서뿐만 아니라 그 과정에서도 차이가 있다. 노동운동과 같은 사회운동에 의존하지 않고, 이노우에 등은 요인 암살로 사회를 바꿔야 한다고 생각했다. 다수의 국민을 살리기 위해 한 사람의 악인을 죽인다―'일살다생一殺多生'의 슬로건은 이런 생각에서 태어났다. 변혁을 위해서는 희생이 필요하다는 생각, 그 후 일본 우익에게 큰 영향을 끼친 독특한 테러 사상이다.

　지금 우익이라는 말과 우익이라는 존재에 조금이라도 폭력적인 느낌이 든다면, 이 시절이 원천이 된다. 아사누마 이네지로浅沼稲次郎 암살 사건*(1960년), 시마나카 사건嶋中事件**(1961년), 나가사키 시장 총격 사건(1990년), 적보대 사건(1987년부터 1990년) 등 전후의 사건만을 돌이켜봐도 우익은 항상 폭력의

---

*　1960년 10월 12일 일본 사회당 아사누마 이네지로 위원장이 우익 소년 야마구치 오토야의 칼에 찔려 사망한 사건.
**　1961년 2월 1일 잡지 《주오코론中央公論》에 연재된 소설에 천황, 황후, 황태자, 황태자비의 처형 장면이 나온 것에 분개한 17세의 우익 소년이 사장인 시마나카 호지嶋中鵬二의 집을 습격하여 부인에게 부상을 입히고 가정부를 살해한 사건이다. 범인은 체포되어 징역 17년형을 선고받았다.

혈맹단 사건으로 체포된 14명. 사진 14번이 전 대장대신 이노우에 준노스케를 살해한 오누마 쇼이고, 2번이 미쓰이 총수 단 다쿠마를 살해한 히시누마 고로이다.

냄새를 풍겼고, 그리고 테러에 치우쳤다.

　폭력으로 다른 의견을 배제하고 정치 목적을 이루려고 하는 우익 테러의 이미지는 '일살다생'을 외쳤던 이 시대부터 지금까지 길게 이어져왔다고 할 수 있다.

　국가 개조를 실현하자—이노우에 밑에 모인 젊은이들을 중심으로 암살단이 결성되었다. 그중 한 사람이 이노우에 준노스케를 저격한 오누마였다. 빈곤에 허덕이던 오누마는 이노우에 밑에서 국가 혁신의 이상을 배웠고, 테러리스트의 길로 향했다. 암살단은 나중에 '혈맹단血盟團(게쓰메이단)'으로 불렸다. 그래서 그 후 이어진 일련의 사건을 '혈맹단 사건'이라고 부르는데, 언론이나 수사 당국이 그렇게 붙였다고 한다.

　이노우에 준노스케 저격 사건이 발생한 지 약 1개월 후인

3월 5일, 이번에는 미쓰이三井 재벌* 총수인 단 다쿠마團琢磨**가 미쓰이은행 본점(도쿄의 니혼바시日本橋) 현관 앞에서 사살되었다. 범인은 오누마와 마찬가지로 이노우에 닛쇼가 조직한 암살단 소속인 히시누마 고로菱沼五郞***였다. 히시누마 또한 이바라키현 출신이었다.

수사 당국은 처음에는 두 사건의 연관성을 파악할 수 없었다(오누마와 히시누마는 묵비권으로 일관했다). 그러나 두 사람 모두 이바라키현 사람이고 비슷한 범행 수법 등으로 보아 관련이 있다고 여겼고, 결국 이노우에 닛쇼의 존재에 도달하게 되었다. 3월 11일 이노우에가 경찰에 출두했고, '혈맹단' 단원 14명이 일제히 체포되었다. 이 중에는 요시모토 요시타카四元義隆****(사건 당시에는 도쿄제국대학생) 등도 있었다. 요시모토는 전후에 굵직한 역할을 한 막후 조정자 중 한 사람이고, 1993

---

* 일본 3대 재벌 중 하나. 에도 시대에는 전당포, 포목점 사업으로 메이지 시대에는 은행업, 방적업 등으로 큰 부를 축적했다.

** 1858~1932. 일본의 공학자이자 실업가. 미국에서 광산학을 전공하고 귀국한 뒤 미쓰이 산하의 광산회사 등에서 일하면서 승승장구하여 미쓰이 재벌의 총수가 되었고 남작 작위를 수여받았다. 하지만 달러를 사재기해 비난의 표적이 되었고, 1932년 3월 5일 우익 청년 히시누마 고로에게 암살당했다.

*** 1912~1990. 일본의 우익 활동가. 이노우에 닛쇼에게 감화를 받아 혈맹단에 들어가 1932년 미쓰이 재벌 총수 단 다쿠마를 암살하고 무기징역을 선고받아 복역 중, 1940년에 특사로 석방되었다. 전후에는 우익 활동을 떠나 어업회사를 운영하다가 현의원에 당선되었다.

**** 1908~2004. 일본의 우익이자 실업가. 도쿄제국대학 법학과를 졸업했으며, 재학 당시에는 천황주권설을 주장하는 학생 모임에 가입했다. 혈맹단 사건에 연루되어 1934년 징역 15년형을 선고받았고, 복역 중인 1940년에 특사로 석방된 후 고노에 후미마로의 측근으로 활동했다. 전후에도 우익 활동을 하면서 역대 수상과 관계하며 흑막으로 군림했다.

년 탄생한 호소카와 모리히로細川護熙***** 내각에서도 '배후의
유력 고문'으로 지목되었던 인물이다

국가 개조에서 쇼와유신으로

수사 과정에서 그 외의 암살 대상으로 이누카이 쓰요시犬
養毅******, 사이온지 긴모치西園寺公望*******, 시데하라 기주로幣原喜
重郎********, 와카쓰키 레이지로若槻禮次郎******** 등 여러 정계 거
물들의 이름이 나온 사실이 밝혀졌다. 언론은 크게 떠들었다.
하지만 당시 세상은 이런 폭력에 관대했다. 아니 오히려 그들
에게 동정심을 느끼는 사람도 적지 않았다. 공황으로 피폐해

***** 1938~ . 일본의 정치가. 제79대 총리를 지냈다. 중일전쟁 당시의 총리 고노에
후미마로는 호소카와의 외할아버지이다.
****** 1855~1932. 일본의 정치가로 다이쇼 시기 초기에 제1차 호헌운동에서 가쓰
라 다로桂太郎 내각을 탄핵하는 데 앞장섰기 때문에 '헌정의 신'으로 불렸다. 중국 혁명
운동 등을 지원했고, 군축회담에 참가하는 정부를 탄핵하기도 했다. 수상 재직 중이던
1932년 5월 15일 관저에서 해군 장교들에게 암살당했다.
******* 1849~1940. 일본의 정치가로 오래된 귀족 가문 후지와라씨藤原氏의 후예이
다. 수상을 두 차례 역임했고 이후 원로가 되어 일본 정계의 중심인물이 되었지만, 이
토 히로부미伊藤博文나 야마가타 아리토모山 縣有朋 등에 비해 영향력이 약해 일본이 우
경화되는 것을 막지 못했다.
******** 1872~1951. 일본의 외교관이자 정치인. 외무대신 재임 중에 국제연맹에 협
조하고 중국 내정에 간섭하지 않으면서 일본의 이권을 유지하는 '시데하라 외교'를 전
개했으나 만주사변 수습에 실패해 사직했다. 제2차 세계대전 이후 1945년 10월에 총
리가 되었다.
******** 1866~1946. 일본의 관료이자 정치인. 내무대신 재직 중 '치안유지법'을 성
립시켰다. 수상 재직 중에 만주사변 불확대 방침을 내걸고 수습하려고 했지만 실패하
고 사직했다. 제2차 세계대전 중에는 종전 공작에 관여했다.

진 사회는 우익 테러를 용인하는 공기를 만들었다.

예를 들면 이 사건이 서구 사회에서 발생했다면, 피폐해진 사회나 대중의 분노는 점점 노동자계급을 주축으로 하는 사회주의혁명에 대한 기대로 바뀌었을지도 모른다. 일본에서 우익 테러에 공감이 집중된 이유는 역시 천황의 존재가 컸기 때문일 것이다.

우익은 체제 타도를 지향하면서도, 천황만은 절대적으로 사수하려고 했다. 많은 일본인에게 뿌리내려져 있는 천황관(천황을 신과 동등하게 취급하는 천황절대주의)은 그대로 두고, 만민평등의 국가 체제를 지향했다. 그랬기 때문인지 테러리스트는 대중에게 의적으로 보였다. 만약 테러의 주역이 "천황제를 기반으로 하는 국가 체제 전복"을 주장하는 좌익 조직이었다면, 설령 그들이 빈곤 구제를 대의로 내걸었다 하더라도 당시 대중의 공감을 얻을 수는 없었을 것이다.

우익이 내건 '천황주의'와 '부패 체제 타도'는 당시 일본인의 심정에 와닿았다. 그러나 이런 사회 공기가 잦은 테러를 불러, 폭력 앞에서는 자유롭게 말할 수 없는 부자유스런 사회 체제를 만들었다.

혈맹단 사건이 있은 지 2개월 후인 5월 15일에 무장한 해군 청년장교들이 총리 관저에 난입해 내각총리 이누카이 쓰요시를 암살했다. 흔히 말하는 5·15사건이다. 사건 배경은 정당정치의 부패와 군축에 대한 청년장교들의 반발이다. 5·15사건은 혈맹단 사건을 잇는 '쇼와유신' 테러의 제2탄이라고 할 수 있었다.

게다가 이듬해 1933년에는 '애국근로당愛國勤勞黨' 등 우익 단체를 중심으로 하는 쿠데타 미수 사건(신병대神兵隊 사건)도 일어났다. 이들은 각료와 원로 등 정계 요인을 암살하고 황실 중심의 국가 개조를 수행하려고 했으나, 사전에 발각되어 단원들이 내란죄로 체포되었다.

　그리고 1936년 2월 26일, 육군 청년장교들이 일으킨 대규모 쿠데타인 '2·26사건'이 발생했다. 이때의 슬로건도 '쇼와유신'이었다.

　'황도파皇道派'*라고 불린 청년장교들은 쿠데타로 의회정치를 타도하고 천황친정을 실현시킨다면, 인신매매가 연이어 벌어지고 있는 농촌의 궁상도, 빈부격차를 비롯한 사회적 불평등도, 재벌과 정계의 부패도 교정할 수 있다고 믿었다.

　궐기한 장교들은 오카다 게이스케岡田啓介** 내각총리대신, 스즈키 간타로鈴木貫太郎*** 시종장, 사이토 마코토齋藤實**** 내대

---

*　　1930년대 초중반에 있었던 일본 육군 내부의 파벌이다. 육군 대장인 아라키 사다오荒木貞夫와 마사키 진자부로眞木甚三郎 등이 이끌었으며, 이들은 주로 군대의 정신적인 측면, 사회문제의 우선 해결 등을 주장했다.

**　　1868~1952. 일본의 정치인이자 해군 군인. 해군 대장 출신으로 수상 재임 중인 1936년에 2·26사건이 발생하여 청년장교들에게 습격당했지만, 처남이 대신 살해당해 생존했다. 이후 중신 그룹의 일원으로 제2차 세계대전 중에 도조 히데키 내각 타도 및 종전 공작에 관여했다.

***　　1868~1948. 일본의 정치인이자 해군 군인. 해군 대장 출신으로 쇼와 천황의 시종장으로 근무했으며, 2·26사건 당시 부상당했으나 생존했다. 이후 1945년에 총리가 되어 일본을 종전으로 이끌었다.

****　　1858~1936. 일본의 정치인이자 해군 군인. 해군 대장 출신으로 조선 총독을 두 차례 역임하며 '문화정치'를 실시했다. 5·15사건 이후 총리가 되었지만 군부에 끌려다녔으며, 뇌물 사건으로 사직했다. 천황의 정치적 보좌관 역할인 내대신에 재직 중이던 1936년 2·26사건 때 청년장교들에게 암살당했다.

신, 다카하시 고레키요高橋是淸* 대장대신, 와타나베 조타로渡邊錠太郎** 육군 교육총감, 마키노 노부아키牧野伸顯*** 전 내대신 등을 습격했고, 나아가 총리대신 관저, 경시청警視廳, 내무대신 관저, 육군성, 참모본부, 육군대신 관저 등을 점거했다. 수도 중추를 장악한 쿠데타 부대에게 남은 것은 단 한 가지였다. 천황이 그들을 지지한다면 이루어질 '쇼와유신'의 성립이었다.

그러나 그 소원은 천황에게 받아들여지지 않았다. 천황은 쿠데타에 대한 지지를 거부했다. 이에 따라 궐기 부대는 '반란군'으로 취급되었고, '쇼와유신'은 미수로 끝났다. 장교들은 투항하거나 일부는 자결했다. 주모자는 총살형에 처해졌다.

혈맹단, 폭력, 테러, 쿠데타

폭력, 테러, 쿠데타. 혈맹단 사건에서 2·26사건에 이르기

---

* 1854~1936. 일본의 정치인이자 관료. 재정을 맡는 대장대신 및 수상을 역임했다. 경제상의 이유로 군축을 강력히 주장했다. 2·26사건 때 암살당했다.
** 1874~1936. 일본 육군의 군인. 야마가타 아리토모의 부관 및 군부 요직을 역임했으며, 1930년대 육군 파벌 대립 와중에 천황친정을 지지하는 황도파의 수령 마사키 진자부로 대장을 육군 교육의 책임자인 교육총감에서 실각시키는 데 한몫했다가 2·26사건 때 암살당했다. 그의 딸인 와타나베 가즈코渡邊和子는 나중에 수녀가 되었고, 작가로 활동하다가 2016년에 사망했다.
*** 1861~1949. 일본의 관료이자 정치인. 메이지유신의 공로자 오쿠보 도시미치大久保利通의 아들로 마키노 집안의 양자가 되었다. 내무대신, 내대신 등을 역임했다. 요시다 시게루吉田茂 수상은 그의 사위이며, 정치인 아소 다로麻生太郎는 증손자이다.

까지 '쇼와유신' 운동은 이런 일반적인 우익의 이미지를 만들었다.

사실은 현대의 일부 우익단체도 폭력을 연상케 하는 화약 냄새를 풍기는 이미지를 꼭 부정하지만은 않는다.

어떤 우익단체 간부는 "실제로는 곤란하겠지만"이라고 운을 떼고 나서, "일살다생의 정신은 우익에게 최후의 카드"라고 말했다. 수단을 위해 폭력을 사용할 수 있다고 시사함으로써 우익의 존재의의를 과시하고 있는 것이다. 검게 칠한 대형 선전차도, 대음량으로 방송되는 군가도, 강압적인 분위기를 연출하는 특공복도 그 이미지에 이어진다.

"공포를 주기 때문에 우익이다." 그렇게 단언하는 우익 활동가도 있다.

지금도 적지 않은 수의 우익 관계자들은 혈맹단 사건을 모의한 장소였던 이바라키의 '호국당護國堂(고코쿠도)'을 방문한다.

서핑이나 해수욕장으로 알려진 오아라이 해안 근처 이소하마磯浜라는 곳에 니치렌종 도코산東光山 호국사護國寺가 있다. 참배 길을 따라 올라가면 이노우에 등 혈맹단원들이 공동으로 생활하던 호국당이 바로 보인다. 본당 벽에는 혈맹단원들의 사진이 걸려 있다. 순진해 보이는 생김새, 하지만 어딘가 결의를 감춘 듯한 표정의 청년들 초상이 액자에 들어가 있다.

경내에서 이노우에 닛쇼의 동상과 그 뒤에 세워진 붉게 칠한 삼층탑을 보면 눈이 휘둥그레진다. 단 다쿠마를 암살한 히시누마 고로가 세운 것이라고 한다. 전후에 히시누마는 한

때 오바타 고로^{小幡五郎}로 개명하고 이바라키 현의원이 되었다. 우익 활동을 하지 않았다고 하지만, 한때는 현의회 의장도 지내며 현정의 실력자로 현지에 알려졌다(1990년 사망). 한편 오누마는 전후에 교카이코론샤^{業界公論社}를 세워 출판인으로 살았다(1978년 사망). 본당에 걸린 혈맹단원 사진은 오누마가 기증한 것이다. 지금은 묘지 경영 등을 해서 현지 사람들에게도 친숙한 '호국사'이지만, 역시 혈맹단원이었던 요시모토 요시타카가 세운 쇼와유신 열사의 묘^{昭和維新烈士之墓}나, 석비에 새겨진 "국가 개조를 달성하기 위해서는 감히 참간^{斬奸}의 검을 잡아 일인일살, 일살다생의 비상수단에 호소할 수밖에 없다고 생각하여"라는 혈맹단 사건에 대한 설명 등을 보면, 테러리스트의 망령이 서서히 다가오는 듯한 기운이 느껴진다.

이노우에, 히시누마, 오누마 세 사람은 무기징역 판결을 받았지만, 1940년에 은사^{恩赦}*로 감형되어 출소했다. 거악^{巨惡}을 증오하고 천황에 대한 충성을 맹세한 청년들은 이 장소에서 이야기하고, 분노하고, 그리고 '일살다생'의 길을 선택했다. 오아라이의 파도소리를 들으면서 세상을 바꾸기 위해서는 테러리즘밖에 없다고 생각했다.

하지만 본래 우익의 뜻에는 '폭력' 같은 의미가 반드시 들어가 있는 건 아니다.

★   나라에 특별한 일이 있을 때 죄수의 형을 감해주는 조치.

일본 우익의 특징

사상을 '좌익', '우익'이라는 표현으로 나눈 것은 18세기 혁명 직후 프랑스 의회에서 시작되었다는 것이 정설이다. 부채꼴 의장에서 의장석에서 바라본 오른쪽에 온건파(보수파) 의원들이 자리를 잡고, 왼쪽에는 급진파가 차지한 것이 좌익과 우익의 어원이 되었다

일본의 경우는 어떨까?

일반적으로 일본 우익의 원류는 에도 시대江戶時代 말기의 '미토학水戶學'에 있다고 한다. 문자 그대로 미토번에서 시작된 학문으로, 유학을 기반으로 신화나 도덕을 존중하고 신분이나 사회의 안정을 주장했다. 요시다 쇼인吉田松陰**이나 사이고 다카모리西鄉隆盛*** 등 막부 말기 지사들에게 큰 영향을 끼쳤고 급진화되었다. 천황을 받들어 막번幕藩 체제 타도를 노리는 '도막운동倒幕運動'의 원동력이 되기도 했다.

'존왕양이尊王攘夷' 사상은 이런 학문을 통해 탄생했다. 슬로건인 왕정복고王政復古, 외국 배척을 각각 천황제 수호, 배외주의로 바꾸어 말한다면, 현재의 우익과도 통하는 부분이 있

** 1830~1859. 에도막부 말기의 무사. 페리 제독의 일본 방문 때 미국에 도항하려고 했지만 실패했다. 이후 고향에서 개인 학당인 송하촌숙松下村塾(쇼카손주쿠)을 열어 제자들을 가르치다가 1859년 발생한 반막부 활동가 탄압 사건인 안세이의 대옥安政の大獄에 연루되어 처형되었다. 이토 히로부미와 야마가타 아리토모 등이 제자이다.
*** 1828~1877. 일본의 정치인. 메이지유신의 공로자로 조선과의 외교 마찰로 발생한 정한론 논쟁에서 조선 침공을 주장하다가 패하여 고향인 가고시마로 낙향했다. 1877년 구 사족 층이 일으킨 세이난전쟁西南戰爭에서 패배한 뒤 자결했다.

다. 하지만 이것은 현대의 가치관으로 바라본 인상일 뿐이다.

프랑스 의회의 '우익'은 왕정을 지키고자 하는 수구파, 복고파로 구성되었지만, 일본의 '존왕양이'는 역사의 시계바늘을 되돌리려고 하지 않았다. 막부 타도를 목적으로 삼았기 때문에 오히려 이 당시에는 급진 혁명파에 가까웠다.

우익에게는 좌익과 같은 교전敎典이 없다. 좌익에게는 사회주의, 공산주의라는 "목적"으로 삼는 정치 체제가 있으며, 마르크스의《자본론》을 비롯한 "교과서"도 있다. 좌익은 설계도와 전략을 가지고 사회주의로 향하는 계단을 따라 올라가지만, 우익은 바람직한 국가의 모습을 설계하는 정치적 회로가 없고, 구체적인 설계도도 없다.

우익은 매우 심정적이다. 일반적으로 우익은 역사와 전통을 중시하는 보수적인 입장을 내비치며, 타자에 대해 배타적이며 복고주의적인 입장을 갖는다고 말한다. 이념이라기보다는 정념에 가까운 사고이다. 우익 사상은 국가와 민족을 고집한다. 눈바람을 견뎌온 국가와 민족, 그것을 지탱해온 풍토를 지켜내려고 한다.

그렇기 때문에 국가에 따라 우익은 큰 차이가 있다. 구미에서는 유색 인종이나 이민 배척을 외치는 네오나치가 우익의 상징이고, 남미나 아시아에서는 부유한 계급의 이익을 지키는 군사독재정권이 우익에 해당한다. 이들의 모습은 다양해서 지향하는 것도 각기 다르다. 그럼에도 공통된 것은 보수적, 복고적, 국수적, 그리고 '반좌익'이라는 점이다.

일본 우익 또한 마찬가지다. 하지만 타국의 우익과 다른 점이 있다. 그것은 무엇보다도 천황을 유일, 절대적인 존재로 규정한다는 점이다. 천황의 존재 없이 일본 우익은 존재할 수 없다. 네오나치에게는 사상상의 "절대군주"는 존재하지 않지만, 일본 우익에게는 "천황이 있어야 우익"인 것이다.

자유민권운동에서 태어나다

많은 자료와 서적들은 1881년 후쿠오카福岡에서 결성된 정치 결사인 현양사玄洋社(겐요샤)*를 '일본의 첫 번째 우익단체'로 평가한다.

도야마 미쓰루頭山満**, 히라오카 고타로平岡浩太郎*** 등 구 후쿠오카 번사들이 결성한 현양사는 구미 열강의 식민주의에 대항하는 국권 강화를 외쳤다. 그들은 일본은 아시아의 작은 나라가 아니라 세계의 대국들과 당당하게 맞설 수 있는 "제국帝國"이라고 전파했다. 슬로건으로 내건 것은 '황실경대皇室敬戴',

---

*   1881년 히라오카 고타로, 도야마 미쓰루 등이 결성한 일본의 첫 우익단체. 처음에는 민권결사로 시작했으나 점점 국권주의적 경향을 강하게 보였다. 일본 국외에서도 활동했는데, 조선에서 망명한 김옥균金玉均, 중국에서 망명한 쑨원孫文 등을 지원했다. 1946년 GHQ의 명령으로 해체했다.
**   1855~1944. 일본의 국가주의자, 아시아주의자이자 현양사의 총수. 지금의 후쿠오카현에서 태어나 처음에는 자유민권운동에 참가했으나, 이후 국가주의자가 되어 현양사를 결성했다. 일본 국내에서 국가주의 운동을 시작했으며 대외적으로는 김옥균, 쑨원, 장제스蔣介石 등을 지원했다.
***   1851~1906. 일본의 정치가. 도야마 미쓰루 등과 함께 현양사를 창립하여 초대 사장이 되었다. 이후 중의원 선거에 출마해 당선되었고, 헌정당憲政黨 결성에 참가했으며, 대러시아 강경론을 주장했다.

일본 최초의 우익단체 현양사를 세운 도야마 미쓰루. 현양사는 구미 열강의 식민주의에 대항하여 국권 강화를 외친 단체였다.

'본국애중本國愛重', '인민권리고수人民權利固守'였다. 이 슬로건만 보면 역시 현재의 우익과도 비슷한 가치관이 엿보인다. 하지만 현양사는 또 하나의 큰 목표를 내걸었다. 그것은 '대아시아주의大アジア主義'였다.

현양사의 해외 부문을 담당하기 위해 설립된 흑룡회黑龍会(고쿠류카이)*는 아시아 전역에 회원들을 보냈고, 중국에서는 쑨원 등 신해혁명을 적극 지원했다. 서양 열강의 식민주의와 대치하기 위해서는 아시아의 민족자결이 필요하다고 생각했기 때문이다. 민족자결이란 다른 나라의 간섭을 배제하고, 스스로 국가의 방향성을 결정한다는 의미이다. 아시아 각국의 내셔널리즘을 환기시켜 식민주의로부터 자신을 지키자고 설파했다.

물론 이 아시아주의에는 일본을 맹주로 한다는 전제가 깔려 있다. 이 사상은 후에 일본의 아시아 침략의 구실이 되

---

*　　우치다 료헤이內田良平가 1901년 결성한 우익단체. 이름은 중국과 극동 러시아를 흐르는 흑룡강(아무르강)에서 따왔다. 한일합방, 신해혁명 등을 지원했으며, 심지어 에티오피아 황실과 일본인의 결혼을 추진하기도 했다. 서구에서는 'Black Dragon Society'라고 부른다. 1946년에 GHQ의 명령으로 해체되었다.

기도 했지만, 구미 열강에게 유린당했던 당시의 아시아 각국 입장에서 보자면 한 줄기 희망으로 받아들이는 경향도 있었다. 현양사가 외쳤던 '아시아의 단결'은 강자에게서 자신의 몸을 지키기 위한 약자의 연합으로 아시아 일부에서 받아들여졌다.

이 부분도 이웃 나라와의 대립을 선동하기만 하는 현대의 일부 우익들과는 크게 다르다. 적어도 지금 우파의 주류로 평가받는 넷우익처럼 '혐한嫌韓', '혐중嫌中'과 같은 의식으로 아시아 각국의 문화를 부정하고 배척하는 일은 없었다.

더 주목해야 할 점이 있다.

현양사는 메이지의 반정부 운동인 '자유민권운동自由民權運動'**의 흐름에서 태어난 조직이라는 사실이다. 일부 사람들에 의한 권력 독점을 허락하지 않고, 민중의 정치 참가를 요구한 '자유민권운동'은 실은 좌우 양익의 운동을 키웠다(당시 일본에서는 아직 좌우의 구분은 없었다).

자유민권운동 사상을 쉽게 표현한 〈민권 숫자 풀이 노래民權数え歌〉가 있다. 민권 사상을 유포하기 위해 만든 메시지송으로 가사 일부를 보기로 하자.

하나, 사람 위에 사람 없다. 권리를 대신하는 것이 없으니 이게 사람이지.

** 1871년부터 1890년까지 있었던 정치·사회운동. 이타가키 다이스케 등이 중심이 되어 헌법 제정, 국회 개설 등을 요구했다. 하지만 나중에 내부 분열이 생기고 1890년에 의회가 개설되자 와해되었다.

둘, 둘도 없는 내 목숨 버려서라도 자유를 위해서라면, 이를 꺼리지 않는다.

셋, 민권 자유의 세상에 아직 눈을 뜨지 못한 사람들이 있으니, 이를 불쌍히 여겨라.

넷, 자식한테 부모가 세상이 빠르게 개화한다는 사실을 배우다니, 이것 참 서럽구나.

다섯, 다섯 개로 갈라진 오대주 중에도 반쯤 개화된 아시아, 이것 참 애처롭구나.

……

여덟, 칼로 사람을 죽이는 짓보다 정치로 사람을 죽이는 짓이 더 밉지. 이건 죄란 말야.

이 노래는 이타가키 다이스케板垣退助*가 창설한 입지사立志社(릿시샤)(고치를 거점으로 하는 운동 조직)의 연설회 등에서 불렸다고 한다. 작사는 입지사의 활동가인 우에키 에모리植木枝盛**가 했다. 자유민권운동이 지금 말하는 '민주화'를 지향했다는

---

* 1837~1919. 일본의 정치가. 보신전쟁에서 활약해 메이지 신정부에서 참의까지 올랐으나, 정한론 논쟁에서 패해 낙향했다. 이후 자유민권운동의 추진자 중 한 명이 되었다. 1882년 자객에게 부상을 입으면서 "이타가키는 죽어도, 자유는 죽지 않는다"라고 한 말이 유명하다.

** 1857~1892. 일본의 정치가, 사상가. 자유민권운동의 지도자 중 한 명으로 활약했고 1890년 중의원 선거에 출마하여 당선된다. 그의 사상의 특징으로 천부인권, 주권재민, 저항권 등이 있다. 메이지 헌법 발포 이전에 그는 독자적 헌법안을 구상했는데, 군주를 천황으로 부르고 여성 군주의 즉위 가능성을 배제하지 않았으며, 옛 지방을 단위로 한 연방제를 주장했다. 국가가 횡포를 부릴 경우 국민에게 국가를 상대로 하는 저항권 등을 인정했다.

걸 알 수 있다.

현양사의 총수를 맡은 도야마 미쓰루는 젊어서 자유민권운동에 뛰어들었다. 도야마도 고치의 입지사를 방문했을 때, 거칠고 사납게 소리를 지르며 〈민권 숫자 풀이 노래〉를 불렀다는 일화가 남아 있다. 도야마는 자유민권 진영에 있던 프랑스에서 돌아온 루소 연구가이기도 한 나카에 조민中江兆民***과 친했다. 두 사람 모두 청국의 압정과 싸우는 청국의 인민혁명을 지원하며 구미 지배에 대한 저항을 호소했다. 도야마가 우익의 동량棟梁이라면 나카에는 좌익의 보스였다. 민권 획득, 아시아주의라는 점에서 좌우는 자유민권운동 범위 안에서 공존했다.

좌우의 명확한 분열

그러나 메이지 중기를 넘기자, 좌우는 각기 다른 길을 걸었다.

국가에 대한 자세가 좌우를 나누게 했다. 좌파는 민중의 권리 향상에 운동의 중점을 두었고, 우파는 국권 향상(구미에게 지지 않는 강한 국가 만들기)에 역점을 두었다. 즉 인권이 먼저

***　1847~1901. 일본의 사상가, 언론인, 정치가. 막부 말기에 프랑스어를 공부하여 프랑스 외교단의 통역관을 지냈으며, 메이지유신 이후 프랑스에 건너갔다가 귀환해 루소를 일본에 소개했다. 이후 자유민권운동 지도자로 활동했으며 제1회 중의원 선거에 출마해 당선되었다.

냐, 국가가 먼저냐의 차이였다.

메이지 말기에는 권리의식에 눈뜬 농민, 노동자들이 소작쟁의, 노동쟁의를 자주 일으켰다. 좌익은 이를 지원했고 좌익 중 일부는 사회주의혁명을 지향하게 되었다. 반면 국권 향상, 즉 강한 국가를 지향하는 우익 세력은 사회주의를 국가를 전복하려는 사상으로 간주하고, 이를 탄압하는 측에 섰다.

다이쇼 시대에 들어서자 '반사회주의'를 표방하는 우익 단체가 각지에서 만들어졌다. '적화방지단', '대일본국수회', '황도의회' 등이 대표적인 단체로, 이 단체의 구성원들은 각지에서 빈번하게 일어나는 파업을 실력(폭력)으로 분쇄했다. 그러나 이 시절 우익단체들에는 '적화 방지', '반사회주의' 말고 다른 슬로건은 없었다. 우익이란 걸 밝히기는 하지만 실태는 구렌타이愚連隊*에 가까웠다. 말하자면 기업의 "하청 폭력단"적 색채가 짙었다.

당시는 다이쇼 데모크라시**의 영향으로 많은 사람들에게 권리의식이 싹트던 시절이기도 했다. 1917년에는 러시아에서 혁명이 성공했다. 왕족이나 부유층이 혁명 세력에게 쫓겨난 사실은 일본의 지배층에게 큰 공포를 주었다. 정치가나 기업 경영자에게 사회주의란 국가가 전복되는 것과 다름없

---

* 번화가에서 폭력, 위법 행위를 자행하는 청소년들을 가리킨다. '불량배', '깡패'의 의미로 쓰인다.
** 신해혁명 발발에서 치안유지법이 시행되기 전까지(1911년~1925년) 정치, 사회, 문화 각 방면에서 일어난 일련의 민주주의, 자유주의적인 운동, 풍조, 사조의 총칭이다.

었다. 그렇다면 각지에서 빈번히 발생하는 노동쟁의, 소작쟁의는 혁명을 위한 그 전 단계이다. 체제를 유지하기 위해서는 이를 탄압해야 했다.

체제는 우익단체를 첨병으로 부렸다. 기업이나 지주에게 고용된 우익들은 쟁의 현장으로 쳐들어갔다. 지배층의 폭력 장치로서 쟁의를 탄압하는 데 선두에 선 것이다.

쇼와 시기에 들어서부터 우익은 이런 사상성을 명확히 내세우게 되었다.

국가는 우익도 탄압한다

앞에서 말한 '혈맹단 사건'에서부터 테러리즘으로 대표되는 우익의 이미지가 만들어졌다. '2·26사건' 이래 운동체로서 우익은 조금씩 군부에 억제되어갔다. 하지만 자신들이 의지하던 천황이 '쇼와유신'의 대의를 거절한 충격은 컸다.

그리고 본래 '반체제'로 활동했어야 했을 우익은 이후 체제에 흡수되어갔다.

우익단체와 정당은 1940년 고노에 후미마로近衛文麿*** 내

*** 1891~1945. 일본의 정치가. 오래된 일본의 귀족 가문인 후지와라씨의 후손으로 자유분방한 행동거지로 인기를 모았다. 1937년 총리가 되었을 때 중일전쟁이 발발했는데, 당초에 국지적 무력 분쟁에 불과했던 전쟁을 전면 확대하는 상황을 초래했다. 이후 두 차례 더 총리를 역임했으나, 1941년 미국과의 교섭에 난항을 겪자 사직했다. 총리 사임 후 반도조 내각 운동을 후원했으며, 1944년에는 천황에게 일본이 공산회될 우려가 있기 때문에 강화를 해야 한다고 주장했다. 패전 이후 연합군 측과 접촉했지

각의 요청에 응해 대정익찬회大政翼贊会*에 편입되었다. 일부 우익은 이에 저항했지만 좌익처럼 탄압 대상이 될 뿐이었다.

1925년에 공포된 치안유지법은 언론이나 결사의 자유를 제한하고, 주로 사회주의자나 노동운동가를 단속했다. 하지만 좌파만 탄압을 받은 것은 아니었다. 점차 치안유지법의 적용 범위는 확대되어갔다. 종교가나 자유주의자, 나아가 국가 체제를 비판적으로 보는 우익도 탄압 대상이 되었다. 탄압의 '중심'은 어디까지나 일본공산당이나 아나키스트였지만, 이 법에 근거한 경찰 권력의 수사, 감시 행동은 모든 정치·종교 운동을 위축시키기에 충분했다. 뒤에 나올 아카오 빈赤尾敏(전후 대일본애국당 초대 총재)은 거리 연설에서, 위압조로 행세하던 반공 우익마저 "경찰이나 군부에게 한소리 듣기만 해도 꼬랑지를 흔들었다"고 술회했다.

여담이지만 그 치안유지법을 현대에 되살린 듯한 '공모죄'(테러 등 준비죄)가 2017년 6월 국회에서 성립했을 때, 애국자를 자칭하는 자들이 인터넷상에서 일제히 '환영' 게시물을 올린 사실에 나는 아연실색할 수밖에 없었다. 국가라는 존재가 강력한 권력을 가졌을 때, 좌우 구분 없이 마음에 들지 않는 존재를 배제한다는 역사의 교훈을 모르는 것이다.

만, 연합국 측 전범 용의자 소환 목록에 자신의 이름이 올라온 사실을 알고 음독자살했다.

* 　　1940년 10월 당시 총리 고노에 후미마로가 자신이 원하는 정치 개혁인 신체제 운동을 추진하기 위해 만든 정치단체이다. 총력 전쟁을 수행하기 위해서는 일국일당제가 되어야 한다며 일부 정당을 제외한 나머지 정당들을 해산, 합류시켰다.

부패를 규탄하고자 시작된 '쇼와유신'의 구호도 마찬가지로 권력의 칼날에 흐트러졌다.

태평양전쟁이 시작되자 이젠 우익도 좌익도 없었다. 저항하는 자는 감옥에 끌려갈 뿐이었다. 모든 사회운동은 '거국일치'라는 구호에 고무되어 전시 체제로 편입었다. 많은 사회주의자들도 붉은 깃발을 일장기로 바꾸었다.

일본 사회 전체가 우익이 애초부터 내건 '신화'에 열광했다. 신주불멸神州不滅 같은 슬로건에 사람들은 춤을 추었다. 신주불멸(일본은 신의 나라이므로 패할 리가 없다는 사상)은 미토학의 근간이기도 했다. 신의 나라는 전쟁에 져서는 안 되었다. 아니 질 리가 없었다. 미래영겁未來永劫, 다른 나라에 굴복하는 일은 절대 있을 수 없었다.

그리고 '패전'—사람들이 믿고 있던 신의 나라는 맥없이 멸망했다. 국가를 위기에서 구한다는 신의 바람神風**은 불지 않았다.

천황의 '인간 선언'

패전 직후, 일본 땅에 상륙한 미국 점령군은 서둘러 신국을 철저하게 해체하기 시작했다.

** 1274년과 1281년에 원과 고려의 연합군이 일본을 침공했을 때 태풍이 불어 침공이 저지된 것을 "신이 일으킨 바람"이라 부른 데에서 따온 것이다.

미국은 천황 중심의 국가관이야말로 일본을 무모한 전쟁으로 향하게 만든 원동력으로 간주했다.

점령군은 그 권위를 빼앗았다. 주권을 천황도 국가도 아닌 국민에게 주었고 신의 나라를 부정했다. 천황제를 지탱해온 국가신도國家神道는 그때까지 국가의 존재의의 그 자체임과 동시에 일본 우익의 원전이라고도 해야 할 존재였다. 그 신앙을 빼앗긴 우익은 숨통이 끊긴 상태에 가까웠다.

같은 시기에 천황은 〈새 일본 건설에 관한 조서新日本建設に関する詔書〉(이른바 인간 선언)를 발표했다. "짐과 그대 국민들 사이의 끈은 종시 서로의 신뢰와 경애 등에 따라 맺어졌다"고 말하며 자신이 아라히토가미現人神*가 아니라고 말했다. 애초 황도皇道에 산 우익 인사들에게, 천황이 스스로 신이라는 걸 부정하고 '인간 선언'을 한 것은, 그들이 의존하고 있는 사상이 근원에서부터 뒤집힌 것이나 마찬가지였다. 천황이 '인간'이면 황국 사상은 성립하지 못하게 된다.

원래 우익은 애국적, 국수적, 보수적인 사상을 통해서 형성되는 정치적인 위치에 서는 세력을 가리킨다. 자국의 전통과 역사를 존중하고 질서 안정을 제일로 생각한다. 변화나 다양성과는 거리를 두고, 자국 우위, 자국 절대를 기치로 내건다. 이런 우익 사상은 때로는 배타적인 형태의 차별주의로 기우는 경우도 있다.

일본 우익이 다른 나라의 우익과 다른 점은 다카마가하

---

*　이 세상에 인간의 모습을 빌려 나타난 신이라는 뜻.

라高天原**의 주재신과 계보로서 이어지는 천황이 존재하고, 그 천황을 만물의 중심으로 여기고 천황이 국체를 지킨다는 생각에 있다. 만세일계萬世一系의 천황을 절대시하는 사상이다. 천황주의라고 해도 좋다. 우익은 예로부터 '국체國體'라는 말을 쓴다. 이것은 천황을 중심으로 하는 질서를 의미한다. 천황이 있고 국가와 국민이 있다는 생각. 이것을 계속 지키는 것이야말로 일본 우익의 특징이다.

그러나 패전은 천황을 인간으로 되돌림으로써 그 신화를 해체했다. 일본국 헌법 제1조는 "천황은 일본국의 상징이며 일본 국민 통합의 상징이며 이 지위는 주권을 가진 일본 국민의 총의總意에 근거한다"고 되어 있다. 천황은 이제 국가 자체가 아니라 제도상 상징으로서만 존재하게 된 것이다.

황국 사관은 왜 무너졌을까

GHQ의 점령 정책은 더욱 우익을 막다른 길로 몰았다.

패전한 지 반달 뒤 전쟁 책임 추궁이 시작되었다. 먼저 도조 히데키東條英機***를 비롯해 개전 시의 각료들이 전범으로 체포되었다. 12월에는 GHQ가 〈신도 지령〉을 발포, 그때까지

** 일본의 신화에서 아마테라스오미카미 등이 사는 곳.

*** 1884~1948. 일본의 군인이자 정치가로, 관동군 참모장, 육군대신을 거쳐 1941년에 총리가 되어 대미 전쟁(제2차 세계대전, 아시아태평양전쟁)을 개시했다. 패전 후 A급 전범으로 교수형에 처해졌다.

정치와 일체화하고 있던 국가신도가 부정되었다. 전전까지 신도를 '국교'로 삼아 국민 통합의 기둥으로 삼아온 일본은 그 기둥을 빼앗겼다. 정교 분리였다. 현대의 가치관으로는 당연한 이 조치는, 하지만 앞에서 말한 천황 신앙의 기반을 뒤집는 것이었다. 국가신도야말로 천황제를 지탱하는 중요한 역할을 다하고 있었다. 말하자면 그때까지의 일본의 모습을 완전히 부정당한 것이다.

그러고 나서 GHQ는 전전 일본의 잔재인 우익단체의 숨통을 끊고자, 1946년 1월 〈어떤 종류의 정당, 정치적 결사, 협회 및 그 외의 단체의 폐지건〉이라는 지령을 발표했다. 우익단체의 해체와 우익 인사의 공직 추방(정부, 단체, 민간 기업의 요직을 맡는 것을 금지한 조치)을 지시한 것이다. 이 조치로 고다마 요시오児玉誉士夫*, 오카와 슈메이大川周明**, 사사카와 료이치笹川良一***, 신토 가즈마進藤一馬****와 같은 거물 우익이 체포되었다. 나아가 대동숙, 대일본일신회, 대일본흥아동맹, 대일본적성

---

* 1911~1984. 일본의 우익 활동가. 전전부터 우익단체에 들어가 정치인 등을 협박했으며 전쟁 중에는 해군의 청부를 받는 고다마 기관을 만들어 전쟁 물자를 조달했다. 전후에 A급 전범 용의자로 체포되어 수감되었다가 1948년 출옥했다. 이후 다시 우익운동을 시작해 정부와 손을 잡고 폭력단체를 동원해 노조와 좌파운동을 탄압했다. 또한 한국 정부의 중요 인사와 일본의 기업, 야쿠자의 '조정자'로 활동했다.

** 1886~1957. 일본의 우익 사상가. 도쿄대학에서 인도철학을 전공했으며 일본정신 부흥과 아시아 해방을 주장했다. 한때 기타 잇키 등과 손을 잡았지만 의견 차이로 결별했으며, 1931년 육군대신 우가키 가즈시게宇垣一成를 총리로 옹립하려는 쿠데타에도 관여했다. 전후 극동국제군사재판에서 A급 전범으로 재판에 회부되었으나 기괴한 복장을 입고 재판에 출석하거나, 도조 히데키의 머리를 때리거나, 각종 외국어로 떠들어대는 등의 기행을 보여 정신이상 진단을 받고 석방되었다. 하지만 그가 정말로 미친 것인지에 대해서는 논란이 있다. 이후 입원한 병원에서 쿠란을 번역했고, 퇴원 후에는 은둔했다.

회, 대일본언론보국회, 현양사, 흑룡회, 국수대중당, 동아연맹, 금계학원 등 주요 우익단체가 차례차례 해산 명령을 받았다.

이리하여 종전까지 국내에 존재했던 350여 개의 우익단체 대부분이 사라졌다. 공직에서 추방된 우익 관계자만 4만 9,000여 명에 달했다.

천황의 이름으로 일본을 전쟁으로 이끈 도조 히데키 등 "전쟁 지도자"는 극동국제군사재판(도쿄 재판)에서 전쟁 책임을 단죄받고 1948년 12월에 스가모형무소에서 처형되었다. 1950년 한국전쟁을 계기로 추방 해제되어 우익 인사가 부활할 때까지, 전전 우익의 명맥은 끊긴 셈이었다.

현대의 시각에서 봤을 때 그 정도로 강고하게 일본 사회를 얽매고 있던 황국 사관이 왜 이상하게도 맥없이 무너졌느냐는 생각이 든다. 군부는 물론, 많은 우익 인사도 거의 무조건적으로 패전과 국가 해체를 받아들였던 것이다.

그들은 왜 전향했을까. 아니 왜 변절했을까. 그 이유로 여겨지는 것은 무엇보다도 의존하던 천황을 잃은 점에 있다. 패

★★★   1899~1995. 일본의 정치가, 우익 활동가. 제2차 세계대전 이전에는 스스로를 '거물 우익'이라 부르면서 무솔리니Benito Mussolini를 숭배했다. 전후 A급 전범 용의자로 체포되었으나 불기소 석방되었다. 이후 모터보트 사업 등을 하면서 사회봉사 활동 및 반공 활동을 했다.

★★★★   1904~1992. 일본의 정치가, 우익 활동가. 전전에는 정치가인 나카노 세이고中野正剛의 비서, 현양사 사장 등을 지냈고, 전후에 A급 전범 용의자로 체포되었다가 불기소 석방되었다. 석방 후에 중의원에 당선되었으며 후쿠오카 시장을 세 차례 역임했다.

전으로 천황의 절대적 권위는 실추되었다. 그때까지 우익에게 천황은 유일 절대의 존재였으며 일본을 지도하는 신이었다. 그 천황이 패전을 받아들였고, 게다가 스스로 자신이 신이라는 걸 부정했다. 1946년에 발포된 쇼와 천황의 〈새 일본 건설에 관한 조서〉(인간 선언)에는 다음과 같이 적혀 있다.

"천황을 아키쓰미카미現御神*라 생각하고, 일본 국민 또한 다른 민족보다 우월한 민족으로 여기며, 나아가 일본이 세계를 지배해야 할 운명을 가졌다는 가공된 관념에 근거하지 않겠다."

즉 천황이 아라히토카미이며, 일본인이야말로 다른 민족보다 우월해서 세계를 지배할 운명을 가졌다는 관념은 새빨간 거짓이라고 말한 것이다. 물론 문장 자체는 GHQ의 원안을 따른 것이며, 게다가 천황을 전쟁 책임에서 멀어지게 만들 의도가 있었다고는 하지만, 어쨌거나 천황이 스스로 신의 자리에서 내려오게 된 의미는 컸다. 우익은 '기둥'도 '대의'도 잃고 만 셈이 되었다. 자아의 붕괴에 가까웠다. 우익이 우익인 의미를 잃어버린 것이다.

덧붙이자면 거물 우익 쓰쿠이 다키오津久井龍雄(전전에는 국가사회주의자로서 애국근로당, 급진애국당 창설에 관계했고, 전후에는 대일본애국당 결성에 참가했다)는 1989년 저널리스트 이노 겐지猪野健治의 취재에 응하며 "우익운동이라는 것은 요전의 전쟁으로 끝났다"라고 말한 다음, 이렇게 말을 이었다.

---

*   현세에 모습을 드러낸 신이라는 의미.

"천황을 혁신에 이용한다고 말한다면 어폐가 있지만, 당시(인용자 주=전전을 가리킨다) 우리 주위의 혁신적인 생각은 천황을 중심으로 하되, 천황의 뜻이 자본주의적이지 않으니 천황에 의해 사회주의를 긍정하게 하고, 그러한 운동을 일으키게 하는 것이 쇼와 운동의 사상이었습니다."

"하지만 저는 이 운동이 완전히 실패했다고 보기에 다시 할 생각은 전혀 없으며, 해봤자 또 실패할 것이라 생각해요."

쓰쿠이를 취재한 이노는 그가 "만년에는 완전히 '우익 절망파'가 되었다"고 썼다(이상의 내용은 이노가 쓴 《일본의 우익日本の右翼》[ちくま文庫]에서 인용).

패전 후, 한때 우익 재건에 모든 것을 걸었던 쓰쿠이마저 그 실패를 인정하고 애초 "우익은 끝났다"고 마무리할 수밖에 없는 상황이 있었다.

그러나—그럼에도 솔직히 그 상황을 받아들일 수 없었던 사람들도 있었다.

1장에서는 거기에서 탄생한 '이야기'부터 진행하고 싶다.

일본의
패배를
인정하지 않다

전시에 많은 우익들은 국가권력에 흡수되었다. 반체제로서 기능은 사라지고, 적이어야 했을 재벌과 결탁하는 사람까지 나왔다. 예전에는 우익에게 '부패 체제'의 상징이었던 재벌은 전시에는 군수 산업으로, 혹은 식민지 경영의 실무자로 군부와 밀접한 관계를 구축했다. 우익은 이런 국가의 중요한 파트너인 재벌에 대적할 수가 없었다. 전쟁 수행을 위해서라면 상호 의존하는 관계로 갈 수밖에 없었다.

만민평등을 지향한 '쇼와유신'의 꿈은 전쟁과 함께 사라졌다. 전전의 일정 시기까지 우익이 주장했던 '아시아주의' 사상은 이웃 나라에 대한 침략을 위해 원용되었고 대동아공영권이라는 일본식 식민주의로 변용되었다. 우익은 권력의 보완 세력에 지나지 않게 되었고, 그들의 존재는 큰 의미를 갖지 못했다.

제2차 세계대전의 '종전'은 우익에게 시금석이 되었다.

'신주불멸'의 일본이 패배한 것이다. 국가의 패배는 유일 절대 신인 천황이 패배했음을 의미했다. 우익에게는 자아가 붕괴한 것에 가까운 사태였다.

그러나 많은 우익은 침묵하고 이런 상황을 받아들였다. 당시 많은 우익들은 저항이 아니라, 새 시대를 극복하며 살아 가기 위한 수단을 생각했다.

이런 상황에서 약간이나마 '종전'에 저항한 우익이 있었 다. 그들은 일본의 패배를 인정하지 않았다. 아니 황국 일본 에게 패배라는 게 있어서는 안 된다고 생각했다. 전쟁을 계 속할 것을 주장했고, 그 주장을 폭력으로 호소했다. 꺼져가는 빛을 되살리려는 잠깐의 불길은 먼저 도쿄에서 치솟았다.

항복 반대·철저 항전

1945년 8월 15일, 종전에 반대하는 '존양동지회尊攘同志会' 멤버들이 '중신 암살'을 위해 궐기했다. 그들은 일본도, 권총, 수류탄으로 무장하고 기도 고이치木戸幸一* 내대신 저택, 기도

---

*　1889~1977. 일본의 정치가이자 관료. 교토제국대학에서 정치학을 전공했으며 졸업 후 관료가 되어 농림성, 상공성에서 근무했다. 천황의 정치 고문격인 내대신의 비서관장을 지내던 1936년에 2·26사건이 발생하자, 육군 중앙과 연대하여 쿠데타 진압에 공을 세웠다. 이후 문부대신, 후생대신, 내무대신을 역임하고 1940년부터 1945년까지 내대신을 지냈다. 1941년 고노에 후미마로 수상이 사직하자, 후임으로 도조를 추천했다. 전후에 A급 전범 용의자로 체포, 기소되어 종신금고형을 선고받았다가

의 친동생의 집 등에 쳐들어갔지만 모두 실패했다. 기대하고 있던 항전파 군인들의 지원도 없었다. 멤버 12명은 아타고산愛宕山(도쿄도 미나토구港区)에서 농성했다.

패전 1년 전인 1944년 결성된 '존양동지회'는 국가주의 운동 활동가인 이지마 요시오飯島與志雄를 리더로 하는 우익단체로, 전쟁 종결 방침으로 향하는 정부에 대해서 '항복 반대·철저 항전'을 주장했다. 경시청은 약 70명의 경관대를 동원해 아타고산을 포위하고 투항을 권유했지만, 멤버들은 거부했다. 22일 오후 마침내 경관대는 아타고산으로 돌입했다.

"일이 이 지경에 이르게 된 불충의 죄를 죽음으로써 잘못을 빌겠다." 그들은 "천황 폐하 만세"를 외친 후 서로에게 수류탄을 던졌다. 10명이 폭사했다. 게다가 5일 뒤, 이번에는 자결자의 부인 3명이 마찬가지로 아타고산에서 권총으로 자결했다. 속칭 '아타고산 사건'이다.

이 사건과 연동해서 서일본에서도 무장 봉기의 봉화가 올랐다.

'마쓰에松江 소요 사건'(또는 시마네현청 방화 사건이라고도 한다)이다. 역시 철저 항전을 주장하는 우익단체 '황국의용군皇國義勇軍'이 마쓰에(시마네현島根県)의 거리에 불을 질렀다. '아타고산 사건'이 있은 지 9일 뒤에 일어난 사건이었다.

사건을 증언할 생존자를 찾아 발걸음을 옮긴 곳은 기타

1955년 건강상의 문제를 이유로 석방되었고, 그 후 은둔 생활을 보냈다.

큐슈北九州(후쿠오카현)였다.

'고쿠라小倉의 기온 상'*으로 알려진 야사카八坂신사는 2017년에 창건 400주년을 맞이했다. 고쿠라성 내에 자리 잡은 이 신사는, 고쿠라 번주였던 호소카와 다다오키細川忠興**가 1617년 고쿠라번 총진수總鎭守***로서 만든 신사로, 관광 명소로 인기가 높다.

이 신사의 제20대 궁사를 맡고 있는 사람은 하타노 야스히코波多野安彦. '마쓰에 소요 사건'을 일으킨 '황국의용군'의 중심 멤버였다.

역사의 산증인 하타노와 어떻게든 만나고 싶었지만, 공교롭게도 하타노는 병에 걸렸다. 93세의 고령이며 최근에도 두 차례 뇌경색이 있었다고 한다.

"안타깝지만 취재에 응하실 상태가 아닙니다."

하타노의 차남으로 이 신사의 네기禰宜****를 맡고 있는 가즈토모波多野和伴(62세)가 면목이 없다며 몇 번이나 고개를 조아렸다. "모처럼 방문하셨으니"라고 말하며 사무소 응접실로 안내해 차를 대접하는 가즈토모의 성실한 인품에 나도 황송할 수밖에 없었다.

---

* 　후쿠오카현 기타큐슈시 고쿠라구小倉區에서 매해 7월마다 여는 축제에서 참가자들이 부른 노래 가사이다. 이 축제는 17세기에 이 지역을 다스리던 번주인 호소카와 다다오키가 교토의 축제인 기온마쓰리祇園祭를 모방한 축제를 연 후부터 지역 축제로 정착되었다.

** 　1563~1646. 일본의 무사로 현재의 구마모토 일대를 다스렸다. 문화인으로 알려져 있으며, 의처증으로도 유명하다.

*** 　지방, 절, 씨족 등을 보호하는 신, 혹은 그 신을 모시는 사당을 가리킨다.

**** 신사의 궁사를 보조하는 신사 직급 중 하나.

가즈토모가 말하기를, 하타노는 12년 전부터 야사카신사를 맡았다고 한다. 하타노 가문은 선조 대대로 이즈모^{出雲}의 하타야^{幡屋}신사에서 궁사를 지낸 집안이었다. 하타노 자신은 한때 산업폐기물 처리 회사 등을 경영했지만, 80세에 신관이 되었다. 가즈토모는 "황국의 마음을 표현하기 위해서는 신직^{神職}밖에 없었겠죠"라며 아버지의 마음을 대변했다.

전후에 태어난 가즈토모는 '마쓰에 소요 사건'에 대해서는 상세히 알지 못했다.

"아버지께 직접 들은 기억은 없습니다. 솔직히 젊은 시절에는 어느 집안에서도 그렇듯이 아버지와 거리감이 있었습니다. 마쓰에에서 엄청 험하게 행동했다는 사건에 대해서는 주위 사람들에게서 넌지시 들어 알게 되었지만, 그다지 흥미는 없었습니다."

어쩌면 히로시마^{広島}에 사는 큰형이 자기보다 더 잘 알고 있지 않겠느냐는 그의 말에 따라, 나는 하타노의 장남이 사는 히로시마로 향했다.

봉기의 열기는 식어버리고

여기에서 '마쓰에 소요 사건'의 상세한 내용을 살펴보자.

1945년 8월 24일 미명에 마쓰에 시내에 있는 시로야마호국^{城山護國}신사에 청년 남녀 46명이 모였다. 그들은 9일 전에 실패로 끝난 '아타고산 사건' 소식을 듣고 안타까운 눈물을 흘렸다. 남성들은 카키색 국민복, 여성은 몸뻬에 하얀 머리띠를 두른 차림이었다. 그들은 그날 자신들을 '황국의용군'이라고 칭하고, 반란의 함성을 질렀다.

주모자는 오카자키 이사오岡崎功라는 인물이었다. 현지 출신인 오카자키는 만주의 미쓰이물산 봉천 지점에서 근무한 뒤 상경하여, 1943년 릿쇼立正대학 전문부에 입학했다. 그리고 바로 국가주의 단체 '긴노마코토무스비勤皇まことむすび'(5·15사건의 관계자가 1939년에 결성)에 가입했다. "마코토무스비"란 천황과 국민이 연결된다는 의미이다.

열렬한 애국자인 오카자키의 꿈이자 목표는 '국가 혁신, 쇼와유신 달성'이었다. 오카자키가 대학에 입학한 1943년은 전황이 기울고 있던 때였다. 그해 그는 성전을 수행하는 입장에서 '타도 도조'의 쿠데타 계획을 짰다가, 사실을 탐지한 도쿄 헌병대에 체포되기도 했다. 종전 1년 전에 석방되어 마쓰에로 돌아갔지만, 뜻은 바뀌지 않았다. 그러던 중 그는 오래 전부터 알고 지낸 군인들에게서 정부가 종전 공작을 추진하고 있다는 정보를 입수했다. 오카자키는 현지 동지이자 당시 시내에 있는 다케우치武內신사에서 일하던 하타노 등과 '일제 봉기'에 관해 여러 차례 논의했다. 하타노 또한 '긴노마코토무스비'에 입회한 경험이 있었다. 이후 궐기하기로 한 당일까지 하타노는 오카자키의 측근 중 한 명으로 행동했다.

종전이 된 지 이틀 뒤인 8월 17일, 갑자기 마쓰에 상공에서 일본 해군기가 유인물을 뿌렸다.

"종전은 천황의 의지가 아니라, 일부 반전 분자와 친미파가 꾸민 음모이다. 우리는 임금 옆의 간신을 모조리 없애고 단호히 항전을 계속할 것이다. 국민 여러분도 분기하길 바란다."

이런 내용이 적힌 유인물을 주운 오카자키 등은 봉기하기로 굳게 결의했다. 군이 함께 일어설 것이라고 굳게 믿고 있었다.

그런데 기대한 군에 반란의 움직임은 전혀 보이지 않았다. 마쓰에 상공에서 유인물을 뿌린 해군기가 소속된 항공대 미호美保 기지(요나고시米子市)를 방문했지만 텅 비어 있었다. 더군다나 마쓰에의 헌병대를 방문해 평소 알고 지내던 책임자에게 무기, 탄약 등을 마련해달라고 부탁했지만, "넘길 수 없다"며 거부당했다. 이 책임자는 얼마 전까지만 해도 "때가 되면 같이 일어서자"며 맹세하던 사이이기도 했다. 겨우 며칠 만에 봉기의 열기가 식어버리고 말았다.

무기를 입수하지 못하다

군의 협력을 얻을 수 없다는 사실을 깨달은 오카자키는 민간 동지끼리 궐기하기로 마음먹었다.

그날 달빛에 의존해 시로야마호국신사에 모인 황국의용군은 대장 오카자키가 가장 연장자로 26세였고, 하타노를 비롯한 대부분은 20세 전후였다. 충분히 무장도 하지 못한 젊은 이들이 열정만 앞세운 무모한 궐기였다. 그들의 무기는 일본도 세 자루, 다이너마이트 5개, 직전에 마쓰에중학교 총기고에서 탈취한 38식 보병총과 총검 각각 15정이었다. 게다가 탄약은 없었다.

어두컴컴한 신사 경내에서 오카자키가 연설했다.

"다가올 우리의 죽음도 훗날 일본을 부흥시키는 실마리가 될 것임이 틀림없다. 성패는 따지지 않는다. 단지 일본의 사석捨石이 되어 전 국민의 궐기를 촉구하고 싶은 일념일 뿐이다. 지금 나와 같이 간다면 눈앞에 죽음이 있으며, 떠나면 삶이 있다. 살아남아 조국의 재건에 몸을 바치고 싶은 사람은 나를 상관하지 말고 부모님 곁으로 돌아가달라."

대원들 사이에서 흐느껴 우는 소리가 들렸지만, 누구 하나 그 자리를 떠나지 않았다.

당시 기록에 따르면, 오카자키가 세운 계획은 ① 현지사 암살, ② 현청 방화, ③ 우체국 전화 시설 파괴, ④ 시마네신문사 습격, ⑤ 전화 시설 파괴, ⑥ 마쓰에 지검 검사정檢事正 암살, ⑦ 일본방송협회(현재의 NHK) 마쓰에 방송국 점령, 총궐기를 촉구하는 방송 강행이었다. 오카자키는 대원들을 습격 목표별로 편성했다. 그러고는 아직 날이 밝지 않아 어두컴컴한 거리로 그들은 각각 흩어졌다.

속출하는 해프닝

우선 하타노는 시내 외곽의 화약상으로 향했다. 이곳에서 총탄을 강탈한 다음 현청으로 달려가 습격에 가세할 예정이었다. 그런데 화약상을 찾느라 우물쭈물하는 사이 현청에서 불이 나고 말았다. 밤하늘에 치솟는 불을 본 사람들이 집 밖으로 뛰쳐나왔다. 이젠 화약상에 쳐들어갈 타이밍을 놓쳤다고 판단한 하타노는 그대로 최종 습격 지점인 마쓰에 방송국으로 향했다. 원체 어중이떠중이들을 급히 모은 조직이라 국민 총궐기를 촉구하는 거창한 계획에 치밀한 사전 조사조차 하지 않고 일을 벌였다. 일사가 만사, 예정 밖, 예상 밖 사태에 직면했다.

다이너마이트를 안고 우체국으로 쳐들어간 부대는 전화 시설을 파괴하기로 되어 있었지만, 도화선에 붙인 불이 도중에 꺼지고 마는 해프닝을 겪었고 계획은 문자 그대로 불발로 끝났다. 한편 오카자키가 이끄는 지사 암살 부대는 관사에 쳐들어갔지만, 뜻밖에도 지사가 부재중이었다. 예정 시간보다 빨리 현청에 불을 지르고 말았기 때문에, 보고를 받은 지사가 현청으로 향하고 만 것이다. 사실 방화 부대는 현청 부지에 들어갔다가 경찰관에게 들키고 말았다. 그래서 일각의 유예도 없다고 판단하고, 예정 시각보다 이르게 불을 지른 것이다. 이 때문에 각 부대의 결행 타이밍에도 차질이 생겼던 것이다.

해프닝은 비극으로도 이어졌다. 현청 방화에 성공했지만, 방화 부대는 현청에서 떠나는 도중, 근처에 있는 카페 종업원들과 마주치고 말았다. 그들은 현청의 화재에 놀라 상태를 살피기 위해 오던 중이었다. 그러자 새까만 어둠에서 불쑥 사람이 나타난 사실에 동요한 부대원 중 한 명이 엉겁결에 총검으로 그들 중 한 종업원의 배를 찌르고 말았다. 뒤죽박죽인 봉기 가운데 발생한 유일한 사망자는 아무런 죄도 없는 이 남성이었다.

경찰서 안에서 "자결"

마쓰에 지검 습격 부대은 현청에서 피어오르는 불길을 보고 지사 암살 기회를 놓쳤다고 판단하고 습격을 포기했지만, 다른 부대는 거의 계획대로 작전을 실행했다. 전력회사 습격범은 변전소의 송전 케이블을 절단해 시내를 3시간 반에 걸쳐 정전 상태로 만들었다. 시마네신문사 습격 부대는 사내로 쳐들어가, 먼저 식자장의 활자 상자를 엎어버린 다음 윤전기를 파괴했다. 이 때문에 《시마네신문島根新聞》은 8월 31일까지 타블로이드판으로 신문을 발행할 수밖에 없었다.

그리고 각 부대는 최종 목표 지점인 마쓰에 방송국에 집결했다.

방송국에서 오카자키는 국장에게 '궐기취의서'를 방송하라고 강요했지만, 국장은 받아들이지 않았다. 승강이를 벌이는 사이 무장 경관과 마쓰에 연대의 군인들이 출동해서 방송국을 포위했다. 습격대와 진압 부대가 계속 대치하는 가운데, 마쓰에 경찰서 특고 과장이 타협안을 제시했다.

"오카자키 씨 혼자 책임을 지고, 나머지 참가자들은 아무 일도 없었던 것으로 하고 풀어주는 조건이면 어떤가?"

오카자키는 이 제안을 받아들였다. 이때 오카자키는 이미 자결을 각오하고 있었다.

전 대원들이 경찰서로 호송되었다. 먼저 오카자키가 별실에서 조사를 받았다. 그런데 여기에서 특고 과장이 앞서 한 말을 뒤엎은 것이다.

"전원을 취조하여 죄를 묻기로 하겠다. 그것이 검사정의 방침이다."

오카자키는 이에 크게 항의했지만, 이미 결정된 일이었기 때문에 뒤집을 수 없었다.

오카자키는 경찰서에 대기하고 있던 동지들 곁으로 돌아갔다. 곧 그는 숨겨둔 단도로 자신의 배를 찔렀다. 그런 다음 다시 경동맥을 찌르고 그 자리에서 쓰러졌다. 경찰관이 황급히 달려왔지만, 하타노가 일본도를 들고 접근을 제지했다. 바닥에는 피가 흘러넘쳤고, 동지들은 소리 내어 울었다.

그러나 응급 처치가 빨랐던 탓인지, 마쓰에 일본적십자 병원으로 호송된 오카자키는 목숨을 건졌다. 이 사건으로 오카자키, 하타노 등 주요 멤버 15명이 기소되었다. 최종 판결은 주모자인 오카자키에게 무기징역, 하타노에게는 징역 10년이라는 형량이었다—이상이 궐기의 전말이다.

각각 복역하던 대원들은 형기를 반쯤 채운 1952년에 전원 출소했다. 일본국 헌법 발포 등의 은사에 따라 대폭 감형을 받은 것이다.

'혈맹단 사건' 때도 그랬지만, 일본의 사법은 대개 우익 테러에 관용적인 태도를 취했다. 국가권력과의 "거리감"이 그렇게 만든 것일까?

전후 초기 우익 활동가

히로시마 시내의 호텔에서 만난 하타노 아키쿠니波多野明邦 (65세) 씨는 야사카신사에 있는 친동생과 마찬가지로 겸손한 신사 같은 느낌을 주었다. 지역 건설회사에서 임원으로 재직하고 있다고 했다.

—아버님의 젊은 시절에 관한 기억은 있습니까?

내 질문에 아키쿠니는 "뭐, 우익 그 자체셨죠"라고 말하며 쓸쓸히 웃었다.

아키쿠니는 하타노가 출소한 그해에 태어났다. 철이 들었을 때부터 자택 부지 안은 일장기를 단 군용 지프가 자리를 차지했다. 하타노는 전후에 행동 우익의 길로 나갔다. '행동 우익'이란 선전차 등으로 정치적 주장을 유포하고, 때로는 대립하는 좌파 등을 폭력적인 언동으로 위협하는 우익 집단을 말한다. 황도 우익·거리 선전 우익이라 부르는 경우도 있다.

"마쓰에 사건으로 복역을 했어도 아직 미진하다고 여겼나 봐요. 이룰 수 없는 유신을 쫓아가고 있는 듯한 느낌이 들었습니다. 신체검사에서 문제가 발견되어 병역에서 떨어진 경험도 영향을 주었을지 모르죠. 군인으로서 조국을 위해 도움이 되고 싶었는데, 그렇게 되지 못한 분함이 우익 활동을 하게 했는지도 모르겠습니다."

출소한 뒤 하타노가 처음 소속된 곳은 우익단체 '호국단護國團(고코쿠단)'이었다. 이 조직은 혈맹단 사건의 주모자인 이노우에 닛쇼, 하마구치 오사치 총리 습격 사건의 범인 사고야 도메오佐鄕屋留雄 등이 1954년에 결성했다. 그 후 '호국단'은 갈라졌고, '일본동맹日本同盟'이 탄생하자, 하타노는 그곳으로 옮겼다.

"아버지께서는 사고야 씨에게 깊이 빠져들어 도쿄로 가서 몇 번이나 만난 듯해요."

사고야는 하마구치 습격 사건으로 사형 판결을 받았지만, 은사를 받아 무기징역으로 감형되었다. 그리고 태평양전쟁이 개전하기 1년 전인 1940년에 가출소했다. 전후에는 공직 추방 처분을 당했지만, '호국단'을 설립하며 다시 우익의 길로 달려갔고, 1959년에는 고다마 요시오와 함께 전국적 우익단체 조직인 '전일본애국자단체회의全日本愛國者團體会義'(줄여서 전애회의)를 결성하고 초대 회장직에 취임했다.

하타노는 '호국단'과 '일본동맹'의 시마네현 본부장을 맡으며, 마쓰에를 중심으로 활동했다.

"집에는 무시무시한 추종자들이 모였습니다. 아버지는 야쿠자 두목 같았어요. 일교조 대회에 쳐들어가서 체포되거나, 8월 6일 원폭기념일에는 히로시마로 원정을 가서 좌익단체들과 싸웠습니다. 뭐, 자식이지만 저도 뭘 하시는지 이해가 잘 안 되는 부분이 있었지요."

그러나 이상하게도 자식들에게 '애국'을 강요하지는 않았다고 한다.

"무서운 아버지셨지만, 우익 교육 같은 것은 전혀 하지 않았어요. 우익이 되라고 하신 적도 없고, 마쓰에 사건에 관해서도 직접 이야기하신 적이 거의 없었어요. 사건의 개요에 관해서는 추종하는 사람들에게 몰래 들은 정도입니다. 물론 저는 그런 이야기에는 약간의 흥미도 없었습니다. 아버지에 대한 반발 같은 것도 있었으니까 우익 사상에 물들지도 않았고요."

결국 하타노는 50세가 되자 행동 우익에서 손을 씻었다. 계속 체포되니 지친 게 아닐까 하고 아키쿠니는 추측했다. 이번 장의 서두에서도 밝혔듯이, 그 후 하타노는 산업폐기물 처리 회사를 경영하다가 야사카신사의 궁사가 되었다.

그런데 리더였던 오카자키와는 전후에도 계속 만났을까? 이렇게 질문하니 아키쿠니는 바로 "그렇지 않습니다"라고 대답했다.

"자세히 물어보진 않았지만, 틀림없이 아버지는 오카자키 씨와 싸우고 헤어졌다고 생각해요. 출소 후에 두 사람이 걸은 길은 전혀 달랐어요. 아버지는 어디까지나 우익을 고집하며 한결같이 그 길을 걸었습니다. 그런데 오카자키 씨는 학교를 설립해 교육자의 길을 걸었습니다. 물론 오카자키 씨도 '우익 교육자'라는 말을 듣긴 했지만, 아버지식으로 표현하면 그는 '행동하지 않는 우익'이었습니다. 오카자키 씨 쪽에서 본다면, 선전차를 타고 거칠게 행동하는 우익과는 가까이하고 싶지 않았을지도 모르겠습니다."

둘 다 우익 활동을 포기하지는 않았다. 그러나 전후라는 시간이 두 사람을 서로 거리를 두게 만들었다.

한 사람은 '거리 선전 우익'이라는 전후 우익의 왕도를 걸었고, 다른 한 사람은 '교육자'로서 우익 사상을 계속 전파했다.

건학 정신에 교육칙어를

마쓰에시 중심부에서 차로 20분 정도 이동하면 산간부에 목적지인 학교가 나온다.

릿쇼대학 쇼난(松南)고등학교. 산인 지방 유일의 대학 부속 학교이며, 축구 팬들에게는 전국 고교 축구의 강호로 알려져 있다. 전직 축구 국가대표인 오카노 마사유키(岡野雅行)의 모교이기도 하다. 학교법인 쇼난학원에서 이 학교를 경영하며, 1961년 쇼난고교로 설립되었다. 1970년 니혼(日本)대학의 준부속 고등학교가 되어 마쓰에 니혼대학고교로 이름을 바꾸었지만, 그 후 니혼대학과의 제휴가 끝나 2001년부터 릿쇼대학 산하에 들어갔다.

그 쇼난학원의 창립자가 '마쓰에 소요 사건'의 리더였던 오카자키 이사오였다. 오카자키는 출소한 후 한때 우익운동에 참가했지만, 바로 몸을 빼고 쇼난학원을 열었다.

학교를 세운 정신으로 내건 것은 교육칙어였다. 거리에서 용감하게 떠드는 것보다 아이들에게 '애국'을 주입하는 것이 더 중요하다고 여긴 것이다.

산기슭에서 비탈길을 다 올라가자 학교 건물이 보였다. 이런 위치라면 학생들이 매일 통학하는 것도 큰일 아닐까 하고 생각했는데, 대부분의 학생이 부지 안에 있는 기숙사에서 생활한다고 한다.

학교 건물을 그대로 지나 축구장을 내려다볼 수 있는 가파른 언덕 위로 가니, 통학 버스 주차장이 나왔다. 그곳을 또 지나니 풀과 나무에 뒤덮인 한쪽 구석에 돌비석이 서 있었다. 사람 크기만 한 돌비석에는 크게 하얀 글씨로 '미시마 유키오 三島由紀夫*·모리타 마사카쓰森田必勝** 열사 현창비'라고 쓰여 있었다. 돌비석을 지탱하는 대좌臺座에도 '성誠', '유신'. '우국', '개헌' 등의 글자가 새겨져 있었다.

비석이 건립된 경위는 오카자키의 저서(《사이고 다카모리·언지록西郷隆盛·言志録》[新人物往来社])에 기록되어 있다.

이 책에 따르면, 미시마 유키오 등이 육상자위대 이치가야 주둔지에 난입했던 '미시마 사건'(1970년)이 발생한 직후 아침에 복도에 정렬한 학생들이 오카자키를 맞이했다. 세 명의 학생이 앞으로 나와 오카자키에게 호소했다.

"학생들을 대표해서 부탁드리겠습니다. 미시마 유키오

---

* 　1925~1970. 일본의 소설가. 《금각사》, 《가면의 고백》 등의 작품을 썼다. 나중에 검도 및 우익 사상에 빠져 다양한 기행을 보이다가, 1970년 11월 25일 자위대의 이치가야 주둔지를 습격했다. 동부 방면 총감(한국의 야전군 사령관)을 인질로 잡고, 자위대원들에게 쿠데타를 종용하는 연설을 했으나 자위대원들이 야유하자 할복자살했다.
** 　1945~1970. 일본의 우익 활동가. 와세다대학 재학 중에 우익 활동을 시작했고 미시마 유키오와 알게 되었다. 이후 미시마의 사적 단체인 '방패회' 대원이 되었고, 1970년 11월 25일 미시마 유키오가 이치가야의 자위대 주둔지를 습격했을 때 동행했다. 미시마와 함께 자살했다.

쇼난고교에 있는 '미시마 유키오·모리타 마사카쓰 열사 현창비'.

선생님의 우국지정에 우리는 감동했기 때문에 현창비를 세우고 싶습니다. 그래서 학교 측에 협력을 부탁드립니다."

오카자키가 승낙하자, 학생들은 그날 돈을 모으기 시작했다. 그러고는 굵은 로프를 사서 뒷산에서 큰 자연석을 캐냈다고 한다. 비문도 전부 학생들이 정으로 새겼다. 애국 열사의 비라고 하기에는 조금 유치한 휘호가 된 것도 그 때문이다. 고등학생들 스스로 만든 것이니 어쩔 수 없었으리라. 오카자키의 말에 따르면 이것은 '성실한 마음과 땀의 결정'이었다.

이듬해 1971년부터 미시마 사건이 발생한 11월 25일은 '미시마 유키오 현창일'로 지정되었다. 현창비 앞에서 학교 행사로 추도식이 열리게 된 것이다. 학교 안에 미시마 유키오의 '현창비'가 있는 곳은 아마도 전국에서 이 학교밖에 없을 것이다. 학생들 스스로 우국지정을 호소하는 행위는 진정 오카자키의 '교육 효과' 덕분이었다.

천황을 사랑하는 아이들

이 학교의 특징은 철저한 애국 교육에 있었다. 매일 아침 조례는 궁성 요배*로 시작해 기미가요** 제창, 교육칙어*** 낭송, 국기 게양으로 이어졌다. 교실에도 교육칙어를 게시하고, 한 달에 두 번 모든 학생들이 오카자키의 선도로 축문을 올리는 의식도 치렀다고 한다. 일본사 교과서 《국사》도 오카자키가 집필한 것을 썼다.

논픽션 작가 하야시 마사유키林雅行는 1980년대에 이 학교를 취재해 《천황을 사랑하는 아이들天皇を愛する子どもたち》(青木書店)이라는 책을 썼다. 이 책에 따르면 당시 《국사》에는 '마쓰에 소요 사건'이 아래와 같이 서술되어 있었다고 한다.

"혼란과 절망과 허탈이 일본 전국을 뒤덮고 있을 때, 마음이 있는 소수 우국지사들은 자결하여 우리나라의 패배에 순국하거나, 혹은 궐기해서 기울어진 형세를 만회하려고 했

---

* 천황이 거주하는 궁성을 향해 경례하는 행위.
** 일본의 국가로 '천황의 통치시대는 천년 만년 이어지리라. 돌이 큰 바위가 되고, 그 바위에 이끼가 낄 때까지'라는 내용이 담겨 있다.
*** 1890년 10월 메이지 천황이 발표한 교육 기본 방침으로 '교육에 관한 칙어'라고도 한다. 가족국가관에 의한 충군애국주의 등이 주요 내용이고 천황제 국가의 정신적, 도덕적 대들보가 되었다.

다. 모두 나라를 생각하고 민족의 앞날을 우려하는 순수한 마음의 분출이었다."

과거는 아름답게 묘사되었다. 오카자키가 피로 물든 궐기의 기억을 질질 끌고 투쟁의 장소를 교육으로 이행한 것만은 이해할 수 있었다. 그런 오카자키는 2006년 85세의 나이로 사망했다.

이 학교를 방문한 2017년 당시 학교 측은 언론의 취재 때문에 신경질적인 상태였다. 모리토모森友학원 문제****가 크게 보도된 이후, 교육칙어를 낭송하는 '선배 학교'로서 계속 취재를 받았기 때문이다.

"아무래도 모리토모학원처럼 보이는 듯해서 곤란합니다."

교감인 가와카미 신지上川慎二는 이렇게 말하면서 험악한 표정을 지었다.

이 학교에서는 2001년 오카자키가 고령을 이유로 학교 경영에서 물러난 이래, 예전과 같은 '애국 교육'에서 벗어났다. 관계자 말에 따르면, 후계자가 된 오카자키의 가족들은 "저출산 시대에 우익 교육을 하면 학생이 모이지 않는다"며 오카자키 색을 배제하기 위해 노력했다고 한다.

"지금은 교육칙어를 학생들에게 낭송하도록 하지 않습니다. 생활지도에는 힘을 기울이고 있지만, 예전처럼 애국 교육이라고 불릴 만한 커리큘럼도 없습니다."

**** 오사카의 사립학교 재단인 모리토모학원이 소학교 설립 인가와 국유지를 불하받는 과정에서 발생한 의혹 사건. 아베 신조와 그의 부인이 연루됐다는 의혹을 받았다. 모리토모학원은 우익 교육을 하는 곳으로도 유명하다.

당연히 미시마를 '현창'하는 행사도 하지 않고, 궁성 요배도 하지 않는다. 홈페이지에서 전하는 것은 축구와 야구에 힘을 쏟는 학교라는 이미지 정도였다. 즉 '보통의 고등학교'가 되었다는 것이다.

오카자키가 가졌던 '우익'은 이제 살아 있지 않았다. 스스로 수명이 다 되어 오카자키의 '전후'는 드디어 끝을 알린 것이다.

애국노동조합

무모한 궐기와는 별개로 비극이 있었다는 것도 기록해야 한다.

다이초지大長寺는 후추府中(도쿄도) 시내를 벗어나 다마영원多磨霊園 외곽을 한 바퀴 빙 돌아서 들어가는 곳에 있었다. 경내로 들어가니 바로 오른쪽에 사람 키보다 큰 비석이 있었다.

비석에는 '명랑회明朗会(메이로카이), 십이 열사 충혼의 비'라고 크게 새겨져 있었다. 그 옆에는 '십이 열사'의 유골이 들어 있는 소박한 묘들이 나란히 있었다.

"참배하러 오셨나요?" 뒤에서 목소리가 들리기에 돌아보니 고상한 여성이 가볍게 머리를 숙이고 있었다. 이 절의 주지스님의 아내라고 했다.

"보통은 그다지 사람들이 찾아오지 않으니까요."

작은 새가 지저귀는 소리 외에는 아무것도 들리지 않는

조용한 경내에 부인의 조심스러운 목소리가 온화하게 울려 퍼졌다.

다이초지는 400년 가까운 역사를 가진 니치렌종의 절로, 원래는 아자부麻布(도쿄도 미나토구)에 세웠다고 한다. 하지만 1964년 도쿄올림픽으로 인한 도로 확장 공사 때문에 비석과 함께 현재의 장소로 이전했다.

"매해 8월 23일이 되면 유족분들이 성묘하러 오세요. 이렇게 말하긴 했지만, 지금은 일부러 오는 유족도 줄어들었지요. 그 사건이 벌어진 지 벌써 70년이 넘었으니까요. 모두 상당히 고령이십니다."

세월은 역사를 풍화시킨다. 그러나 역사는 풍화되어도 사실은 지워지지 않는다.

12명의 자결자를 낸 '명랑회 사건'은 종전 직후 일본에 어두운 기억을 심었다. 이 또한 전전 우파 세력의 당연한 결착 방식 중 하나였다.

'명랑회'는 1935년 일본 굴지의 선박회사인 닛폰유센日本郵船에서 결성되었다. 외형적으로는 고등상선학교 출신자를 중심으로 한 고위 선원들이 구성한 종업원 조합이었다.

당시 해상 노동자 조합으로는 일본해원조합이 최대 조직이었지만, 명랑회는 이를 '적화 조합'(공산주의로 국가 해체를 유도하는 노동조합)으로 보고, 국체호지國體護持를 슬로건으로 삼아 새로운 조직을 발족시켰다. 말하자면 '애국노동조합'이었다. 그러나 설립 당시에는 정식 노동조합으로 인정받지 못했고,

회사 측으로부터 일종의 친목 조직으로 받아들여졌다.

노동운동보다는 애국운동에 역점을 두었던 점도 있어서 일반적인 노동조합과는 달리 노동자의 이익이나 복지를 요구하는 활동은 열심히 하지 않았다. 활동의 대부분은 국체호지 학습회나 독서회로 나뉘었고, 조합원들은 노동자의 권리보다는 황국 신민으로서의 의무를 배웠다. 물론 회사에 항상 순종하지는 않았다. 국체호지의 대의를 위해서 때로는 급진적으로 회사와 대결하기도 했다.

회사에 맹렬히 항의하다

예를 들면 1937년 2월 '윤리쟁의'라고 불리는 파업이 전형적인 사례였다. 이 사건은 1년 전 고베神戸에서 관함식이 열렸을 때, 닛폰유센 소속 선박 5척이 천황이 승함하는 어소함御召艦에 대해 축기 게양을 하지 않은 사실에 항의하며 벌어졌다. 당시 국가주의의 기수 역을 맡은 《도쿄아사히신문》은 이 쟁의를 지지하는 입장에서 다음과 같은 기사를 게재했다.

"닛폰유센 회사의 부당한 행위에 대한 고위 선원들이 쟁의, 동서 호응하여 백여 명이 농성하여 요구서(인용자 주=축기 게양을 하지 않은 불경한 행위에 대한 진심어린 사죄 등)를 오타니大谷 사장에게 제출하고, 일본주의를 기조로 하는 지도 정신 확립을 요망한다."(1937년 3월 1일 자)

명랑회 소속 선원들이 항의하기 위해 각지에서 하선하

자, 선박들은 출항하지 못하는 정선 상태가 되었다. 결국 이 파업에 회사 측이 굴복하여 요구서를 받아들이게 되었다. 명랑회는 이를 계기로 회사 측으로부터 정규 교섭 단체로 인정받게 되어, 정식으로 노동조합 지위도 따냈다. 대우나 권리가 아니라 신민의 '윤리'를 요구한, 전전이지만 특이한 노동운동이었다.

'윤리쟁의'는 널리 알려졌고, 해원조합을 탈퇴하고 명랑회에 참가하는 사람들이 늘어났다. 최전성기에는 4,000명이나 회원을 유치했다고 한다. 그러나 황도 사상에 기초한 학습회 중심의 활동에, 역시 노동자들의 불만이 터져나왔다. "노동자의 이권 옹호가 등한시되고 있다"는 비판이 퍼져 탈퇴자가 줄을 이었다. 태평양전쟁 개전 시에는 800명 정도로 감소했다.

"죽음으로 천양무궁을 기원한다"

종전 때 명랑회 회원은 350명 정도까지 감소했다. 그럼에도 이 조직에 남은 사람들은 천황을 유일 절대시하는 '신국 일본'의 황도 사상을 버리지 않았고, 온몸에 이를 새긴 순수 일본주의자였다. 그들에게 일본의 패전이란, 절대로 지지 않는다고 믿은 일본의 끝이었다. 그들은 일본의 패전에서 자신의 삶을 존속시킬 가치를 찾을 수 없었다. 일본의 끝은 자신의 끝이기도 했다.

패전을 맞은 지 얼마 되지 않은 8월 23일. 이날 도쿄에는 큰비가 내렸다.

명랑회 회원 12명은 이열종대로 나란히 서서 황거를 향해 행진했다. 선두에 선 사람은 회장인 히비 가즈이치日比和一였다. 히비는 도쿄 상선학교 출신으로 닛폰유센에서 명랑회를 결성한 중심인물 중 하나였다. 앞서 서술한 '윤리쟁의'는 히비의 지시로 시행되었다.

히비는 국수주의 해군 군인으로 알려진 이노우에 기요즈미井上清純(종전 때는 귀족원 의원)의 영향을 받아 전시 중에도 황도 정신 고무를 목적으로 한 학습회를 이끌었다. 하지만 전황이 악화된 후에는 강연 중에도 어두운 표정으로 눈물을 흘리는 등 골똘히 생각하는 모습이 보였다고 한다. 그가 사랑한 황도 일본이 막다른 지경에 몰리자 자결할 생각을 굳히고 있었음에 틀림없다.

그뿐만이 아니었다. 명랑회 회원들은 스스로 조국과 함께 죽기로 결심했다. 만세일계이자 신성불가침인 천황이 통치하는 일본이 아니고서는 그들이 살 곳은 없었다. 그것이야말로 그들이 믿는 황국 사상이었다. 황도 일본은 자신들의 육체 그 자체였다.

그날 히비를 선두로 한 대열은 황거 앞에서 '궁성 요배'를 한 뒤, 각각 단도로 할복 또는 목을 찔러 자살했다. 마지막까지 이 모습을 지켜본 히비만 권총으로 자기 머리를 쐈다. 집단 자결 현장에는 "죽음으로 천양무궁天壤無窮을 기원한다"라고 적힌 유서와 매장비 5,000엔만 남았다.

자결자 중에는 여성 한 명도 있었다. 명랑회 사무원을 맡은 기토 시즈코鬼頭静子였다. 그녀는 닛폰유센 사원이 아니었지만, 명랑회의 활동을 알고 공조하여 스스로 사무 업무를 지원했다. 자결하기 전 명랑회 회원들이 "당신은 어머님께 돌아가세요"라고 고향으로 돌아가도록 재촉했지만, 그녀는 "마지막까지 함께 행동하겠습니다"라며 듣지 않았다고 한다.

자결자 전원의 유해는 당시 아자부에 있던 다이초지에 매장되었다. 이 절이 이노우에 기요즈미의 보다이지菩提寺*였기 때문이다.

현재 다마로 옮긴 다이초지의 비석에는 12명 전원의 이름이 새겨져 있다. 히비를 제외하면 모두 20대에서 30대의 젊은이들이었다. 그들에게 '전후'는 없었다. 아니 황도를 걷는 자에게 '전후'는 필요하지 않았다.

천황주의가 초래한 광기였으며, 가장 순수한 형태로 전전 우익 사상을 실천한 셈이었다. 황도 사상에 너무 충실했던 사람들이었기 때문에, 종전 조서 발표와 함께 그들의 이상과 육체는 산화할 수밖에 없었다고 말할 수 있다.

요요기공원의 숨은 역사

도쿄돔 11개 정도의 크기인 요요기공원代々木公園은 도심부

★   선조 대대의 위패를 모시는 절.

최대 규모다. 주말이 되면 프리마켓이나 음식 축제로 북적여 평화로워 보인다. 노동절이나 원전 반대 등 각종 운동단체의 집회장으로 사용되는 경우도 많다.

이 장소가 전전까지는 군이 관리한 요요기 연병장이었다는 사실을 아는 사람도 이제 적어졌다. 1909년 육군성은 드넓은 뽕나무밭을 연병장으로 만들었다. 전후 한때는 미군이 접수해 이곳에 군 병영·가족 거주 숙소(통칭 워싱턴하이츠 Washington Heights)를 건설했다.

워싱턴하이츠는 비교적 자유롭게 출입할 수 있어서 근처에 사는 일본인 소년들이 동네 야구를 즐기는 장소로 이용하기도 했다. 그렇게 생긴 소년 야구팀 중에 '쟈니즈ジャニーズ, Johnny's'가 있었다. 역시 근처에 살던 존 히로무 기타가와喜多川擴라는 미국에서 돌아온 일본인이 감독이 되어 '쟈니즈'를 지도했는데, 나중에는 쟈니즈 기타카와라는 이름을 쓰며 소년 야구팀에서 시작한 '쟈니즈'를 일본 유수의 예능사무소로 키우게 된다.

요요기공원의 역사를 되돌아보면 생각지도 못한 발견도 하게 되는데, 포개진 시대의 주름에는 선혈로 칠해진 기억도 있다.

연병장으로 사용되던 시절, 부지 남쪽 끝에는 육군 형무소가 있었다. 1936년 2·26사건이 발생했을 때기타 잇키北一輝*를 비롯한 주모자 15명이 이곳에 수용되었고, 재판을 받은 후 총살되었다. 그리고 패전 직후, 국가주의 단체인 대동숙大東塾(다이토주쿠) 숙생 14명이 이곳에서 자결했다. 그들 또한 '전후'를 사는 것을 거부한 사람들이었다.

　대동숙은 노몬한 사건[**]이 발생한 1939년에 설립되었다. 신병대 사건(우익의 쿠데타 계획) 때문에 검거된 가게야마 마사하루影山正治가 모교 고쿠가쿠인國學院대학 학생을 중심으로 모은 사숙 '유신료維新寮'를, 동방의 대국을 의미하는 '대동'을 써서 '대동숙'으로 개칭하면서 시작된다. '대동숙'에는 하야시 후사오林房雄[***]나 오자키 시로尾崎士郎[****]와 같은 전전을 대표하는 작가들도 객원으로 이름을 올렸다.

　숙생들은 공동생활을 하면서 천황 친정국가를 지향하는 '쇼와유신'의 이상에 불타올랐지만, 숙장인 가게야마는 1940년에 '7·5사건'(요나이 미쓰마사米内光政[*****] 수상 등을 암살하려던 계

---

[*]　1883~1937. 본명은 기타 데루지로北輝次郎, 일본의 사상가이자 국가사회주의자. 처음에는 사회주의자로서 1906년 《국체론 및 순정사회주의國體論及び純正社会主義》를 저술해 각계의 찬사를 받았다. 이후 흑룡회 및 중국 혁명가들과 접촉했고, 1912년 신해혁명이 일어나자 친구 쑹자오런宋敎仁의 권유를 받아 언론사 특파원 자격으로 중국에 건너가 혁명에 가담했다. 1920년 귀국한 이후부터 국가 개조 운동에 가담했으며, 《일본개조법안대강日本改造法案大綱》을 써서 천황을 국민에 가까운 국가 최고 기관으로 만들고, 사유재산을 제한하는 등의 개혁안을 제시해 우익과 청년장교들의 지지를 받았다. 1936년에 발생한 2·26사건의 사상적 근원으로 지목되어 체포되었다. 군법회의에서 사형을 선고받고 1937년 8월 19일에 총살되었다. 죽기 전에 다른 청년장교들처럼 천황 만세를 부르겠냐는 권유를 받았는데 거절했다고 전해진다.
[**]　1939년 만주국과 외몽골의 국경 지대 노몬한에서 발생한 일본군과 몽골·소련군의 무력 충돌 사건.
[***]　1903~1975. 일본의 작가. 전전에는 좌익 계열 작가였으나 검거된 후 전향하여 전쟁에 협력했다. 전후에도 우익 작가로 활동하면서 《대동아전쟁 긍정론大東亞戰爭肯定論》을 썼다.
[****]　1898~1964. 일본의 작가. 와세다대학 재학 중 사회주의 운동에 가담했고, 이후 자퇴했다. 이후 국가사회주의 운동에 참가하며 우익으로 전향했다.
[*****]　1880~1948. 일본의 해군 군인이자 정치가. 러시아 주재 무관, 연합함대 사령장

획), 1941년에는 '도조 비판 문서 사건'(대미영 전쟁에 반대하여 도조 내각을 비판하는 문서를 발표한 사건)으로 각각 검거당하는 등 평탄하다고 할 수 없는 길을 걸었다. 종전 1년 전에는 군대에 소집되어 중국 대륙을 돌아다니며 싸웠다. 귀환선을 타고 사세보佐世保에 도착한 것은 숙생들이 자결한 지 8개월 남짓 지난 1946년 5월이 다 되고 나서였다.

요요기공원에는 '십사 열사가 자결한 곳十四烈士自刃之處'이라는 쓰인 비석이 쓸쓸히 세워져 있다. 비석을 세울 때 피로 물든 모래를 사건 후에 채취해 비의 아래에 넣었다고 한다.

"황혼에 맹세코 영원히 황성을 지키겠다"

패전 전날(8월 14일) 도조 히데키와도 친했던 미우라 기이치三浦義一(우익 활동가. 전후에는 재계 막후 조정자Fixer로 활약)가 알려준 정보를 통해, 어전회의에서 '종전의 성단'이 결정된 사실을 안 대동숙 숙생 중 하나가 다음과 같은 메모를 남겼다.

"죽느냐, 궐기냐, 둘 중 하나만 있을 뿐."

이하 《대동숙 30년사》(大東出判部)의 서술에 따라 결행에

관, 해군대신을 지낸 후, 1940년 1월 16일 총리에 임명되었다. 하지만 독일, 이탈리아와 동맹을 체결하는 문제로 인해 육군과 대립하여 사직했다. 이후 1944년 고이소 구니아키 내각, 1945년에 스즈키 간타로 내각에서 해군대신을 지내며 종전 공작을 펼쳤다. 종전 기여 등으로 좋은 평가를 받는 한편, 전쟁 중에 육군의 항공부대 통합 제안 등을 거부하는 등 해군의 이익만을 챙긴 모습도 보였다.

이르는 과정을 따라가 보기로 하자.

다음 날 15일 정오에 숙생들은 라디오를 신전에 두고 옥음방송에 귀를 기울였다. '통곡'이라는 글자만 기록으로 남아 있다. 16일. 숙생들이 회의를 열었다. 출정 중인 가게야마 마사하루를 대신해 가게야마의 아버지인 쇼헤이影山庄平가 이 자리를 이끌었다. 쇼헤이는 고문으로, 가게야마가 부재중일 때 숙장을 대행했다.

앞으로 어떤 길을 선택할 것인가—자결론과 궐기론이 격렬히 부딪쳤다. 순국해야 하는가, 무장 궐기해서 국가를 전쟁을 계속하는 길로 이끌어야 하는가? 논의는 이어졌다. 모두의 논의를 제지하듯이 쇼헤이가 "전원을 대표해서 나 혼자 할복해서 폐하께 사죄를 드린다"고 말을 꺼냈다. 쇼헤이에게 패전은 국민의 책임이었다. '사죄'의 의지는 죽음으로 보여줄 수밖에 없다고 생각했다.

그러나 쇼헤이 한 사람만 희생하는 제안에 반대하는 의견이 속출했다.

"고령이신 선생님(쇼헤이)께서는 반드시 살아남으셔서 뒤처리를 해주시고, 우리 젊은이들이 …… 희생하고 싶습니다." 쇼헤이는 "죽는 건 나 혼자로 충분하다"며 물러서지 않았다. 결국 쇼헤이를 중심으로 '일동 자결'하기로 방침을 정했다.

그날 24일. 자결 참가자 전원은 유서를 작성했다.

"깨끗이 목숨을 바치는 우리 14명은 황혼皇魂에 맹세코 영원히 황성을 지키고자 한다."

그날 25일 오전 1시. 일동은 목욕재계를 한 후, 하얀색 머리띠를 두르고 칼을 손에 들고 신전에 모였다. 이곳에서 촛불을 켜고 마지막 저녁 식사를 들었다. 최후의 식단은 '흰 쌀죽, 버섯과 근대를 삶은 멀건 된장국, 배급된 연어 통조림, 절인 오이, 매실장아찌, 차'였다고 기록되어 있다.

오전 2시, 대동숙의 깃발을 앞세우고 일동은 요요기로 향했다. 연병장 서쪽 구석의 '쥬쿠혼게야키+九本欅'(느티나무 19개)라 부르는 장소가 그들이 생을 마감할 곳이었다.

우선 12명이 할복했다. 30세의 노무라 다쓰오野村辰夫와 26세의 히가시야마 리이치東山利一 등 2명이 그들의 할복을 도왔다. 사용된 칼은 가게야마 숙장이 사용했던 엔주 구니시게延壽國重와 다이케이 나오타네大慶直胤였다. 마지막으로 노무라가 히가시야마를 가이샤쿠介錯* 한 다음 자신도 자결했다. 자결자 중 가장 나이가 많은 사람은 60세인 쇼헤이, 다음은 40세인 후쿠모토 미요지福本美代治였고, 나머지는 모두 30대 이하였다.

《30년사》에는 자결 직후의 검시 사진이 실려 있다. 연병장의 덤불에서, 히모로기ひもろぎ(신도 의식에 사용되는 신나무 가지)를 둘러싸듯이 숙생들의 시체가 띄엄띄엄 누워 있었다. 그들은 그들의 전쟁을 위해 싸우다 죽었다. 그들의 죽음에서 전달되는 것은 '비참함'이나, '분함', 혹은 '숭고한 의지'가 아니었다. 시커멓게 소용돌이치던 시대의 폭풍이 사람을 쓰러뜨리고 떠나간 뒤에 남은 일종의 허탈과 같은 감각이었다.

이 사건으로 대동숙은 활동을 정지했고, 9년 뒤 '재건 선

---

* 무사가 자결할 때, 고통을 덜어주기 위해 뒤에서 목을 베어주는 행위.

언'이 발표될 때까지 대외적으로는 침묵을 지켰다.

전통 우익으로 살다

사건 후에 돌아온 가게야마 마사하루는 그 발걸음으로 '귀환 봉고奉告'를 하기 위해 황거로 향했다. '식량 노동절食糧×ーデー'**이 한창이었을 때였다. 황거 앞에는 붉은 깃발로 가득했고, 데모대가 몰려와 있었다. 새로운 시대의 큰 파도를 가게야마는 알게 되었다.

그 후 가게야마는 불이가도회不二歌道会(후지카도카이)를 설립했다. 야스다 요주로安田與重郎로 대표되는 일본 낭만파('일본 전통으로 회귀하자'를 외친 문학 사상 그룹)에 속해 있던 가게야마는 국학과 가도에 통달했다. 가게야마에게 가도는 또 하나의 민족주의 운동이었다. 1954년 그는 대동숙을 재건했다. 대동숙과 가도회는 가게야마가 운영하는 두 개의 수레바퀴였고, 그는 그 위에서 쇼와 시대를 계속 달렸다.

가게야마와 대동숙은 전후에도 '우익의 중진'으로 계속 존재했지만, 일반적인 '행동 우익'과 달리 거리 선전을 목적으로 삼지 않았다. 고대 신도의 정신을 버리지 않고, 심신단

** 1946년 5월 19일 일본 정부의 식량 배급 지연에 분노한 민중들이 황거 앞에 모여 항의한 집회이다. 최대 25만 명이 참가했다. 참가자들은 천황과 직접 만나 식량 문제 해결을 청원하려고 했으나 궁내성 측의 방해로 뜻을 이루지 못했다. 맥아더는 이 집회를 폭동으로 규정하고 좌익운동을 견제하게 되었다.

련의 장소로 농장이나 기숙사를 설립하는 등 그 엄격한 자세 때문에 '전통 우익'으로 분류되는 경우가 많았다.

황도에 살던 가게야마는 1979년 68세가 되었을 때, 자신의 삶을 끝냈다. 오메시青梅市(도쿄도)에 있는 다이토농장에서 할복한 다음 산탄총으로 심장을 쏘았다. 유서에는 "죽음으로 원호법제화元号法制化 실현을 열렬히 기도하겠다"라고 적혀 있었다.

가게야마가 죽음을 맞을 당시, 원호는 관례적으로 사용할 뿐 법으로 정한 것은 아니었다. 황위가 계승될 때마다 바뀌는 원호는 우익 진영에게 천황제의 상징이기도 했으며, 국가의 근간으로 평가받기도 했다. 원호를 법제화하는 것(즉 공식 연호로 삼을 것)은 당시 우익의 최대 정치 과제였다.

가게야마는 이대로 간다면 원호가 폐지될 수도 있다는 위기감을 가졌다. 실제로 세간에서는 서력 표기가 진행되고 있었다. 가게야마는 그것이 일본 문화의 소멸이라고 여겼을 것이다. 그렇기 때문에 몸을 바쳐서라도 원호의 법제화를 호소해야 한다고 결심했다.

가게야마가 자결했을 때, 국회에서는 이미 '원호법'이 중의원을 통과한 상태였다. 참의원에서 가결된 것은 가게야마가 죽고 11일째가 되었을 때였다. 이러한 상황 때문에 자결 원인이 다른 데 있지 않느냐는 견해를 보이는 사람도 있으나 진상은 알 수 없다. 단지 종전 직후 동지들이 집단 자결한 이래, 가게야마가 스스로 목숨을 끊을 기회를 계속 찾았다는 이야기는 여러 곳에서 들을 수 있었다.

같은 농장에서 나중에 대동숙 대표가 된 스즈키 마사오鈴木正男 역시 2001년 79세의 나이로 목을 매 자살했다. 종전 후 숙생들이 집단 자결을 했을 때, 스즈키 또한 출정 중이었다. 그는 집단 자결이 있은 지 겨우 5일 뒤인 1945년 8월 30일에 귀환했다. 전후 50년이 지나자 그의 마음속에서 무언가 눈보라가 몰아쳤을 것이다. 늦게 도착한 열차

국가주의 단체 대동숙을 설립한 가게야마 마사하루. 패전 직후 이 단체의 숙생 14명은 "패전은 국민의 책임이다"라며 육군 형무소 앞에서 자결했다.

에 뛰어들듯이 스즈키 또한 동지들 곁으로 사라졌다.

만년에 스즈키는 우익단체 '일본을 지키는 국민회의日本を守る国民会議'에 참가했다. 1981년 설립된 '국민회의'는 일본의 개헌운동을 이끌었다. 일본국 헌법은 미국이 '강요한 헌법'일 뿐이고, 일본을 타락하게 한 '전후'를 만들고, 가족제도를 붕괴시키고, 공산주의의 위협을 초래했다고 주장했다. 일본국 헌법 때문에 일본이 일본이 아니게 되었다고 스즈키는 일관되게 주장했다.

가게야마도 스즈키도 이 세상을 떠났지만, 그 유지는 계승되고 있다. 게다가 대동숙보다도 더 큰 세력에 의해서.

'일본을 지키는 국민회의'는 1997년 마찬가지로 개헌운

동을 하던 우파 종교 지도자가 만든 조직인 '일본을 지키는 모임日本を守る会'과 통합했다. 우파 대중운동의 확대를 지향하는 더 큰 새로운 조직이 결성된 것이다. 스즈키도 그 모임의 대표위원을 지냈다.

그렇게 새로 탄생한 조직은 '일본회의日本会議'이다.

장렬한 자결

'문무농文武農' 일체를 지향하며 종전 직후에 개간한, 가게야마와 스즈키에게 생의 마지막 땅이 된 다이토농장은 지금도 계속 운영되고 있다. 도쿄도 오메시 교외에 있는 그 농장을 찾아갔다.

JR 오자쿠小作역에서 택시를 탔다. 택시 운전사는 그곳이 "딸기로 유명한 농장"이라고 말했다. 맛에 정평이 있어, 제철이 되면 멀리서 사러 오는 사람도 있다고 했다.

딸기밭은 농장 입구에 있었고, 그 앞으로 나가니 광대한 농장이 펼쳐졌다. 방목된 젖소들이 목초 위에 드러누워 있었다. '우익', '민족파'라는 말을 연상케 하지 않는, 문자 그대로 목가적인 풍경이었다. 일반적인 농장과 달리 농장 안 가파른 언덕 위에 조그마한 신사가 있었다. 가게야마가가 건립한 다이토신사였다. 그 옆에 자결한 14명을 기리는 '십사 열사의 비'가, 그 바로 근처에 '가게야마 마사하루 대인의 비'가 자리 잡고 있었다.

"아버지는 이 자리에서 돌아가셨습니다."

목장을 내려다볼 수 있는 언덕 위까지 안내해준 사람은 가게야마의 둘째 아들인 마사카즈影山正和(67세)였다. 그는 현재 농장의 책임자이다. 마사카즈가 가리킨 곳에는 큰 삼나무가 초여름의 햇빛을 가리듯이 그늘을 만들고 있었다.

39년 전. 이 자리에서 가게야마는 단도로 한일一자로 할복하고 산탄총으로 가슴을 쏘았다. 발견되었을 때, 옷차림은 흐트러짐이 없었고 고통스러운 표정을 짓지도 않았다고 한다. 흰 옷에 검도 하카마, 문장이 들어간 목면 하오리. 발 아래 깐 수건 위에 하얀 손잡이가 달린 단도가 놓여 있었다.

"어떤 종류의 예감은 있었습니다"라고 마사카즈는 아버지가 죽기 직전의 상황을 회고했다. 친아들이라도 다가가기 어려울 정도로 엄격한 가게야마가 언제부턴가 갑자기 조용해졌다. 먼 곳을 바라보는 듯한 표정으로 사색에 빠진 나날이 계속되었다.

"뭔가 사건이라도 일어날 것 같은 느낌이 들었어요. 그래서 저도 각오를 하고 '아버지께서 행동하실 때에는 나도 같이 갈 거야'라고 아내에게 말했습니다."

마사카즈가 걱정했던 것은 자결이 아니라 황도에 살아가는 사람으로서의 직접 행동, 즉 테러였다. 만일 아버지가 목숨을 걸고 행동에 나설 경우 거기에 따라가는 것이 자식 된 도리라는 생각했던 것이다.

1979년 5월 25일. 매해 하던 근황선인제勤皇先人祭(구스노키 마사시게楠木正成*를 기리는 예제)가 예정된 날이었다. 전날 밤부터 사무소에 틀어박혔던 가에야마가 나타나지 않았다. 가족이나 숙생들이 농장 안을 뒤지고 다녔더니, '십사 열사의 비' 근처에 있는 삼나무 아래에서 뒤를 바라보고 쓰러진 가게야마가 발견되었다.

진짜 보수의 삶이란

자결 소식은 텔레비전 방송국들이 속보로 알렸기 때문에 그날 농장과 대동숙 본부(도쿄도 시부야구)에는 많은 조문객들이 찾아왔다. 당시 기록을 보면, 조문객 중에는 가바시마 유조椛島有三, 다마키 가즈오玉木和郎 등의 이름을 확인할 수 있다. 가바시마는 당시 원호법제화실현국민회의 사무국장이었고, 다마키는 자민당 참의원 의원이었다. 두 사람 모두 종교단체인 '생장의 집生長の家(세이초노이에)' 출신이었다. 나중에 '생장의 집' 출신자가 중심이 되어 '일본회의'가 만들어졌다. 현재 가바시마는 '일본회의' 사무총장이다. 헌법 개정을 위한 활동이나 그에 대한 제언 활동을 하며 자민당 정치에도 적지 않은 영향을 끼치는 '일본회의'의 원류를 여기에서도 발견할 수 있

★　일본 가마쿠라 시대에서 남북조 시대 초기에 활동한 무사. 고다이고後醍醐 천황을 지지하여 가마쿠라 막부를 상대로 게릴라전을 수행해 막부를 붕괴시키는 데 공헌했다. 이후 아시카가 다카우지足利尊氏가 막부를 세우고 교토로 침공하자, 이에 맞서 싸웠으나 패배하고 동생과 자결했다. 황국 사관이 중심이었던 전전의 일본에서는 충신의 대명사로 불렸다.

었다.

마사카즈가 말하기를, 가게야마는 할아버지 쇼헤이(종전 직후에 자결한 14명 중 한 명)가 자주 언급했던 '땅의 소금'이란 말을 좋아했다고 한다. 이 말은 〈마태복음〉 5장 14절에 나오는, 예수가 사람들에게 "너희는 세상의 빛이라"라고 설교할 때 쓴 말이라고 한다.

"소금은 필요하지만 세상 전부가 소금이 되면 짜서 견딜 수 없습니다. 약간의 존재가 중요하다는 의미입니다. 할아버지도 아버지도 대동숙은 사회에 약간의 자극을 주는 '약간의 소금'으로 존재한다는 의미로 설명하셨습니다."

지금 마사카즈는 개인으로서는 직접 정치에 관여하고 있지 않다. 대동숙의 동인으로 농장을 맡아 신사를 지키고, 도쿄도 낙농협동조합 이사로서 지역 활동에도 몰두하고 있다. 자기는 우익이라고 말하지 않는다.

농장 한쪽 구석에 조그마한 오두막이 있었다. 입구의 미닫이문을 여니, 우리에 들어간 고양이 몇 마리가 일제히 울었다. "길고양이 보호 활동을 하고 있습니다"라고 말하며 마사카즈는 고양이들을 보고 미소지었다.

창살 가운데로 손을 들이밀고 고양이 머리를 쓰다듬는 마사카즈의 온화한 표정에서 조금도 가게야마 집안의 피의 기억은 보이지 않았다.

새벽부터 날이 저물 때까지 소를 돌보는 데 쫓기고, 안전하고 맛있는 우유를 만들려면 어떻게 하면 좋은지 항상 고민하고, 신사를 지키고, 길고양이를 보호하고, 그리고 지역 자치회장도 맡고 있는 마사카즈의 삶은 우익의 이미지와는 멀지도 모른다.

그러나 이것이야말로 본래의 '보수'가 아닐까, 하는 생각도 들었다.

'보수'란 사상이 아니라 삶의 문제이다. 전통을 존중하고 시대의 흐름에 휘둘리지 않고, 지역이나 사회를 위해 노력하는 것이 보수가 아닐까? 일장기를 난폭하게 흔들며 거리를 돌아다니면서 보수니, 애국이니 하며 흡족해하는 무리는 마사카즈의 착실한 생활을 보고 어떻게 느낄까?

끝나지 않은 유신의 꿈

대동숙은 지금도 계속 활동하고 있다. 도쿄의 기타아오야마北青山 3정목丁目, 언뜻 보기에 전통 우익과는 어울리지 않는 곳에 본부인 다이토회관大東会館이 있다. 1965년 건설된 이 4층 건물은 근처 풍경을 무시하듯이 꾸밈없이 소박하게 서 있었다. 입구에 걸려 있는 붓으로 쓴 '대동숙', '불이가도회'라는 간판은 그곳이 국체 정신의 수련장임을 보여주고 있었다..

회관에서 사무 작업을 하는 담당자의 말에 따르면, 병설 기숙사에는 지금도 대학생 몇 명이 살고 있다고 한다. 기숙사 관계자의 자녀나 고쿠가쿠인대학에서 신도를 전공하는 학생들이다. 보수 논객 오하라 야스오大原康男(고쿠가쿠인대학 명예교수), 다카모리 아키노리高森明勅(평론가)도 이 기숙사 출신으로 알려져 있다.

예의 바른 담당 청년은 "이른바 우익으로 활동하지 않는다"고 나에게 말했다. 선전차를 타고 시내를 돌아다니는 행위 같은 건 하지 않는다. 번화가에서 소리를 지르지도 않는다. 어디까지나 국학, 가도 등을 통해 일본의 전통 정신을 보호하고 보급하기 위해 노력하고 있다고 한다. 정기적으로 국학 강좌나 시음 교실을 열고, 도장에서는 풀 콘택트 가라테^{Full contact karate}* 교실도 하고 있다.

하지만 대동숙은 유신의 꿈을 버리지 않았다. 이를테면 대동숙과 떼려야 뗄 수 없는 관계인 불이가도회의 행동 지침이 담겨 있는 '개요'에는 다음과 같은 내용이 있다. "검혼가심劍魂歌心**의 마음가짐을 가진 재야의 비판 세력으로서 모든 악의 토멸과 모든 선의 현양에 노력하여 모든 유신의 밑바탕인 문화유신 달성에 몸을 바친다."

가게야마 마사하루의 가르침은 아직도 살아 있다. 일본회의 등의 집회에서는 대동숙 관계자의 모습을 자주 볼 수 있다. 피의 기억이 끊임없이 '우파' 일각에 단단히 영향을 끼치고 있다.

---

*   기존 가라테와 달리 방어구 없이 맨몸으로 대결하고 공격한다.

**   무사는 강한 투쟁심이 있어야 하지만, 시를 읊을 줄도 알아야 한다는 의미.

2장

반미에서
'친미·반공'으로

아이치현^{愛知県}의 산가네산^{三ヶ根山}은 현지에서 '우익의 성지'로 불리는 경우가 많다. 가끔 검게 칠한 선전차들이 줄지어 찾아오기 때문에 어느새 그렇게 불리게 된 것이다.

초여름에는 아지랑이가 일제히 꽃을 피우기 때문에 '아지랑이 라인^{あじさいライン}'이라고도 불리는 산가네산 스카이라인은 부드러운 커브가 몇 겹으로 이어져 있고, 나무들 사이로 보이는 미카와^{三河}만의 조망도 있어서 드라이브하기에 아주 좋은 관광도로이다. 정상 부근 요금소를 지나면 바로 '순국칠사묘^{殉國七士廟}'가 보인다. 차를 갓길에 잠시 세우고 그곳으로 걸어갔다.

산가네산에 묘가 세워진 건 1960년이다. 안으로 들어가니 높이 5미터 정도 되는 '순국칠사묘'라는 글자가 새겨진 거대한 석비가 눈에 들어왔다. 순국칠사―전후에 전범으로 처

형된 도조 히데키(수상), 도이하라 겐지土肥原賢二*(육군 대장), 이
타가키 세이시로板垣征四郎**(육군 대장), 기무라 헤이타로木村兵太
郎***(육군 대장), 마쓰이 이와네松井石根****(육군 대장), 무토 아키
라武藤章*****(육군 중장), 히로타 고키廣田弘毅******(전 수상) 등 7명

---

* 1883~1948. 일본 육군의 군인. 중국 전문가로 군벌의 고문, 특무기관장 등을 지
냈다. 1932년 만주사변이 발발하자 청조 마지막 황제 푸이溥儀를 톈진天津에서 만주로
탈출시키는 등 화려한 모략을 선보여 '만주의 로렌스'라는 별명을 얻었다. 이후에도
중국에서 공작을 했으며, 출세하여 육군 대장까지 승진하고 육군의 교육을 담당하는
교육총감도 지냈다. 전후 극동국제군사재판에서 A급 전범 용의자로 기소되어 교수형
을 선고받고 처형되었다.

** 1885~1948. 일본 육군의 군인. 관동군 고급 참모로 근무하던 1932년 작전 참
모 이시와라 간지와 함께 만주사변을 일으켰다. 이후 관동군 참모장과 육군대신을 지
냈으나, 육군대신 시절에 장고봉 사건과 노몬한 사건이 발생할 때 천황에게 거짓 보고
를 하고, 현지군을 방치했기 때문에 천황은 이타가키를 나쁘게 평가했다. 이후 제5사
단장을 지냈으며 조선군 사령관, 싱가포르 주둔 제7방면군 사령관으로 종전을 맞이했
다. 극동국제군사재판에서 교수형을 선고받고 처형되었다.

*** 1888~1948. 일본 육군의 군인. 1941년부터 1943년까지 육군 차관을 지냈다. 별
명은 '버마의 도살자'. 1945년 버마 전선을 총지휘하는 버마 방면군 사령관으로 임명
되었는데, 전선이 붕괴하는 가운데, 랑군에서 휘하 부대를 통제하라는 참모장과 예하
군사령관들의 건의를 무시하고, 그들이 부재중일 때 도주했다. 전후 극동국제군사재
판에서 교수형을 선고받고 처형되었다.

**** 1878~1948. 일본 육군의 군인. 중국 및 아시아 문제에 관심이 많아 중국 정치의
중요 인사들과 접촉했다. 정보를 담당하는 참모본부 제2부장, 대만군 사령관 등을 역
임하고 1935년 육군 대장으로 예편했다가, 1937년 8월 15일 제2차 상하이 사변이 발
발하자 소집되어 상하이 파견군 사령관으로 임명되었다. 그해 10월 30일 중지나 방면
군 사령관으로 임명되어 당시 중국의 수도였던 난징을 함락했는데, 점령 전후에 학살
이 발생했다. 이후 다시 예편되었고, 전후 극동국제군사재판에서 교수형을 선고받고
처형되었다.

***** 1892~1948. 일본 육군의 군인. 관동군 참모로서 내몽골을 중국에서 독립시키
려는 공작을 펼쳤고, 1937년 중일전쟁이 발발하자 중국에 타격을 가해야 한다는 강경
론을 내세웠다. 1937년부터 1938년까지 중지나 방면군 참모부장으로 난징 공략에 참
가했으며, 이후 육군성 군무국장 등을 지내면서 삼국동맹 체결 등에 관여했으나 대미
개전에는 반대했다. 이후 근위사단장, 필리핀 주둔 제14방면군 참모장을 지냈다. 전후
에 극동국제군사재판에서 교수형을 선고받고 처형되었다.

****** 1878~1948. 일본의 정치가이자 외교관. 현양사의 학자금을 받아 도쿄제국대

을 가리키며, 그들의 유골이 여기에 잠들어 있다.

친미 민족주의란

석비의 휘호揮毫는 아베 신조安倍晋三 수상의 할아버지인 기시 노부스케岸信介*******가 썼다. 도쿄재판이 '승자'에 의한 일방적인 심판의 장이었던 것은 틀림없지만, 지금껏 한 번도 있어본 적 없는 재난에 국민을 휘말리게 한 전쟁 지도자들을 당시 현역 수상인 기시가 '순국칠사'라고 찬사한 셈이었다. 개설 당시에는 현지뿐 아니라 미국 국무성에서도 우려를 표명했다고 한다.

덧붙이자면 도조 등이 처형된 다음 날 스가모형무소에서 석방된 사람들 중 기시도 있었다. 그 또한 A급 전범 용의자였

학을 졸업하고 외교관이 되었다. 외무대신으로 근무하던 1935년에 대중 압박 외교를 펼쳤다. 1936년 발생한 2·26사건 이후에 총리가 되었지만, 육군과 정당이 대립하자 사직했다. 1937년 제1차 고노에 내각의 외무대신으로 근무할 때 중일전쟁이 발발하자, 처음에는 전쟁 확대에 반대했다가 육군 편을 들어 전쟁을 확대하는 방향으로 전향했다. 이후 소련을 통한 종전 공작에 관여했다. 전후 극동국제군사재판에서 교수형을 선고받고 처형되었다.

******* 1896~1987. 일본의 정치가. 도쿄제국대학 재학 중부터 우익 활동가와 접촉했다. 대학 졸업 후에 관료가 되어 농상무성 등에서 근무한 후 만주국에서 국무원의 고관으로 경제 계획을 지도했으며, 군으로부터 '혁신 관료'라 불리며 촉망을 받았다. 1941년 도조 내각의 상공대신으로 입각했고 전쟁 도중 군무성 차관을 겸임했으나 도조 수상과 대립하여 내각을 총사직하게 만들었다.
전후 A급 전범 용의자로 구속되었지만, 불기소 처분을 받고 석방되었으며 총리를 지냈다. 동생인 사토 에이사쿠도 총리를 지냈으며, 현 일본의 수상인 아베 신조는 그의 외손자이다.

전후에 전범으로 처형된 7명을 기리는 순국칠사의 석비. 석비의 휘호는 아베 신조의 할아버지인 기시 노부스케가 썼다.

지만, 미국의 반공 정책, 정보 전략의 일환으로 그 이용 가치를 고려해서 같은 A급 전범 용의자인 고다마 요시오 등과 함께 풀려났다는 것이 정설이다. 전후 우익의 거물인 고다마에 관해서는 나중에 다시 다루기로 하자.

1960년 안보 시대에는 커져가는 반대운동에 대항하고자 기시의 '스가모 친구'인 고다마가 전국의 우익, 임협任俠* 관계자들에게 협력을 요청했다(3장에서 자세히 다루겠다). 좌우 양측 간의 격렬한 싸움 이면에는 기시와 고다마 라인이 숨어 있다.

---

* 　본래 중국 춘추전국시대에 의협심을 가지고 힘든 사람을 돕는 사람을 의미했지만, 현대 일본에서는 폭력배를 가리키는 단어로 쓴다.

고다마는 자서전인《나는 패배했다われ敗けれたり》(協友社)에서 이렇게 썼다.

"일본의 우익은 본질적으로 좌익에 대항하기 위해 태어났다."

"나는 과거에 천황과 국가에 끝까지 충성했던 국가주의자 중에서 반미주의자는 결코 나타나지 않았고, 반대로 진정한 친미주의자가 나타났다고 확신한다."

전전에 내세웠던 '귀축미영鬼畜米英', '일억 총궐기一億總決起'의 슬로건은 무엇이었냐는 생각이 드는 서술이다.

확실히 '패전'은 우익을 궤멸 상태로 몰아넣었다. 어떤 의미에서 그것은 당연한 귀결이라 할 수 있었다. 신의 보호를 받으며 질 리 없으리라 여겼던 일본이 패배했고, 유일신 천황마저 인간으로 돌아왔다. 신앙을 빼앗은 장본인은 미국이었다. 그렇기에 미국에 대한 복수심을 가지고 사는 것이라면 이해할 수는 있다.

그런데 많은 우익은 아주 간단하게 '반미'에서 '친미'로 노선을 바꾸었다. 망설임이나 고통의 표현은 거의 존재하지 않았다. 이 사실은 전후 우익의 궤적을 보는 데 아주 중요하다. 민족주의, 국수주의의 깃발을 흔들면서 미일 안보를 긍정하고, 오키나와의 미군기지 고정화를 돕는 것이 이젠 대부분의 우익이 하는 일이라고 할 수 있기 때문이다. 결국 우익은 항상 권력 근처에 있는 사람들이었다.

덧붙이자면 1960년 안보 당시, 우익 쪽에서 미일 안보체제에 이의를 제기한 사람은 앞에서 말한 대동숙의 가게야마 마사하루였다. 그는 경관대와의 충돌로 국회 앞에서 사망한 도쿄대 학생 간바 미치코樺美智子*를 향해 "진심으로 애도의 말씀을 전하고 싶다. 그녀야말로 일본을 위해 죽은 애국자이다"라고 추도사를 남겼다. 나아가 안보 개정을 위한 미국 대통령의 일본 방문이 발표되자, 자민당 등이 준비한 '웰컴 포스터'에 대항해 '일장기 아래로!'라고 쓴 '히노마루 포스터'를 도내 곳곳에 붙였다고 한다.

이론대로 하자면, 가게야마의 행동이야말로 올바른 것이 아닐까?

유골 탈환

이야기를 산가네산으로 되돌리자.

때때로 묘 입구에 있는 주차장은 우익단체 차량으로 가득 찰 경우도 있다. 도쿄도내를 거점으로 하는 우익단체 등은 이세신궁伊勢神宮에 참배하러 갔다 돌아오는 길에 산가네산에 들르는 경우가 적지 않다.

우익은 'A급 전범'이라는 말을 인정하지 않는다. 어디까지나 순국지사, 쇼와 순난자인 것이다. 전후 일본 사회에 정착한 '전범'이라는 개념을 엎고, 그 권위와 영광을 되찾는 것

---

*   1937~1960. 일본의 학생. 도쿄대학 재학 중 미일안보조약 체결에 반대하는 학생운동에 가담했다. 1960년 6월 15일 학생 시위대가 국회 돌입을 시도하다가 경찰과 충돌이 일어났을 때 사망했다. 그녀의 사망으로 여론이 들끓자 기시 내각은 퇴진했다.

이야말로 현대 우익이 짊어진 사명 중 하나이기도 하다. 그리고 실제로 '되찾은' 자들의 이야기가 산가네산에는 확실히 존재한다.

나는 그 이야기를 산가네산에서 멀리 떨어진 아타미熱海(시즈오카현靜岡県)에서 들었다. 실은 산가네산에 잠든 유골들은 원래 아타미의 흥아관음興亜観音에 있던 것인데, 분골되어 산가네산으로 옮겨왔다. 나는 그 경위를 흥아관음의 주지 이타미 묘죠伊丹妙淨를 통해 알게 되었다.

이타미는 내가 아타미를 방문했을 때, 내게 말을 건네고 친절하게 안내해준 비구니였다. 아마 그는 참배객이 찾아올 때마다 그렇게 했을 것이다. 외워둔 노래를 들려주듯 거침없는 말투로, 이타미는 다음과 같이 사건 경위를 말해주었다.

도조 등 7명이 교수형에 처해진 시각은 1948년 12월 23일 오전 0시가 지나서였다. 유해는 오전 2시에 스가모형무소에서 미군의 대형 트럭에 실려 요코하마시에 있는 구보산久保山 화장터로 옮겨졌다.

미군은 유골이 유족 등의 손에 넘어가서 신성시되는 사태를 두려워했다. 그렇기 때문에 유족이 요구한 시체 인도에는 응하지 않았고, 극비리에 화장한 후 태평양에 유골을 뿌리기로 결정했다. 그러나 이 계획을 사전에 탐지한 사람들이 있었다. 도쿄재판 피고 측 변호인이었던 산몬지 쇼헤이三文子正平와 하야시 이쓰로林逸郎였다. 그들은 도쿄재판 관계자였기 때문에 곳곳에서 여러 번 이야기를 듣고 미군의 계획을 꿰뚫어볼 수 있었다.

두 사람은 미리 구보산 화장터의 책임자 히다 비젠飛田美善과 화장터에 인접한 고젠지興禪寺 주지 이치카와 이유오市川伊雄와 이야기해서 유골 탈환 계획을 세웠다.

한밤중에 구보산 화장터로 옮겨진 시체들은 예정대로 곧 화장되었다. 그때 화장터 안에는 몰래 눈에 띄지 않게 검은색 장속裝束을 입은 산몬지 등이 숨을 죽이고 사태를 지켜보고 있었다.

산몬지 등은 묘한 확신을 가졌다. 그날 밤은 크리스마스 이브였다. 크리스마스를 앞두고 미군도 기분이 좋아져 감시를 소홀히 할 것이라 예측한 것이다. 예상했던 대로 시체가 다 탈 때까지 미군의 모습은 보이지 않았다. 산몬지 일당은 우선 유골을 모아서 향을 피우고 합장했다. 황급한 계획 치고는 느긋하다고 말할 수밖에 없었지만, 그것이 보통 일본인의 사생관死生觀이기도 했다. 쫓기듯이 유골을 모을 수는 없었다.

마쓰이 이와네의 암자

그런데 향 냄새가 미군 병사들이 쉬고 있는 방에까지 흘러들어가고 말았다. 이변을 감지한 병사들이 우르르 화장터로 몰려들었다. 산몬지 일당은 그 자리에 유골을 내버려두고 도망칠 수밖에 없었다. 다시 이타미의 회상을 들어보자.

"미군 병사들은 7개로 나뉘어 있던 유골을 마작패를 뒤섞듯이 섞어버렸다고 합니다. 그 뒤섞인 유골들을 검게 칠한 상자에 난폭하게 집어넣고 어디론가 가지고 가버렸습니다."

하지만 상자에 어지간히 험하게 담았던 탓인지, 그야말로 마작패를 섞을 때 패가 날아가듯 유골 중 가느다란 부분이 주르르 바닥에 떨어졌다. 병사들은 그것을 담으려고도 하지 않고, 콘크리트 도랑에 내던진 채 사라졌다.

결과적으로 미군들의 이런 소홀한 행위가 산몬지 일당에게는 다행스러운 일이었다. 그들은 다시 내부로 침입했다. 그러고는 대나무 작대기 끝에 빈 깡통을 달고, 그것을 '쓰레받기'처럼 움직이면서 흩어진 유골들을 모았다고 한다. 7개의 유골이 뒤섞였다고는 하지만, 그 양은 뼈항아리 1개 크기였던 듯하다.

이 뼈들은 잠시 근처의 고젠지에 보관했다. 하지만 미군이 출입하는 화장터 바로 옆에 언제까지 숨길 수는 없었다. 만일에라도 발각되면 미군의 처벌이 기다리고 있었다. 그래서 산몬지 등과 유족들은 유골을 '순국칠사' 중 한 명인 마쓰이 이와네의 아타미 별장으로 옮기기로 결정했다. 이에 관한 일체의 발설은 금지했다.

마쓰이는 '난징 사건南京事件'*의 주모자로 사형 판결을 받았다. 원래는 중일 연대를 지향한 대아시아주의자로, 1933년에는 고노에 후미마로와 히로타 고키 등과 함께 "구미 열강 지배에서 벗어날 것"을 주장하는 대아시아협회를 설립했다.

---

* 1938년 12월 13일 일본군이 당시 중화민국의 수도 난징을 점령하고 1938년 1월까지 저지른 잔학행위로 일본에서는 '난징 사건'이라고 부른다. 극동국제재판 판결에 따르면 최소 12만 명에서 최대 35만 명이 학살되었다고 한다.

그러나 1937년 난징 공략전에서 일본군이 일반 시민을 상대로 약탈과 폭행을 저지르는 것을 막을 수 없었다.* 그렇기 때문에 도쿄재판에서 지휘자로서 책임을 묻게 되었다.

'난징 사건' 이듬해에 귀국한 마쓰이는 아타미에 중일전쟁에서 발생한 양국의 희생자들을 기리는 홍아관음을 세웠다. 마쓰이는 관음과 길을 사이에 둔 맞은편에 암자를 세워 그곳에서 지낸 경우가 많았다고 한다. 현재 마쓰이의 암자가 있던 장소에는 도큐 계열이 리조트 호텔을 세워 평온한 스루가만의 풍경을 즐기는 많은 관광객들로 북적거리지만, 맞은편에 있는 홍아관음에 주의를 기울이는 사람은 거의 없다.

칠사의 분골

마쓰이 별장에서 보관하고 있던 유골이 건너편 홍아관음으로 옮겨진 것은 1949년이었다.

어느 날 이타미의 아버지 닌레이伊丹忍礼를 히로타 고키의 아들과 도조의 부인 등이 찾아왔다.

"지인의 뼈입니다." 그들은 그렇게 말하며 뼈항아리를 내밀었다.

---

*   난징대학살에서 그의 위치를 둘러싸고 다양한 의견이 있는데, 역사가 가사하라 도쿠시笠原十九司, 하타 이쿠히코秦郁彦, 작가 고미카와 준페이五味川純平는 마쓰이의 공명심이 학살을 초래한 근본 원인으로 보았다. 반면 역사가 호라 도미오洞富雄는 휘하 사단장들의 책임이 크다며 그를 동정했다.

"시기가 올 때까지 아무도 모르게 숨겨주실 수 없습니까?"

닌레이는 그 자리에서 '칠사'의 유골임을 직감했다고, 나중에 딸 묘죠에게 말했다.

"부모님은 본수원本修院 뒤쪽에 구덩이를 파고 그곳에 유골함을 묻었다고 합니다. 일부러 잡초를 많이 심어서 사람의 눈에 띄지 않게 하려고 했습니다. 그런데 그럼에도 누군가에게 발각되지 않을까 불안해서 견딜 수 없었겠죠. 그 뒤에도 자리를 바꾸어 묻었다고 합니다."

미국의 점령 정책이 종료되고, 드디어 유골의 행방이 관계자의 입에 오르게 되었다. 1958년 모든 전범이 사면되자, 도쿄의 히비야에서 열린 극동국제군사재판 변호단 해산 기념회에서 산몬지 변호사의 제창으로 '칠사'의 묘비 건설이 결정되었다. 장소로 산가네산이 선정된 것은, 산몬지와 친한 보수 계열인 아이치 현의원이 강력하게 요구했기 때문이었다. 아닌 밤중에 홍두깨였던 현지에서는 혁신계 단체 등이 주도하는 반대운동도 일어났지만, 원래 보수색이 짙은 지역인 만큼 건설을 강행할 수 있었다. 산몬지는 아타미로 가서 흥아관음에 있던 유골 중 향합(향을 넣는 용기) 1잔분을 받아 산가네산 정에 있는 '칠사묘'에 묻었다.

'좌익 혈맹단'의 표적이 되다

덧붙이자면 1971년 12월 아나키스트 그룹 '동아시아반일

무장전선'*에 의해서 흥아관음에 있는 '순국칠사의 비'가 폭파되는 사건이 발생했다.

'동아시아반일무장전선'은 그 후 미쓰비시중공업 빌딩 폭파 사건 등을 저지르는데, 흥아관음 폭파는 폭탄 제조 기술 '시험'을 위해서였다고 밝혔다. 폭탄의 위력을 확인하기 위해 그들은 가장 '일본제국주의적'인 상징을 찾았다. 그래서 표적으로 정한 것이 흥아관음이었다. 설치된 쇠파이프 폭탄은 일부가 불발되어서 '순국칠사의 비'만 날아갔다. 비는 복구되었지만, 지금도 생생한 폭파 흔적(절단된 부분은 시멘트로 이었다)을 볼 수 있다.

나중에 신우익단체인 '일수회一水会(잇스이카이)'를 설립한 스즈키 구니오鈴木邦男는 이 '동아시아반일무장전선'의 존재에 충격을 받았다. 스즈키는 무장전선을 보고 전전 우익의 환영을 보았다. 미쓰비시중공업 빌딩 폭파 사건으로 체포되자 독약 캡슐을 삼키고 자살한 멤버에게, 어떤 종류의 미학을 느꼈다고 한다.

"전전의 혈맹단을 보는 듯한 느낌이 들었어요." 스즈키는 그렇게 회상했다.

"자멸을 각오하고 싸움을 건 모습을 보니 정말로 전전형 우익과 똑같아요. 그들은 좌익 혈맹단이에요. 그런데 당시 대다수 우익은 '테러는 좋지 않다'라는 식으로 말하면서 동아시

---

*　1970년대에 활동한 일본의 아나키즘 계열의 테러 조직. 반일 망국론과 아이누 혁명론 등을 주장하면서 미쓰비시중공업 공장 등을 테러했다. 1975년에서 1982년 사이에 주요 멤버들이 구속되면서 붕괴하고, 나머지는 일본적군에 가담했다.

아반일무장전선을 부정했습니다. 저는 그게 이해할 수 없었어요."

　그때까지의 좌익 테러는 자신들이 살아남아서 이상사회 실현을 잇고자 했다. 그러나 우익 테러는 마지막에 자신을 처단해서 정리하려고 했다. 자결은 우익의 미학이기도 했다. 동아시아반일무장전선이 벌인 테러는 지금까지의 좌익 테러와는 달랐다. 그렇기 때문에 스즈키는 거기에서 '혈맹단'을 연상했다. 그런데 '일인일살'의 테러야말로 자신들의 존재 증명이어야 했을 우익이 동아시아반일무장전선이 벌인 테러를 가리켜 "폭력에 호소하다니"라는 논리로 비난했던 것이다.

　서 있는 위치가 다르다고 우익이 테러를 부정하면 어떻게 하자는 것인가. 이런 생각으로 스즈키는 그의 첫 작품이 된《물방울 시계와 '늑대'腹腹時計と〈狼〉》(三一書房)를 썼다.

　어쨌거나 일본제국주의의 유산을 폭탄으로 날려버린 것이 다름 아닌 전전의 '혈맹단'을 연상시키는 아나키스트 집단이라니, 얄궂은 운명이라고밖에 말할 수 없다.

우익단체 간부들의 회합

　2017년 여름. 나는 신바시역 앞에 있는 열린 우익단체 회합에 갔다. 그날 전국 각지의 우익단체 간부 열 몇 명이 모였다.

　우익단체 전국 연합 조직 중 하나인 '대일본애국단체연

합시국대책협의회'(시대협) 정례 회의였다.

뭔가 위험할 것이라는 이미지가 내 머릿속에 있었으므로 주뼛주뼛 들어갔는데, 시대협 의장을 맡고 있는 후쿠다 구니히로福田邦宏(고도일보사皇道日報社 주간)는 오히려 적극적으로 "참석해달라"며 나를 안으로 불러들였다. 언뜻 보기에 위협받는 느낌이 들지 않은 것도 아니었지만, 그들과 이야기해보니 온건했고 황도 사상에 관한 지식도 풍부하다고 느꼈다. 그 점은 모든 참가자들에게 공통된 것이었다.

정례 회의는 우선 궁성 요배를 하며 시작되었고, 이어서 전원이 5대 신칙神勅 중 하나인 '시전侍殿 방호防護의 신칙'*을 낭독했다. 이날의 주제는 지방 조직에 의한 다음과 같은 문제 제기였다.

"헤이세이 31년(2019년)은 야스쿠니靖國신사를 세운 지 150년이 되는 중요한 시기입니다. 도쿄재판 사관을 말끔히 없애고 당연히 대중에게 영령을 위로하고 기리자고 알려야겠지요. 하지만 폐하께서 야스쿠니를 참배하시기를 원하는 사람도 있는데 이 문제에 대해 여러분들의 의견은 어떻습니까?"

요점은 일부에서 열망하는 천황의 야스쿠니 참배를 어떻게 봐야 하느냐였다.

의장인 후쿠다가 참가자들에게 의견을 재촉했는데, 실은

---

* 《일본서기》에 따르면 아마테라스 오미노카미가 손자 니니기노미코토가 지상으로 내려갈 때, 부하신 아메노코야네노미코토와 후토타마노미코토에게 "너희 둘은 항상 같은 건물 안에서 내 손자를 잘 지켜야 한다"라는 명령을 내렸다고 한다. 이를 시전 방호의 신칙이라 한다.

이 모습이 매우 흥미로웠다. 나는 '우익의 입장에서 보면 당연히 천황의 야스쿠니 참배를 요구하겠지'라는 인식밖에 없었는데, 내 생각과 달리 논의는 반대 방향으로 향했다.

"폐하께 뭔가를 바란다는 것은 신민의 분수를 넘는 행위입니다."

"우익씩이나 되는 자가 폐하를 야스쿠니로 데려가는 행위를 허용할 수 있겠습니까?"

이러한 의견이 줄을 이었다. 야스쿠니에 있는 일부 우익의 행동거지를 문제 삼는 사람도 있었다.

"영령 현창을 핑계로 야스쿠니신사 경내의 찻집에서 술판을 벌이는 우익도 있습니다. 폐하께서 참배하시길 원하기 전에 우리 자신이 똑바로 처신해야 합니다. 먼저 폐하의 참배, 행차에 어울리는 환경을 만들어야 합니다."

그들이 외치는 황실절대주의에는 위화감이 느껴졌지만 꼭 단조롭다고는 할 수 없는 우익의 논의는 나에게는 새로운 '발견'이었다.

"이번에는 설문 자체가 적심보국赤心報國(성의를 가지고 나라를 위해 노력하는 행위)의 정신에 반할지도 모르겠습니다."

참가자 중 한 명인 도내의 우익단체 '동혈사同血社(도케쓰샤)' 회장인 가와하라 히로시河原博史가 이렇게 총괄했다.

"우리는 폐하를 이용하지 않습니다. 마치 슬로건을 내세우듯이 폐하의 야스쿠니 참배를 입에 올리는 우익도 적지 않은데, 그렇게 폐하를 정치에 이용하는 모습에 의문을 품지 않는 우익이 있는 걸 안타깝게 생각합니다. 정말로 하리마야播磨

屋(자사 트럭으로 거리 선전 활동을 하는 쌀과자 가게) 같은 꼴이 아 닙니까? 우익 자체가 전후 사관에 중독되었다고 생각합니다."

47세의 가와하라는 20대 초부터 우익의 길을 걸어왔다. 왼손 새끼손가락은 끄트머리만 남고 사라졌는데 한국의 다케 시마竹島* 점령에 항의하기 위해 잘랐다고 한다. "첫 마디는 한 국의 청와대로, 둘째 마디는 내각부로 보냈습니다"라며 가와 하라는 진짜 선물을 보낸 것처럼 아무런 일도 아니라는 듯이 말했다.

이렇게 무서운 말을 서슴없이 하는 현역 우익 활동가가 회의가 시작되기 전까지는 카페에서 천진난만한 표정으로 초 콜릿 케이크를 입에 한가득 넣으며 나와 이야기했으니 묘한 대조를 이뤘다. 입가에 묻은 초콜릿을 손가락으로 닦으며 담 담히 '단지斷指'를 이야기하는 가와하라에게 확실히 이상한 매 력을 느꼈다.

젊은 우익의 얼굴

회의 참가자 중 최연소자는 '동혈사'에서 기관지 편집장 을 맡고 있는 시모야마 요타下山陽太와 '천주숙天誅塾(덴추주쿠)'의 숙장 비서라는 직함을 가진 마쓰다 고헤이松田晃平로 둘 다 25 세였다. 두 사람의 풍채는 '행동 우익', '거리 선전 우익'과는

★   일본 우익의 입장에서 말했기 때문에 일본식으로 옮겼다.

거리가 멀어 보였다.

'동혈사'의 시모야마는 중학생 시절 미시마 유키오의 저작물을 접하고 일본의 전통과 역사에 흥미를 가졌다고 한다. 고가쿠칸皇學館대학에 진학해서 신도를 공부했다. 이 세대의 보수라면 "인터넷에서 애국에 눈을 떴다"는 회로를 가지는 게 보통이지만, 시모야마는 넷우익에 "아무런 흥미도 없다"고 말했다. 애초 인터넷에서 '애국'을 배울 일도 없었다. 일상 대화에서도 천황을 "스메라미코토すめらみこと"**라고 표현하는 시모야마에게는 마치 구도자처럼 우익의 길을 추구하고자 하는 자세가 느껴졌다.

'천주숙'의 마쓰다는 겉모습에서는 정치 냄새를 전혀 맡을 수 없는 부드러운 남자였다. 느긋하고 담담하고 구김새 없이 말을 구사하는 모습은 조금 의식 높은 젊은이라는 인상을 줄 뿐이었다. 그렇지만 그도 뼛속까지 우익 활동가였다.

마쓰다는 고쿠시칸國士館대학에 재학 중일 때부터 우익운동에 매진해 3학년 때 이미 시대협에 참가했다. 그런 그의 이름이 업계에 알려지게 된 건 2016년 5월 4일 발생한 《월Will》 침입 사건'이다.

이날 마쓰다는 도쿄도내에 있는 출판사 '워크ワック' 사무실 입구 유리문을 깨고 안으로 침입했다. 그러고는 이 출판사가 발행하는 월간지 《월》 편집부실 바닥에 페인트를 뿌리고 소화기를 분사했다. 마쓰다는 곧 체포되었다. 때마침 휴일이

**　　고대 일본에서 사용한 천황에 대한 존칭 중 하나.

라 편집부에 사람이 없었기 때문에 범행 후 스스로 경찰에 신고 전화를 걸었다고 한다.《월》은 논단지 중 최우익으로 간주된다. 이런 잡지사가 우익과의 친밀성을 지적받는 경우는 있어도, 우익의 습격을 받으리라고는 아무도 예측할 수 없었을 것이다.

이 잡지는 사건 직전 호에 〈지금 다시 황태자님께 간언드립니다〉라는 제목의 기사를 게재했다. 이 기사는 보수 논객으로 알려진 가지 노부유키加地伸行(오사카대학 명예교수)와 니시오 간지西尾幹二*(전기통신대학 명예교수)의 대담으로 구성되었는데, 황태자나 마사코 비雅子妃**를 비판하면서 현대 황실을 걱정하는 내용이었다.

"황실이라는 공간에서 살면서 정해진 양식을 지키며 기쁨을 찾아야 하는데 오와다小和田*** 집안이 망쳤습니다." "적응 장애로 인한 우울증이라면 뭘 해도 좋다는 식입니다 …… 몽환 공간의 우주인 같습니다."

대담에서 두 사람의 입을 통해 이런 '황실 비판'이 몇 번이나 나왔다. 마쓰다는 이를 '불경'하다고 비판하며 진짜로 천벌을 가했다.

워크는 바로 "언론을 통해 문제 제기를 하지 않고, 폭력

★   1935~ . 일본의 독문학자이자 우익 활동가. 새로운 역사교과서를 만드는 모임의 초대 회장을 지냈으며 '위안부' 문제와 난징대학살 등을 부정하는 발언을 했다.
★★   1963~ . 원래 이름은 오와다 마사코로 외교관으로 활동하던 중 나루히토德仁 황태자와 결혼했다. 2019년 5월 남편이 천황으로 즉위하자, 황후가 되었다.
★★★   현 황후의 친정이다. 황후의 아버지 오와다 히사시小和田恆는 외교관이자 국제법학자였으며, 황후 본인도 외교관 출신이다.

112   일본 '우익'의 현대사

으로 막으려는 행위는 용인할 수 없다"는 코멘트를 발표했다. 확실히 말 그대로 이 사건은 폭력에 의한 언론 봉쇄였다. 한편 이 대담 기사는 마사코 비의 정신이 좋지 않다고 왈가왈부하며 비웃는, 뭐랄까 경박한 넷우익적 분위기가 풍겼다고 평가할 수 있다. 보수층을 만족시키지 못하는 황실을 향한 애타는 감정만이 전해지고 있었다. 마쓰다의 분노도 그 태도를 향하고 있었다.

"반론할 기회가 없는 황실을 모욕한 걸 용서할 수 없었어요. 이런 불경한 행위는 있을 수 없습니다."

한편 마쓰다는 '넷우익'에 대한 재판에서도 투쟁했다.

어떤 넷우익 계열 뉴스 사이트가 사건을 일으킨 마쓰다를 '에타穢多, 히닌非人'****이라는 차별 용어를 써서 공격했다. 부락 차별을 조장하는 표현을 아무런 거리낌도 없이 '욕설'로 사용하는 것이 넷우익의 구제하지 못할 행위이다. 마쓰다는 그들에게 손해배상을 요구하는 민사 재판에서 다음과 같이 주장했다.

"용서하기 어려운 인권 감각 아닌가요? 지금 시대에 구악인 신분제도를 들고나와서 타인을 공격하는 행위는 절대로 용서할 수 없다는 사실을 알아주십시오."

마쓰다는 '신민'임을 자임하고 유일 절대의 천황 신앙을 가졌으면서도 '인권'을 요구하며 재판을 벌이고 있었다. 물론 마쓰다 내부에는 둘 사이의 모순은 없었다. 만민평등은 천황

**** 일본 신분제도의 최하층계급. 부락민이라고도 부른다.

사관의 기반이기도 하기 때문이다. 그리고 그에게는 그 나름 대로의 인권 사상이 있었다.

그런데 내가 이 시대협 회합을 찾아간 가장 큰 목적은 앞에서 말한 후쿠다 구니히로 의장을 꼭 만나고 싶었기 때문이었다. 후쿠다 소겐福田素顕(본명은 교지狂二)—후쿠다 의장의 할아버지인 이 사람은 아카오 빈(대일본애국당 초대 총재) 등과 함께 전후 행동 우익을 이끄는 중심인물이다. 여기서 잠시 후쿠다 소겐의 인생과 더불어 전후 초기 우익의 흐름을 살펴보도록 하자.

야쿠자 계열 우익의 대두

종전 직후, 전전 우익이 궤멸한 상황은 앞에서 쓴 그대로 이다. 그럼에도 우익 자체는 사라지지 않았다.

허허벌판이 된 일본에 전전 우익과는 다른 계보를 가진 우익단체가 등장했다. 귀환 군인 등을 중심으로 한 이른바 야쿠자 계열 우익이다. 이들은 스스로 우익이라 칭하고는 있었지만, 눈에 띄는 정치적 주장을 가지고 있는 경우는 드물었다. 정치단체 간판을 내건 구렌타이라 부르는 게 더 정확할 것이다.

패전에 의한 질서 붕괴는 일부 젊은이들에게 허무감을 안겨주었다. 특히 전장에서 죽음을 각오했던 전직 군인들에게 종전 직후 일본은 기가 빠진 미지근한 맥주처럼 느슨해진 것처럼 보였다. 살아갈 의미도 목적도 찾을 수 없었다. 그렇게 의존할 곳을 잃은 사람들에게 우익 구렌타이는 의지할 수 있는 곳처럼 보였다. 우익이라고 칭하긴 했지만, 사상으로 연결된 사람들의 조직이라고 말하기는 어려웠다. '반공' 구호를 외치면서 거칠게 행동하는 것 말고는 그들이 '실천'한 것은 없었다. 폭력이야말로 전후의 허무를 뜨겁게 살아가기 위해 필요한 것이었다.

일본천구당日本天狗党, 신일본의인당新日本義人黨, 고즈키청장년동지회香月青壯年同志会, 신예대중당新鋭大衆黨, 일본반공연맹대학청년부日本反共連盟大鶴青年部 등과 같은 조직이 차례차례 탄생했다. 카타르시스인지, 공명심인지, 아니면 옛 우익과 연결된 보수 계열 정치가의 의뢰를 받았는지 확실치 않지만, 그들은 주로 공산당을 표적으로 삼아 폭력 사건과 강탈 사건을 저질렀다.

1947년에는 신예대중당 당원이 전일본산업별노동조합회의 의장 기쿠나미 가쓰미聽濤克巳(나중에 공산당 중의원 의원)를 식칼로 베는 사건을 저질렀다. 공산당 주도로 예정된 '2·1총파업'*을 중지하도록 기쿠나미에게 요구했지만, 기쿠나미가 듣지 않아 폭행을 저지르는 사태에 이르렀다. 이 사건은 전후 처음으로 발생한 우익 테러였다. 이 사건으로 신예대중당은 해산 명령을 받았다. 이듬해에도 일본반공연맹대학청년부 당원이 도쿠다 규이치德田球一** 공산당 서기장에게 수제 수류탄

★　1947년 2월 1일 실행 예정된 파업 계획을 가리킨다. 하지만 실행 직전에 맥아더의 지령으로 파업은 중지되었다.

★★　1894~1953. 일본의 정치가. 변호사 출신으로 제1차 공산당 결성에 참가했다가

을 던져 부상을 입히는 사건을 일으켰다. 이 때문에 이 단체 역시 해산 처분을 받았다.

비온 뒤의 죽순처럼 새로운 단체는 계속 탄생했지만, 그 대부분은 공산당을 상대로 폭력을 휘두를 뿐 정치적으로는 아무런 실적도 만들지 못하고 사라져갔다.

그러던 중 종전에서 3년밖에 지나지 않은 시점에 잠자던 전전 우익의 잔존 세력이 유유히 움직이기 시작했다. 미국 점 령군에게 우익 추방은 필수였지만, 미국은 그로 인해 결코 좌 익 세력이 융성해지는 걸 바라는 건 아니었다. 미소 냉전이 시작된 시대 상황에서, 일본에 사회주의 정권이 탄생되는 것 은 미국의 국익과 맞지 않았다. GHQ는 전전의 군국주의를 궤멸하려고 시도했지만, 우파와 보수 세력을 뿌리째 단절시 키지는 않았다. 일본 우파는 이런 점령군의 공기를 민감하게 받아들였다.

사회주의자에서 우익으로

추방 해제도 머지않았다. 많은 전전 우익은 활동 준비를 시작했다. 앞에서 말한 후쿠다 소겐은 그 필두라고 할 수 있

1928년 검거되어 18년형을 선고받고 복역 중 1945년 10월 10일 연합군의 지시로 석 방되었다. 이후 일본공산당을 재건하고 총서기장이 되었으며 중의원 선거에 출마해 당선되었다. 하지만 1950년대 들어 공산주의자 추방이 본격화되자 중국으로 망명해 베이징에서 사망했다.

었다.

소겐에게 '전전'은 파란에 가득 찬 시대였다. 1887년 시마네현에서 태어난 소겐은 와세다대학 재학 중 사회주의 사상을 접했고, 대학을 중퇴하고 운동가로 살기로 결의했다. 이 시기에 그는 고토쿠 슈스이幸德秋水*, 아라하타 간손荒畑寒村**, 야마카와 히토시山川均*** 같은 유명한 사회주의자들과 교류했다. 그는 훌륭한 사회주의자였다.

1905년 징병된 소겐은 요코스카에 있는 포병 연대에 입대했다. 하지만 사회주의자이면서 장사처럼 행세하던 소겐이 얌전히 군대 생활에 익숙해질 리가 없었다. 자기가 관여하던 사회주의 진영 기관지에 군대 생활의 부조리를 호소하는 기사를 쓴 사실이 문제가 되자 곧바로 탈영했다. 탈영병으로서 쫓기는 신세가 된 소겐은 중국인으로 변장해서 배를 타고 상하이로 건너갔다. 중국 혁명에 참가하기 위해서였다. 그러나 현지에서 영사 경찰에게 체포되어 귀국한 뒤 육군 형무소에서 복역했다. 그 시절에 대역사건大逆事件이 발생해 무정부주의자와 사회주의자들이 대량으로 검거되어 고토쿠 등 12명이

---

* 1871~1911. 일본의 언론인, 사상가로 처음에는 사회주의자였지만, 나중에 무정부주의자가 되었다. 《20세기의 괴물, 제국주의》를 써서 제국주의를 비판했으며, 러일전쟁 당시에는 반전운동을 전개했다. 1911년에 사회주의자와 무정부주의자 탄압 사건인 대역사건에서 메이지 천황을 암살하려고 한 혐의로 체포되어 사형에 처해졌다. 하지만 실제로 고토쿠는 암살을 계획하지 않았으며 계획 자체에 냉담했다고 한다.
** 1887~1981. 일본의 사회주의자. 고토쿠 슈스이 등과 함께 사회주의, 반전운동을 전개했다. 일본공산당 창립 등에 가담했으며, 전후에는 일본사회당을 창립했다.
*** 1880~1958. 일본의 경제학자이자 사회주의자.

처형되었다.* 만약 탈영죄로 복역하지 않았다면 소겐도 그 사건에 연루되었을 가능성이 있다.

출소한 뒤 소겐은 무산운동 단체인 '스스메샤進め社'를 설립했다. '무산계급 전투 잡지'라는 캐치프레이즈로《스스메進め》를 발행했다. 전국 각지의 노동운동, 농민운동, 사회주의 운동 정보를 망라하는 내용으로, 집필진 중에는 야마카와 히토시, 사카이 도시히코堺利彦** 등 당시 사회주의자들도 참가했다.

그런데 쇼와에 들어온 후부터 소겐은 점차 오른쪽으로 기울었다. 소겐과 만난 적이 있던 전직 신문기자로 사회주의협회 위원장이던 오바 가코大庭柯公가 출장지인 러시아에서 스파이 혐의로 투옥되어 그 뒤 소식이 끊긴 사실이 전향의 결정적인 계기가 되었다. 소겐은 당시 일본공산당이 이 사실을 '못 본 척했다'고 주장하며, 공산당을 상대로 강하게 대결했다. 실제로 공산당은 공산주의 '두목'인 러시아를 의식해서인지, 오바를 구출하기 위한 움직임을 보이지 않았다.

소겐의 '반공'은 그 후 황국 사관과 연결되어 기타 잇키

---

* 1910년에 고토쿠 슈스이 등이 메이지 천황을 암살하려던 혐의로 체포되어 1911년에 처형된 '고토쿠 사건'을 가리킨다. 1909년에 미야시타 다이치가 나가노현에서 폭탄을 제조해서 실험한 후에 고토쿠 슈스이 등에게 천황 암살 계획을 알렸지만, 고토쿠는 이 계획을 부정적으로 보았기에 실행되지 않았다. 하지만 스파이를 통해 미야시타가 암살 계획을 세운 사실을 파악한 경찰과 정부는 1910년에 사회주의자를 박멸하려는 목적으로 고토쿠, 미야시타 등을 구속했다. 재판 결과, 고토쿠를 포함해 12명이 처형되었다. 당대 일본에서 이 재판을 부정적으로 보는 시선이 있었는데, 작가 모리 오가이森鷗外 등이 이를 풍자하는 작품을 남겼다.

** 1871~1933. 일본의 사회주의자이자 작가. 언론, 번역 활동을 하면서 고토쿠 슈스이, 우치무라 간조內村鑑三와 러일전쟁에 반대하는 활동을 했다. 이후 일본 에스페란토협회의 평의원, 도쿄시 시의원을 지냈다.

등 국가사회주의자와 친교를 맺었고, 1933년에는 우익 기관지《고도일보皇道日報》를 발행하기 시작했다.

국가사회주의는 사회주의라는 이름이 붙은 것 이상으로 경제적으로는 중요 산업의 국유화를 지향했는데, 주권을 국가에 두고, 개인의 자유나 권리를 제한한다는 점에서 일본 우익이 내건 황국 사관과 친밀성이 있었다. 좌파가 외치는 사회주의가 인민의 혁명으로 성립하는 데 비해 우파가 외치는 국가사회주의는 국가의 손으로 이루어진다. 즉 위에서부터 이루어지는 사회주의이다(나치스 또한 국가사회주의를 테제로 내세웠다).

소겐은 사회주의의 통제경제를 지지하면서 사상적으로는 반공의 길을 걸었다.

일본 우파 세력 중 이런 경로를 걸은 자는 적지 않다. '2·26사건'에 참가한 장교들도, 전시하의 국가 관료들도, 많은 이들이 사회주의의 영향을 받았다(기시 노부스케는 그 대표격이다). 천황을 부정하는 좌파는 적대하지만, 전시에는 사회주의형 통제경제가 반드시 필요하다고 생각했다. 식량 배급제, 금속 제품 공출, 공장 인력 동원 등은 자유경제에서는 실현 불가능한 정책이기도 했다.

'황도' 대신 '방공'

종전 후 소겐은 점령 정책 때문에 중단할 수밖에 없었던

《고도일보》복간을 계획했다. 그 시절에 전전의 사회주의자 중 다수가 그랬듯 소겐은 우익이 되었다.

"하지만 미국이 일본을 점령한 상황에서 '황도'라는 두 글자는 쓰기 어려웠어요. 그래서 미국에게도 통하도록 '황도'를 '방공防共'으로 바꿨습니다."

앞에서도 나온 소겐의 손자 후쿠다 구니히로(시대협 의장)는 그렇게 설명했다. 소겐은 '황도'라고 하면 군국주의를 싫어하는 점령군이 허락하지 않지만, '방공'이라면 자본주의 사회 옹호로도 연결되므로, 점령군도 인정할 수밖에 없다고 판단했다.

1948년에 소겐은 '보쿄신문사防共新聞社'를 설립했다.

지금 나는 소겐이 만든 《보쿄신문》 1호를 가지고 있다. 1면에 실린 발행 취지에는 〈방공의 대의〉라는 큰 제목이 달려 있다. "공산주의 방어에 참가하지 않는 자는 일본인이지만 일본인이 아니며, 인류이지만 인류가 아니다"라는 머리말로 시작하는 이 기사는, 딱 우익 논조 그 자체로, 내용은 오로지 공산당에 대한 공격과 증오로 가득 차 있었다. 각 면에 실린 제목도 〈공산주의를 추방하지 않으면 평화 일본의 재건은 없다〉, 〈인간쓰레기 마르크스의 성격〉, 〈공산주의는 저급 문화와 미개한 땅에 생기는 잡초〉라는 식으로 마구 썼다. 말하자면 이것은 우익 부활의 신호탄이기도 했다. 소겐은 1971년 84세의 나이로 사망할 때까지 일관되게 우익으로 계속 살았다.

1963년생인 후쿠다 구니히로는 당연히 만년의 할아버지의 모습밖에 보지 못했겠지만, 우익의 길을 이어받았다.

"어린 저에게 할아버지는 항상 무서운 분이셨습니다. 다가가기 어려운 존재라서 눈앞에 계시면 항상 긴장했습니다. 긴 수염을 기르시고 항상 와후쿠^{和服} 차림으로 다니셨지요. 여하간 철저한 국수주의자이셔서 '서양 물건'은 피하셨습니다. 속옷은 훈도시, 반주는 일본술, 안주는 사시미, 원고도 붓으로 쓰셨습니다. 지금 저로서는 흉내조차 낼 수 없는 존재셨지만, 그럼에도 역시 할아버지의 영향을 받았기 때문에 이렇게 저도 우익의 세계로 뛰어들었겠죠."

생전의 소겐을 아는 사람 중 하나오카 사건^{花岡事件}*에 관한 르포르타주 등을 썼던 논픽션 작가 이시토비 진^{石飛仁}이 있다. 이시토비의 아버지 히구치 요시노리^{樋口喜德}는 전전에 '스스메샤' 단원이었고, 소겐과의 교류나 추억을 엮은《'스스메샤'의 시대^{「進め社」の時代}》라는 저서도 남겼다.

"소겐 씨하고 아버지는 전후에도 계속 어울렸습니다"라고 이시토비는 말했다.

"아버지도 전전에 사회주의를 신봉했고 한때 소겐 씨처럼 황국 사관에 기울기도 했지만, 전후에는 사회당 시마네현 연합의 부위원장을 맡으시는 등 사회주의자로 계속 사셨습니다. 당연히 우익과 거리가 있었을 텐데, 이상하게도 소겐 씨하고의 인연은 끊어지지 않았습니다. 저도 아버지에게 이끌려 소겐 씨 집에 몇 번 놀러갔습니다. 저에게 '수염 기른 아저씨'

★   태평양전쟁 말기 아키타현 하나오카광산에 강제 연행됐던 중국인들이 학대와 차별에 항의하는 폭동을 일으켰다가 수백 명이 살해당한 사건.

는 정이 깊은 사람 좋은 노인이라는 인상이 남아 있습니다."

이시토비는 대학을 졸업한 후 니나가와 유키오蜷川幸雄 등
과 연극 활동을 했고, 1970년 안보 때에는 연극인들로 조직된
'반전청년위원회' 대표로 거리 데모를 지휘하기도 했다.

"1969년 4월 28일 오키나와 해방 투쟁에서 저는 체포되
었지만, 그 뒤에 소겐 씨와 만났어도 싱글벙글 웃기만 하시고
아무 말씀도 없으셨습니다. 소겐 씨는 좌우를 구분하지 않고
몸 바쳐 행동하는 사람들을 높이 평가했습니다."

우파 세력의 부활

그런데 1948년 우익 부활의 신호탄을 쏘아 올린 소겐에
게 호응하듯, 시대는 서서히 '반동'의 색으로 짙게 물들어갔
다. 1950년 10월 샌프란시스코강화조약을 앞두고, 점령군은
우익 관계자들의 추방 조치 해제를 개시했다. 앞에서 말한 것
처럼, 점령군이 우파를 일소하는 정책을 재고하기 시작한 것
이다. GHQ 내부에서는 "전전 일본의 인맥을 단절시킨다면,
일본의 약체화와 소비에트의 신장을 초래하게 된다"는 의견
이 주류가 되었다. 미국에서도 공산주의에 대한 경계심이 강
해졌다. 실제로 이 시기 미국에서는 '빨갱이 사냥'이 시작되
고 있었다. 공화당 우파인 조지프 매카시Joseph McCarthy 상원의
원이 중심이 되어 공산주의자나 그들과 가깝다고 보이는 사
람들을 정권이나 공적 단체 등에서 추방한 것이다.

이 '빨갱이 사냥', '매카시즘'의 불똥이 일본에도 튀었다.

1949년부터 공산당원 등을 배제하는 '레드 퍼지Red purge'*가 진행되었다. 공무원, 주요 민간 기업에서 공산당원이나 그 지지자 등 약 1만 명이 해고되었다.

종전 직후, 한때는 진심으로 '적색혁명'을 두려워한 우익 세력에게 점령군 정책의 우익화 전개는 정말로 단비와도 같았다. 이를 기회 삼아 전국으로 흩어지거나 지하에서 숨죽이던 우익을 규합하려는 움직임이 활발해졌다.

1951년 2월 8일, 점령군의 감시를 두려워하여 그때까지 횡적 연계를 갖지 않았던 반공단체들이 우파 결집을 노리고, 주요 우익 인사들을 모아 조국방위간담회를 열었다. 소겐을 비롯해 아카오 빈, 오무라 히데노리大村秀則, 아라하라 보쿠스이荒原朴水, 쓰쿠이 다키오 등 쟁쟁한 멤버들이 참가했다.

이 조국방위간담회는 나중에 '대일본애국단체연합·시국대책협의회'로 이름을 바꾸었고, 지금은 소겐의 손자인 후쿠다가 의장을 맡고 있다.

또한 소겐이 설립한 '보쿄신문사'를 모체로 해서 1955년에 탄생한 우익단체가 '방공정신대'였다. 소겐의 장남이자 구니히로의 삼촌인 스스무福田進가 대표를 맡았다.

'행동 우익의 개척자'라고도 불리는 '방공정신대'는 전후 우익의 상징적인 존재였다. 현재 우익이라고 하면 검게 칠한

★　　연합군 점령하의 일본에서 더글러스 맥아더 연합군 최고사령부 총사령관의 지령에 의해 일본공산당 소속 당원이나 동조자를 공공 기관이나 민간 기업에서 해고한 움직임을 말한다.

선전차와 큰 음량으로 방송하는 군가 같은 이미지가 강한데, 바로 '방공정신대'가 그 거리 선전 스타일을 확립했다.

처음 방공정신대의 선전차는 축음기를 차 안에 싣고, 미나미 하루오三波春夫*가 부른 〈챵치키오케사チャンチキおけさ〉** 등의 유행가를 스피커를 통해 내보냈다고 한다. 지나가는 사람들이 자기들의 주장에 귀를 기울이게 하려는 '전략'이었는데 의외로 효과가 있었다. 이런 탓에 이 수법을 흉내 내는 단체들이 줄을 이었다. 그 후 선전차가 방송하는 음악은 군가가 주류가 되었다.

덧붙이자면, 현재 우익 선전차가 내보내는 노래 중 〈출정병사를 보내는 노래出征兵士を送る歌〉***, 〈청년 일본의 노래青年日本の歌〉****를 들을 기회가 가장 많지 않을까? 둘 다 사기를 높이고, 투쟁을 고무하는 듯한 가사와 리듬이 특징이다. 최근에는 의외성을 노리는지, 동요나 애니메이션 주제가 등을 트는 변종 우익도 있다.

---

* 　1923~2001. 일본의 가수. 전쟁 때에는 관동군 병사로 만주에 있다가 패전을 맞이하여 시베리아에 억류되었다. 일본에 귀국한 후에는 가수로 활동하면서 우익 활동을 지원했다.
** 　미나미 하루오의 노래로 '챵치키'는 징 같은 금속성 타악기, '오케사'는 니이가타현의 민요 〈오케사부시おけさ節〉에서 유래했다.
*** 　1939년에 발표된 일본의 군가이자 전시 가요.
**** 　1930년대 일본 우익 청년들이 자주 부른 노래로 해군 중위 미카미 다쿠가 작사했다고 한다.

아카오 빈의 생애

우익이 연 최초의 통일 대회인 조국방위간담회가 개최된 1951년에 아카오 빈은 '대일본애국당'을 결성했다. 여기에서 전후의 가장 유명한 우익 활동가 중 한 사람인 아카오의 인생을 살펴보도록 하자.

아카오는 1899년 나고야^{名古屋}에서 태어났다. 17세 때 결핵 진단을 받고 요양을 하기 위해 미야케지마^{三宅島}로 건너갔다. 소년 시절 아카오는 시라카바파^{白樺派}*****의 문학자인 무샤노코지 사네아쓰^{武者小路實篤}******가 주장한 유토피아 건설, '새로운 마을운동^{新しき村運動}'*******에 공감했다. 이 운동은 일종의 원시 공동체 생활을 통해서 이상향을 만들자는 목적을 가지고 있었다. 아카오는 미야케지마에서 이를 실천하고자 자급자족의 낙원을 건설하자고 섬 주민들에게 주장했다. 하지만 슬프게도 좌절하게 된다.

섬을 떠나 도쿄로 나온 아카오는 아나키스트나 사회주의자와 교류했고, 그중에서도 오스기 사카에^{大杉榮}********의 영향

***** 시가 나오야^{志賀直哉} 등이 중심이 되어 1910년 창간한 문학 잡지 《시라카바》를 거점으로 활약한 작가 집단. 개인주의, 자유주의가 바탕이었다.
****** 1885~1976. 일본의 작가. 시라카바파의 대표 작가 중 하나로 소설과 시 분야에서 활동했다.
******* 작가 무샤노코지 사네아쓰가 중심이 되어 전개한 농촌운동. 계급 차별과 과중한 노동을 배제하고 자급자족하는 농촌 생활을 지향했다.
******** 1885~1923. 일본의 아나키스트. 원래 군인을 지망하여 육군 유년학교에 입학했으나 자퇴하고 도쿄외국어학교(지금의 도쿄외국어대학) 불문과를 졸업했다. 이후 사회주의 운동에 가담, 동료의 출소를 기념하여 붉은 깃발을 흔든 '적기 사건' 등

1951년 대일본애국당을 개설한 아카오 빈. 그는 전후의 가장 유명한 행동 우익 활동가 중 한 사람이다.

을 받아 사회주의로 기울었다. 청년기의 아카오는 항상 인류의 행복이 어떠해야 하는지 계속 고민했다. 고향인 나고야에서 도카이東海 농민조합회나 나고야 임차인 동맹을 조직해 활발히 활동하기도 했다. 앞에서 말한 소겐이 만든 '스스메샤'의 도카이 지국장을 맡은 적도 있었다.

하지만 쇼와 시대에 들어서 아카오는 전향했다. 활동자금을 지역 기업들에게 요구한 적이 있었는데, 이 일을 안 동지가 아카오를 비판했다고 한다. 이것이 전향하기로 한 계기가 되었다. 예나 지금이나 사회주의자는 적어도 명분상으로는 '돈에 깔끔해야' 한다는 요구를 받는다(아나키스트 중에는 기업에 돈을 내도록 강요하고는 그 돈을 활동자금으로 돌려쓰는 사람도 적지 않았다). 아카오의 입장에서 본다면 설령 '더러운 돈'이라도 사회주의혁명을 위해 쓴다면 정당하다고 생각했을 것이다.

그 후 아카오는 국가사회주의자인 다카바타케 모토유키 등과 함께 적색 노동절에 대항하는 '건국제'를 개최하면서 반

다양한 활동을 했다. 크로포트킨의 책을 번역하기도 했다. 1923년 관동대지진이 일어났을 때 육군 헌병대위 아마카스 마사히코에게 살해당했다.

공의 길로 나아갔다. 아카오가 제창한 '건국제'는 기원절에 국민이 일제히 황거가 있는 니주바시二重橋로 가서, 황거 앞 광장에서 천황 폐하 만세를 삼창하는 것으로 구성되었다.

이렇게 우익으로 전향한 아카오였지만, 전전부터 그는 일관되게 "전쟁은 소련을 이롭게 할 뿐"이라며 미국, 영국과의 전쟁에 반대했다. 이 때문에 전시에는 특고 경찰特高警察*의 감시를 받았다.

모두를 난도질하는 독특한 설법

아카오는 전후에 '대일본애국당' 총재로 그 이름을 알리게 되었다. '애국당'을 결성한 이듬해(1952년)에는 중의원 선거에도 출마했다.

아카오는 당시 자주 헌법 확립, 재군비, 공산당 박멸, 좌우 사회당 타도, 부패 보수당 숙청, 반국가적 자본가 응징, 적화 세력에 의한 모략적 반미 투쟁 분쇄, 전쟁 희생자 구원 등을 주장했다. 이 주장은 평생 바뀌지 않았다. 대개 많은 우익에게도 공통된 구호일 것이다.

아카오는 거리 선전을 할 때마다 연설 마지막에 반드시 이렇게 외쳤다. "적색혁명인가, 일장기로 세상을 바꾸는 운동

---

*   일본의 사상 탄압 전문 경찰이다. 교활한 정탐과 가혹한 조사 과정으로 악명 높았다.

인가!"

도쿄 스키야바시数寄屋橋에서 한 '네거리 설법'은 도민들에게 친숙한 풍경이었다. 아카오가 스키야바시 파출소 앞에 세워둔 선전차 위에 올라서서 공산당에서 자민당까지 난도질하는 독특한 설법을 일종의 '예능'이라 생각하며 즐겁게 보는 사람들도 많았다. "적기혁명이 다가오고 있다. 일교조를 박살내야 한다"는 항상 하던 좌익 비판 외에, "옥중에서 전향하지 않은 전전의 공산당 간부를 지금의 우익은 본받아라"고 말하는 등, 아카오는 우익 진영을 향해 포효하기도 했다. 잡지 인터뷰에서는 "쇼와 천황의 전쟁 책임이라고? 당연히 있지"라고 말하기도 했다.

선전차에 일장기와 함께 성조기를 달았다. 아카오는 미국을 긍정적으로 보지 않았지만, '반공'을 위해서라면 미국과 손을 잡아도 상관없다는 주장을 했다. 또한 '반공'을 목적으로 한국과의 우호도 중시했다. 그렇기 때문에 나중에 한국과 영유권을 둘러싸고 다툴 독도에 관해서는 "그딴 섬은 폭파시켜버리면 돼"라고 말하기도 했다.

아카오와 애국당의 이름이 세상에 널리 알려지게 된 계기는 당원이었던 야마구치 오토야山口二矢*가 저지른 아사누

★ 1943~1960. 일본의 우익 소년. 자위대원의 아들로 태어나 형의 영향을 받아 우익이 되었다. 1960년 10월 12일 연설 중이던 일본사회당 아사누마 이네지로 위원장을 찔러 죽이고 체포되었다. 이 사건으로 자위대 장교였던 그의 아버지는 권고사직 형태로 퇴직했다. 야마구치는 같은 해 11월 2일에 소년감별소에서 자살했다.

마 이네지로浅沼稲次郎** 사회당
위원장 암살 사건(1960년) 때
문이었다.

　같은 해 10월 12일, 히비
야 공회당(도쿄도 지요다구千代田
区)에서 자민당·사회당·민사
당 3당 당수가 참석한 연설회
가 열렸다. 오후 3시가 지나
자 사회당의 아사누마 위원
장이 연단에 올랐다. 연설을
시작한 지 5분 정도 지났을
쯤, 야마구치가 단상 위로 뛰
어올라가 단도로 아사누마의
가슴을 찔렀다. 깊이 30센티
미터 이상의 상처가 났고, 대

사회당 위원장 아사누마 이네지로를 암살한 야
마구치 오토야. 야마구치는 아카오의 연설을
듣고 감명을 받아 16세의 나이로 아카오 빈이
이끄는 대일본애국당에 입당했다.

동맥이 끊어져 아사누마는 거의 즉사 상태였다.

　범인인 야마구치는 아카오의 연설을 듣고 감명을 받아
16세의 나이에 아카오 빈이 이끄는 대일본애국당에 입당했
다. 야마구치는 열정을 가지고 행동하는 소년이었다. 일교조
대회 등 좌파의 집회에 난입하는 것 정도는 다반사였고, 검거

**　　1898~1960. 일본의 정치가. 전전에 사회주의자로 활동하면서 시의원, 중의원
등을 지냈다. 전후에 일본사회당을 조직해 안보 투쟁에서 기시 내각을 총사직하는 상
황으로 내몰았으나, 1960년 10월 12일 연설 도중 우익 소년 야마구치 오토야의 칼에
찔려 사망했다.

경력은 십수 회에 달했다.

사건 직전 야마구치는 애국당을 떠났다. 모종의 각오 때문에 탈당했을 거라고 추측된다. 당연히 경찰은 위장 탈당으로 간주하고 아카오가 지시한 사건으로 의심했다(아카오는 부정했다).

덧붙이자면 아카오는 전전 사회주의자였던 시절에 아사누마와 교류했고, 암살 사건 후에는 "(아사누마는) 좋은 사람인데 잘못 처리했어"라고 주위에 말했다고 한다.

선생님을 동경해서

아카오는 1990년 2월 6일 91세의 나이로 세상을 떠났다. 장례식 당일 화장터에서 아카오의 뼈를 유골함에 넣은 사람 중 '대일본애국당 규슈연합회' 회장인 이쿠노 히데노부生野英信가 있었다.

"정열적인 분이셨습니다. 선생님을 동경하여 선생님과 함께 살아왔다고 자부하는 저는 화장터의 연기를 바라보며 깊이 절망했습니다."

취재할 때(2017년) 70세를 맞이한 이쿠노는 지금도 현역 활동가이다. 애국당 정신 계승을 외치며 매주 일요일 하카타博多역 앞에서 '일장기 구세救世'라는 이름을 붙인 거리 선전 활동을 하고 있다.

이쿠노는 젊었을 때 국방의 이념에 불타올라 육상자위대

에 입대했지만 애국과는 무관한 자위대의 '추락'에 질려서 우익의 길로 들어섰다. 아카오와 알게 된 계기는 1971년 후쿠오카 시내에서 개최된 애국당 강연회에서였다. 지인의 권유로 나카스^{中州}에 있던 강연회장에 갔는데 "아카오의 격렬한 연설에 감동을 받았다"고 술회한다.

"(아카오) 선생님은 전 일본에 붉은 깃발이 빼곡히 세워져도 좋냐며 공산주의의 위협을 뜨겁게 외치신 다음, 부패한 정계를 공격하고 일본을 지키라고 외치셨습니다. 그 어조에서 사람을 끌어당기는 매력을 느꼈습니다. 말투는 과격했지만 정열과 애국심이 용솟음쳤습니다. 이분이야말로 진짜 애국자라고 생각하니 마음이 흔들렸습니다."

집으로 돌아온 이쿠노는 아카오에게 편지를 보내 입당하고 싶다고 호소했다. 바로 답장이 왔다. 곧 사가^{佐賀}에서 일교조 대회에 대한 항의 집회를 연다고 적혀 있었다. 그 집회에 참가해달라는 내용이었다.

일교조 대회에서의 항의 활동은 우익에게는 최대의 '하이라이트'였다. 평화 교육을 추진하는 일교조는 재군비를 주장하는 우익에게는 적일 뿐이었다. 우익은 일교조가 사회주의 교육으로 아이들을 세뇌한다고 주장했다. 최대의 '섬멸 대상'이었다.

같은 해 7월 이쿠노는 사가로 가서 반일교조 대열에 가담했다. 항의운동 참가자가 소화제를 뿌리는 등 집회는 과격하게 전개되었다. 그 자리에서 아카오는 첫 대면한 이쿠노에게 애국당 후쿠오카현 지부의 창설을 재촉했다. 이후 이쿠노는 가끔 상경해서 아카오의 가르침을 받았고 규슈九州 지역에서 애국 활동에 매진했다.

이쿠노가 걸은 길은 주로 좌익과의 충돌 역사였다. 현재는 거리 선전 우익도 얌전해졌지만, 예전에는 훨씬 행동적이고 전투적이었다. 좌익 세력 또한 지금 이상으로 행동적이었기 때문이다. 깃발을 들고 돌진해오는 좌익도 있었다. 난투가 벌어지는 것도 다반사였다. 조그마한 혐의로 체포되는 경우도 드물지 않았다.

하지만 그 이상으로 이쿠노의 활동에서 오랜 시간을 차지한 것은 심야에 유인물을 부착하는 일이었다. 일장기를 배경으로 한 얇은 종이 2색으로 인쇄된 애국당 유인물은 지금도 번화가 등에서 볼 기회가 많다.

이쿠노는 유인물 부착이라는 지루한 작업을 소홀히 하지 않았다. 그것은 '길바닥 실천'이라는 아카오의 가르침이기도 했다. 풀이 들어 있는 양동이와 롤러를 손에 들고, 옆구리에 유인물 다발을 끼고 거리로 나갔다. 전봇대, 지하도 벽 등 사람들 눈에 띄기 쉬운 곳에 유인물을 붙였다. 때로는 좌익 멤버와 우연히 마주치기도 했으나 폭력 사태는 발생하지 않았다. 상대가 붙인 유인물 위에 바로 애국당 유인물을 겹쳐 붙였다. 물론 상대방도 똑같이 대항했다. 이런 소모전을 매일 밤 반복한 끝에 드디어 아카오에게 인정받았다.

이쿠노에게 물어보고 싶었다.

―지금 '우경화'가 많이 되었다고 지적하는데, 이런 상황을 어떻게 생각합니까?

이쿠노는 의아해하는 표정을 지었다.

"정말 그런가요? 정말 세상이 우경화되고 있나요?"

침착한 어조로 말하는 이쿠노는 온화한 표정을 마지막까지 누그러뜨리지 않았다.

"우리의 활동을 응원해주시는 젊은 분도 계시고, 역 앞에서 하는 선전 활동을 보고 당원이 되고 싶다는 젊은 여성분도 계셨습니다. 그런 점에서는 든든하게 생각하며, 우리의 주장이 일정하게 침투했다고 생각합니다. 하지만 세상 전체가 애국으로 물들었는가 하면 결코 그렇지 않다고 생각합니다. 아직 교육 현장에서도 국체호지(천황을 중심으로 한 국가 체제를 지킨다) 정신을 살리지 않고 않습니다. 저는 46년 동안 애국당 깃발 아래에서 활동했지만, 아직 아카오 선생님의 이상에는 도달하지 못했습니다."

이쿠노는 그렇기 때문에 활동을 포기할 수 없다고 말을 이었다.

새로운 시대 우익의 모습

전후 추방 해제 처분을 받고 부활한 구 우익 중에는 새 시대 우익의 모습을 모색하는 사람들도 있었다. 그 대표적 사례로 우익 관계자들은 1951년 결성된 '협화당協和黨(교와토)'을 든다. 협화당은 '천황 중심의 세계'를 주장한다는 점에서는 분명히 우익이었다. 하지만 재군비에 반대하고 "착취가 없는 숭고한 사회"를 지향했다. 일종의 유토피아 신앙에 가까웠다.

이것은 협화당의 전신인 동아연맹東亞連盟(도아렌메이)(이시와라 간지石原莞爾*가 조직한 전전 우익단체)의 사상에 한없이 가까웠기 때문인데, 결성 요강에는 새롭게 '재군비 반대', '전쟁 포기', '엄정한 중립' 등의 구호가 들어갔다. '반공' 일변도인 전후 우익 중 협화당의 존재는 이색적이었다.

니이가타新潟에서 '특급 이나호特急いなほ'를 타고 북쪽으로 향했다. 파도와 눈바람으로 침식된 벼랑과 기이한 암석에 시선을 빼앗겨 잠을 잘 틈도 없었다. 2시간 정도 지나 사카타酒田(야마가타현山形県)에 도착해서 차를 빌린 다음, 다시 조카이산鳥海山 기슭의 유자정遊佐町으로 향했다.

만나고 싶은 사람은 이미 이 세상에 존재하지 않았다. 다케다 구니타로武田邦太郎, 협화당의 창설자이다.

그는 육군 군인인 이시와라 간지의 측근이었으며 1960년

---

* 1889~1949. 일본 육군의 군인. 독일 주재를 거쳐 관동군 작전 참모로 근무할 때 만주사변의 구체적인 계획을 세우고 실행했다. 이후 승진하여 참모본부의 작전부장을 지내던 중 중일전쟁이 발발하자 전선 확대를 반대하다가 실각하여 관동군 참모부장으로 좌천되었다. 만주국을 괴뢰국으로 보지 않은 그는 관동군 참모장 도조 히데키와 대립하다가 도조가 육군대신이 된 1940년 예비역에 편입되었다. 이후 리쓰메이칸 대학 등에서 군사학을 강연하다가 도조 내각의 탄압을 받아 은거했다. 전후에는 연합국의 심문을 받았지만 기소되지 않았고, 1949년 폐렴 합병증으로 사망했다. 이시와라는《법화경》을 중시하는 니치렌종의 열렬한 신자로 저서인《세계 최종 전쟁론》에서 세계는 4개의 블록(일본, 미국, 소련, 독일)으로 나뉘며, 일본은 먼저 소련과 대결할 힘을 갖추고 소련을 쓰러뜨린 다음 힘을 비축해서 미국과 싸워 이기면 세계에 영구 평화가 온다고 주장했으며《전쟁사 대관》에서는 전쟁의 종류를 단기간에 끝내는 '결전전쟁'과 장기전인 '지구전쟁'으로 구분했다. '이시하라 간지'로도 표기된다.

대에 이케다 하야토池田勇人** 총리의 자문기관인 신농정연구소
新農政研究所에서 농정 부장을 지냈고, 나중에 아카기 무네노리赤
城宗德*** 농림대신의 고문, 다나카 가쿠에이田中角榮**** 내각에서
는 일본열도 개조 문제 간담회 위원, 나아가 미키 다케오三木武
夫***** 내각에서도 국민식량회의 위원 등을 지냈다. 1990년대
초에는 일본신당日本新黨 창당에 참가했고 일본신당 참의원 의
원도 지냈다(1기).

　　2012년 11월 99세로 사망했지만, 나는 만년의 다케다를
몇 차례 취재했다.

** 　1899~1965. 일본의 정치가이자 재정 관료. 대장성에 들어가 재무 관료의 길을
걸었다. 전후에 이시바 단잔石橋湛山 내각에서 대장 차관으로 재정을 재건하는 일을 맡
았다.

*** 　1903~1993. 일본의 정치가. 도쿄제국대학을 졸업한 후 고향의 촌장으로 정치
인생을 시작했고 1942년 대정익찬회의 추천으로 중의원에 당선되었다. 전후에 공직
추방 처분을 받았지만 추방이 해제된 후 정계에 복귀하여 반요시다 진영에 가담했다.
전전부터 기시 노부스케와 친하여 제1차 기시 내각의 농림대신, 제2차 기시 내각의
방위청 장관(현 방위대신)이 되었는데, 1960년 안보 투쟁이 발생하여 국회가 연일 시
위대에 포위되자, 이를 진압할 수 있냐는 기시에게 "자위대는 국민의 적이 되면 안 된
다"고 출동을 거부했다.

**** 　1918~1993. 일본의 정치가. 전전에는 토목업자로 활동했으며, 전후 중의원 선
거에 출마해 정치 인생을 시작했다. 다양한 직책을 지내고 총리까지 오른 그를 가리켜
"지금의 다이코太閤"라 불렸다. 총리 재직 중에 중일평화조약을 체결했으며 1선거구당
1명을 선출하는 소선거제를 도입하고, 석유파동 등에 대처했다. 퇴임 후에 미국의 록
히드사가 항공기를 판매하기 위해 뇌물을 준 사실이 밝혀져 구속되었지만, 보석으로
풀려났다.

***** 1907~1988. 일본의 정치가. 메이지대학을 졸업한 후 중의원 선거에 출마하여
당선되었다. 제국의회에서 대미 긴장 완화를 주장했으며, 전후에는 보수 계열 정당을
돌아다니다가 자민당에 들어갔다. 자민당 내부에서 당의 근대화를 주장하며 당 집행
부와 다투다가, 1974년 다나카가 실각하자 청렴한 이미지로 후임 총리가 되었으나 자
민당 내의 거물인 오히라 마사요시大平正芳 등과 다퉜기 때문에 분열된 자민당은 제34
회 중의원 선거에서 대패했다. 선거 책임을 지고 총리를 사임한 후에도 개혁을 주장하
면서 나카소네 야스히로 내각의 군비 확장 노선에 반대했다.

자택은 조카이산 기슭에 그대로 남아 있었다. 지금은 다케다의 딸이 관리하고 있다고 했다.

"1개월만 더 살아 계셨다면 100세를 맞이하실 판이었죠." 주변에 사는 우타가와 히로오歌川博男가 안타깝다는 듯이 말했다. 우타가와는 아버지 때부터 이시와라를 따랐다.

오족협화의 꿈

뒷산 꼭대기에 이시와라 간지의 무덤이 있다. 살아 있을 때 다케다는 '묘지기'로서 매일 아침 거르지 않고 묘를 참배했다. 꼭대기에는 봉분을 올렸다. 비석에는 '도시 해체, 농공일체, 간소 생활'이라는 글자가 새겨져 있었다. 이시와라가 이상으로 여긴 사회였다.

이시와라는 쓰루오카시鶴岡市 출신으로, 계속 군인의 길을 걸으면서 관동군* 작전 주임 참모 시절 만주(중국 동북부) 점령을 획책하여 이른바 만주사변** 작전을 지휘했다. 만주사변은

---

* 　러일전쟁 이후 러시아로부터 양도받은 만주 이권을 지키기 위해 중국 동북부 만주에 주둔한 일본 육군의 부대. 1932년 만주사변을 일으켜 만주국을 건국한 이후, 군비 확장의 물결과 함께 규모가 커졌으며, 내몽골, 외몽골 지역에서 모략 공작을 벌이고 사실상 만주국을 지배했다. 1945년 8월 15일 이후 소련군에 항복하여 해체되었다. 인체 실험으로 악명 높은 731부대가 관동군 예하 부대였다.
** 　1931년부터 1933년 강화협정을 체결할 때까지 일본군이 무력으로 만주를 점령한 사건. 관동군 고급 참모 이타가키 세이시로와 작전 참모 이시와라 간지 등이 사전에 계획을 꾸몄으며, 1931년 9월 18일 만철 철도선이 폭파되었다는 이유로 관동군을 동원해 만주 전역을 장악하고 청조의 마지막 황제 푸이를 옹립해 만주국을 세웠다.

관동군 스스로 만철 노선을 폭파해놓고, 이를 중국 측 파괴 활동이라 주장하여 침략 전쟁의 구실로 삼은 사건으로 만주 전역을 점령하고 만주국을 건국하기 위한 자작극이었다.

1945년경의 이시와라 간지. 만주사변을 계획하고, 침략한 장본인이었다.

이 결과 중국 침략을 위한 돌파구가 열렸다. 국제연맹은 이것을 '음모'로 판단했고 가맹국들도 일본의 침략 행위를 비난했지만, 일본은 이에 대한 대응으로 국제연맹을 탈퇴했다. 세계에서 고립되는 대가로 일본은 만주의 권익을 확보했다. 이시와라는 그 공로자, 침략의 장본인이었다.

그렇지만 이시와라는 단순한 군국주의자가 아니었다. 이시와라는 중국 본토에서 전쟁이 확대되는 사태는 바라지 않았다. 만몽滿蒙(만주와 내몽골)은 어디까지나 일본의 생명선이며, 이곳을 영유하여 소련과 미국을 상대로 하는 '최종 전쟁'을 대비하려고 했다. 그렇게 하기 위해서는 만주국을 축으로 한 동아시아의 연대가 필요하다고 생각했다.

하지만 만주국 건국까지는 이시와라의 생각 그대로 진행되었으나, 만주국을 완전한 일본의 괴뢰국으로 만드는 데에는 반대했다. 이시와라는 중국도 만주도 일본의 식민지로 삼는 상황은 바라지 않았다. 이시와라는 어떤 나라도 간섭을 하지 않는 '오족협화五族協和'(일본인·한인漢人·조선인·만주인·몽골인이 공동으로 사는 사회)의 독립국을 지향했다. 이런 나라에 지배와 복종의 관계가 있어서는 안 되었다. 그러나 일본은 일방적인 식민지 정책을 추진했고 아시아 연대를 주장하던 이시와라는 서서히 정치의 테두리 밖으로 밀려났다. 전쟁 중에는 헌병의 감시를 받을 정도였다. 이시와라는 군국주의화된 일본에서 위험 인물로 취급받았다.

앞에서 서술한 '도시 해체, 농공 일체, 간소 생활'은 니치렌의 가르침을 기반으로 삼은 이시와라의 신조이기도 했다. 자연 친화적인 전원생활로 돌아가서 도시와 지방의 격차를 없애고, 쓸데없는 욕망을 배제한 일상을 되찾자는 일종의 농본주의였다.

전후에 이시와라는 이 조카이산 기슭에서 꿈을 실현하고자 했다. 자급자족의 농촌 공동체를 만들어 차별도 착취도 없는 조그마한 만주국을 건국하려고 했다. 종전을 맞이하자, 이시와라는 고향인 쓰루오카로 돌아와 이웃 동네 유자에서 이상향을 만들기 시작했다.

'작은 만주'를 지향하다

오랜만에 이시와라의 무덤을 찾아갔다.

묘소에는 방문한 사람들을 위한 참배 노트가 있다. 첫 장을 들춰보니 곧바로 '조센징, 지나인支那人*'이라고 적힌 글자가 시야에 들어왔다.

"지금 조센징과 지나인이 일본의 교육을 왜곡해서 ……"
"언젠가 조센징과 지나인을 추방하여 …… 훌륭한 일본을 되찾을 때까지 지켜봐주십시오." 갑자기 더러운 진흙으로 푸른 세계를 먹칠한 듯한 기분이 들었다. 이런 장소에도 더러운 넷우익이 다녀갔다. 도대체 그들은 무엇을 호소하고 싶어서 묘소에까지 왔을까?

'오족공영五族共榮', '민족협화民族協和'의 정신을 주장하며 "동아시아 민족들의 단결과 협력으로 세계평화를 지향한다", 이것이 이시와라의 지론이었다. 그렇기 때문에 이시와라는 한반도의 식민지 통치에도 반대했다. 이렇게 비열하고 천박한 문구를 쓰면 이시와라 간지의 영혼을 위로할 수 있다고 생각했을까?

예전에 '묘지기'를 하던 다케다는 내게 이런 이야기를 들려줬다.

"아주 가끔 뭔가 착각에 빠져 있는 우익이 이곳을 찾아와서 기세를 올리거나 하는데, 불쾌하기 그지없어요. 군가를 튼 선전차가 왔을 때는 쫓아내기도 했습니다."

이렇게 말하면서 다케다는 지팡이 대신 짚은 나뭇가지를 머리 위로 치켜들고 짓궂게 웃었다.

---

*　에도 시대 중기부터 중국을 가리키는 명사로 사용하기 시작해, 메이지 시기에는 중국, 중국인, 중국 문화를 가리키는 단어로 정착했다. 청일전쟁 이후부터는 중국을 멸시하는 어감으로 쓰였다.

그렇지만 다케다 자신이 우익으로 간주되는 것은 부정하지 않았다. 우익 문제의 대표적 연구서로 종종 기사나 논문에 인용되는 《우익사전右翼事典》(社会問題研究会編)에서도, '신생아시아협의회 대표 책임자'라고 말하며 다케다를 다음과 같이 설명하고 있다.

"다이쇼 원년생. 히로시마현 출신. 도쿄대 졸업. 이시와라 간지를 따라 전후에 야마가타에서 니시야마농장西山農場을 경영하고 이시와라의 노후를 돌봤다. 쇼와 21년(1946년), 구 동아연맹협회 계열로 정혁회精革会(세이카쿠카이)를 결성했고, 26년(1951년)에 분열되자 니치렌교 동지회를 창립했다. 이어서 국민당과 통합해 협화당을 결성해 이 단체의 중앙위원장에 취임했다. 45년(1970년) 2월 15일, 조영주 등과 신생아시아협의회를 결성했다."

다케다는 도쿄제국대학을 졸업하고 가네보鐘紡에 입사했다. 농림부에 소속되어 만주에서 농장 사업에 매달리고 있을 때 이시와라와 알게 되었다. 다케다의 사촌 형에 해당하는 이케모토 기사오池本喜三夫(당시 농정 문제 권위자)가 이시와라의 브레인이었던 점이 큰 작용을 했다.

《우익사전》에 언급되는 조영주曹寧柱는 이시와라의 첫 제자이자 다케다의 좋은 파트너이기도 했다. 재일본대한민국민단(당시에는 재일본대한민국거류민단)의 단장을 지냈다.

조영주는 식민지였던 한국의 경상북도에서 태어나 1934년 일본으로 건너와서 교토제국대학에 입학했지만, 다키카와사건滝川事件(교토대에서 벌어진 사상 탄압 사건. 많은 교직원들과 학생들이 '적화'라는 이유로 추방당했다)에 연루되어 퇴학당했다. 그 후 리쓰메이칸立命館대학으로 옮겨서 가라테를 배웠고, 완력이 세서 온 일본에 이름을 알렸다.

또한 그 조영주는 만화《가라테 바보 일대空手バカ一代》의 주인공인 오야마 마스다쓰大山倍達(한국 이름은 최영의崔永宜)를 가르쳤다. 또한 '황소'라는 별명을 가진 공포의 야쿠자 조직인 동성회東聲会(도세이카이)의 창립자 마치이 히사유키町井久之*(한국 이름 정건영鄭建永)도 조영주의 제자이다.

젊은 날의 조영주는 마르크시스트이자, 조선 독립운동의 투사였다.

전전에 조영주와 다케다를 이시와라 간지가 이끄는 국가사회주의 단체인 '동아연맹'이 연결했다. 1939년 중일전쟁의 확대에 반대한 이시와라는 새로운 중일 연대와 아시아 공동체를 이념으로 하는 '동아연맹'을 결성했다. 오족협화를 지향한 정치단체였다. 아시아 각국의 주권을 인정하고, 각자의 독립성을 인정한다는 연맹의 주장은, 식민지 조선 내에서도 일정한 지지를 받았다. 독립운동에 관계한 조선인 중에도 연맹에 참가한 사람이 적지 않았는데 그 안에 조영주와 조영주의 권유를 받은 마치이 히사유키가 있었다.

종전 직후, 이시와라가 지향했던 '작은 만주'를 건설하기 위해 다케다, 조영주를 비롯해 전국에서 '동아연맹'의 이상에

★　1923~2002. 재일한국인 야쿠자이자 실업가. 폭력 조직 동성회 회장과 민단 고문 등을 지냈으며 한국의 군사정권과 결탁했다.

공조하는 사람들이 참가했다. 개척 작업에는 마치이 히사유키나 오야마 마스타쓰, 나아가 전전에 대역죄인으로 취급받은 아나키스트 박열朴烈*도 참가했다. 개척지는 지역 이름을 따서 '니시야마농장'이라고 불렸다. 앞에서 나온 우타가와도 종전 이듬해에 아버지에게 이끌려 도쿄에서 니시야마농장으로 이주했다. 아버지도 동아연맹 회원으로 기관지 발행에 관여했다.

묘지기로 살다

하지만 이시와라가 지향한 이상향을 유지하는 건 매우 어려웠다. '도시 해체, 농공 일체, 간소 생활'의 슬로건 아래 완전한 자급자족 생활을 실천했지만, 척박한 토지에서 생각한 만큼 작물이 자라지 못해 탈락자들이 줄을 이었다. 1949년 이시와라가 사망하자 더 많은 사람들이 마을을 떠났다.

그렇지만 다케다는 농장에 남아 얼마 남지 않은 동지들과 계속 농장을 개척했다.

다케다는 이시와라가 외친 아시아주의 이상을 퍼뜨리기

★   1936년에 2·26사건에 가담한 혐의로 종신금고형을 선고받은 이케다 도시히코 池田俊彥는 회고록에서 형무소에 수감되었을 때, 박열이 이노우에 닛쇼 등의 혈맹단 관계자와 잘 지냈으며 2·26사건에도 공감을 했다고 말한다. 이 부분은 조금 더 찾아볼 필요가 있지만, 박열이 일제 후반에 전향했다는 기록 등이 있으니 가능성을 배제할 수 없다.

위해 정치단체 '협화당', '신생아시아협의회'에도 관여했다. 분류상 '우익'으로 구분되는 이들 단체는, 일본의 재군비에는 신중했고, 아시아 각국의 주권을 존중하고 상호 연대를 지향했다. 이런 점에서 다른 우익단체와는 다른 독특한 존재라고 할 수 있었다. 이 시대에 전쟁을 포기하자고 주장하고, 헌법 9조를 준수한다고 맹세하는 우익은 협화당 말고는 없었다.

다케다는 원래 농장 전문가여서, 1960년대에는 정부로부터 조언을 부탁받기도 했다. 이미 서술했듯이 한때는 자민당에서 농정 고문 역할을 맡았고, 나아가 일본신당 창당에 참가하기도 했다. 하지만 만년에는 유자정에서 거의 나오지 않았고, 독서 이외에 철저하게 이시와라의 '묘지기'로만 살았다.

진짜 보수란 산벚꽃처럼

나는 2007년에 다케다의 집을 몇 번 방문했다.

이시와라 간지에 대해서 조사하는 과정에서 다케다의 존재를 알게 되어 약속도 하지 않고 무턱대고 다케다의 집을 찾아갔다. 다케다의 입에서 이시와라, 조영주, 오야마는 물론 더 나아가 오카와 슈메이, 아마카스 마사히코甘粕正彦**, 쓰지 마사

** 1891~1945. 일본 육군의 군인. 헌병 대위로 근무하던 1923년 관동대지진이 발생하자, 고지마치 헌병 분대장이었던 아마카스는 아나키스트인 오스기 사카에와 그의 동거녀 이토 노에伊藤野枝, 노에의 조카 다치바나 무네카즈橘宗一 소년을 살해했다. 이 사건으로 재판에 회부되어 금고 10년형을 선고받았다. 1926년에 가출소한 뒤 프랑

노부辻政信*(관동군 참모), 와다 게이和田勁(동아연맹)와 같은 이름들이 척척 나와 전후사의 어둠을 엿보는 듯한 느낌이 들었다. 나는 흥분했다.

몇 번인가 다케다를 찾아갔는데 마지막 날에 이런 일이 있었다. 같이 뒷산에 올라 이시와라의 무덤을 찾았다. 산벚꽃이 가득 피었고, 숲은 짙은 복숭아빛 때문에 희미하게 보였다. 다케다가 불쑥 말을 걸었다.

"야스쿠니(신사)의 벚꽃은 피었습니까?"

꽃구경을 하는 습관이 없던 나는 어떻게 대답하면 좋을지 몰랐다.

"아마 활짝 피었겠죠……"

스로 유학을 갔다가 만주로 건너가서 만주사변에 가담했다. 이후 만주국에서 경무사장, 협화회 이사, 만주영화협회 회장 등을 지내다가 일본이 패배하자, 1945년 8월 20일에 청산가리를 먹고 자살했다.

★   1902~1968. 일본 육군의 군인이자 정치가. 육군사관학교 생도대 중대장으로 근무하던 1935년 사관생도가 연관된 쿠데타 음모를 적발했는데 이 사건을 쓰지의 음모로 보는 시점도 있다. 이후 1939년에 만주국과 외몽골의 국경 지대에서 발생한 노몬한 사건 당시, 국경을 넘어 소련군 기지를 폭격하도록 하는 등 강경론을 주장했다가 일본이 패하자 한직으로 좌천되었다. 아시아태평양전쟁이 발발하자 말레이반도와 싱가포르로 진격하는 제25군의 작전 참모로 활약했는데 작전 도중 월권행위가 지나치자 상관인 야마시타 도모유키山下奉文 중장은 "교활한 자로 국가의 큰일을 맡기기에 부족한 소인배이니까 주의해야 한다"는 평가를 내렸다. 이후 참모본부 작전과장으로 임명되어 본국에 귀환했으나, 과달카날 공방전에서 현지에 가서 지도한 작전이 실패한 이후에 중국, 버마 전선으로 좌천되어 종전을 맞이했다. 일본군이 무장해제될 때 승려로 변장하여 중화민국으로 도망친 후, 1948년 일본에 귀국하여 잠적했다가 전범 지정이 해제되자 다시 나타나 자신의 전쟁 수기를 발표해 큰 인기를 얻었다. 이후 우익 활동을 하면서 중의원과 참의원 의원을 지내다가 1961년에 해외 시찰 차 들린 라오스에서 행방불명되었다. 부하들에게는 좋은 평가를 들었지만, 상사, 동료, 정적들에게는 악평을 들었다. 현재 일본에서도 쓰지는 전쟁에서 포로 학살 등 자신이 저지른 잘못을 반성하지 않은 군인의 대표적 인물로 비판을 받고 있다.

나의 애매모호한 대답에는 그다지 관심도 없다는 듯 다케다는 계속 말했다.

"야스쿠니의 벚꽃은 소메이요시노染井吉野**죠. 저는 소메이요시노를 그다지 좋아하지 않아요. 왜냐하면 너무 화려하게 아름답기에, 자기주장이 너무 심하다는 느낌이 들고 인공적인 느낌도 듭니다. 산벚꽃은 그래서 좋아요. 소박하고 쓸쓸하고, 남의 눈에 잘 안 띄게 옛날부터 그 자리에 있듯이 우아하게 피지요. 풍경 속에서 혼자 튀지 않고 자연과 조화를 이룹니다."

그렇게 말하고는 다케다는 발걸음을 천천히 옮기며 산을 내려갔다.

다케다는 많은 것을 말하지 않았지만, 나는 그가 무슨 말을 하고 싶은지 이해할 수는 있었다. 다케다는 시원시원한 말로 국민을 선동하는 우파 세력을 소메이요시노에 비유하고, 그것을 살며시 비판했다. 안개가 가볍게 일어나는 듯한 산벚꽃이야말로 보수의 모습이다. 사람이 손을 대지 않고, 자연에 맡겨서 역사의 눈과 바람에 견딘 것만이 살아남는다. 그것이 다케다가 주장한 일본의 모습이었다. 이시와라가 꿈꾸었던 차별도 착취도 없는 이상향=오족협화의 만주도 본래는 이런 모습을 지향했을 것이다. 흙에 친숙해지고, 태양을 우러러본다면, 그것만으로 사람들은 행복해질 수 있다는 사상이다.

"차나 전기가 없어도 인간끼리 협력해서 살 수 있다고 생

** 일본산 왕벚나무를 가리킨다.

각했지만, 그건 무리였습니다. 하지만 적어도 자연을 가까이 하는 삶을 보내고 싶었어요."

이미 짙은 녹색으로 물든 숲속에서 나는 새삼 다케다의 말을 떠올렸다.

우익이라고 해도, 모두 같은 색에 물들지 않았다.

협화당은 '신세계'를 확립하지 못하고 일본의 재군비와 자본주의의 발달과 함께 자연스럽게 소멸했지만, 한때 그곳에서 이상을 발견한 우익 인사도 적지 않았다. 이런 의미에서 지금 돌아보면, '협화당'은 스스로 우익이라 칭하면서도 현대의 리버럴 이상으로 전위적인 정책을 가지고 있었는지도 모르겠다.

전후에 부활한 우익 중에는 협화당 같은 색깔을 지닌 단체도 있었다.

하지만 우익의 세계도 곧 폭력 일색이 되어갔다.

종전에서 10년 가까이 지난 시점에는 국가권력의 폭력장치로서 움직일 뿐 아니라, 일부는 폭력단과도 깊이 연결되었다.

3 장

정치와
폭력 조직의
연결

왜 친미가 되었는가

GHQ의 공직 추방 조치가 해제된 뒤 다시 살아난 우익의 눈앞에 있는 적은 일본공산당을 비롯한 좌익 세력이었다. 천황 신앙에 기반을 둔 '국체호지'나 자국 중심의 '국수주의'는 슬로건으로서 살아 있었지만, 옛날의 적인 미국은 이제 우익에게 '반공'을 위해 이용해야 할 존재가 되었다. 이런 "친미성"이야말로 전후 우익의 최대 특징으로 지금의 우익으로도 계속 이어지고 있다.

전시에 '귀축미영'의 선두에 서서 구미 열강에 저항하던 우익이 왜 이렇게 간단히 '친미'로 변절했을까? 앞 장에 등장한 '대일본애국당 규슈연합회'의 이쿠노는 내게 이렇게 말했다. "현실적으로 일본은 독자적 힘만으로 국가를 지킬 수 없습니다. 진정한 의미의 자립을 다할 수 있을 때까지는 미국을 이용할 수밖에 없습니다. 그때까지 군비를 튼튼히 해야 한다고 우리는 아카오 선생님의 시대부터 계속 주장하고 있습니다."

낡은 윗도리를 벗어던졌어도 우익의 세포는 몸 안에 살아 있다. 우익이 심정에 호소하는 사상이라는 건 앞서 말한 바 있다. 나라와 민족을 지킨다—우익 사상의 밑바닥에는 내셔널리즘이 흐른다. 일본의 경우는 여기에 천황에 대한 숭경의 마음이 더해진다. 그래서 시대 상황에 순응하며 간판을 바꿨다.

우익으로 새출발하기 위해서는 '반공'을 에너지로 삼아야 했다. 전쟁에는 패했어도 사회주의혁명으로 일본이 일본이 아니게 되는 상황은 피해야 했다. 사회주의(혹은 그 발전형인 공산주의)는 천황을 부정하고 전통보다 진보를 중시한다. 혁명가 〈인터내셔널가〉가 상징하듯, 국제적 연대를 국익 이상으로 중시한다(이런 의미에서 북한 등을 비롯한 현존 공산주의 국가는 공산주의의 본래 의미를 실행하고 있지 않다). 우익 입장에서는 나라를 지키기 위해서라도 사회주의와 공산주의는 결코 허용할 수 없었다. "용공容共"은 국가의 부정으로도 이어진다.

그렇기 때문에 '귀축'이었던 미국에도 가까이 붙었다. 아니, 우익은 우익의 논리에 따라 미래의 '자립'을 염두에 두고 미국을 '이용'하는 것을 생각했다. 사회주의혁명에서 일본을 지키기 위해, 천황의 온존에 가담한 미국을 양보할 수 있는 한도에서 '아군'으로 판단했다.

하지만 그것은 위험한 곡예였다. 우익의 생각과 상관없이 결과적으로 일본은 미국의 세계 전략에서 벗어나지 못했다. 주둔하는 미군기지 문제를 생각하더라도, 토지를 제공할 뿐 아니라 인건비부터 수도광열비까지를 '배려 예산'으로 처리하고, 미일지위협정에서 미국 군인에게 필요 이상의 후한 대우를 해주게 되었다. 미국의 다른 동맹국들보다 심하다. 사실 일본 쪽이 더 '이용'당하는 상황이 아닐까?

덧붙여 말하자면, 우익의 추방 해제도 표면적 의도는 어찌 되었건 냉전을 앞두고 일본을 반공의 방파제로 삼으려는 미국의 의사가 틀림없이 반영되었다. 물론 '반공'이 우익과 미국의 공통 이념이었기 때문에 가능했을 것이다.

'반공'이란 대의가 가진 또 하나의 위험성은, 그것이 지배층에게 유리한 이데올로기라는 사실이다. 패전으로 민주주의가 하늘에서 떨어진(결코 쟁취하지 않았다) 일본에서 비로소 사람들의 인권의식이 나타나기 시작했다. 농촌에서는 농민운동이 일어났고, 기업이나 자치체에서 노동조합이 결성되었다. 지배층은 오랜 세월에 걸쳐 탄압을 받은 공산당을 비롯한 '좌익 세력'이 그 단체들을 이끄는 상황을 혐오했다. 그들이 말하는 '적색혁명'을 일으킬지도 모르는 민주주의의 기세를 두려워했다.

그렇기 때문에 국가권력은 공산주의 세력과 물리적으로 대항할 수 있는 우익을 원했다. 즉 혁명의 예방선으로서 폭력 장치였다.

반공발도대의 위험한 계획

'반공발도대反共拔刀隊'라는 위험한 단체를 만든 이는 당시 법무대신이었던 기무라 도쿠타로木村篤太郎였다. 1951년의 일이었다.

기무라는 전전에 제국변호사회 회장을 지낸 거물 변호사였다. 전후에 시데하라 기주로 내각 시절 검찰총장으로 임명되었고, 시데하라 내각의 뒤를 이은 요시다 시게루* 내각에서 법무대신이 되었다. 파괴활동방지법(폭력주의 파괴 활동을 저지르는 단체를 규제하는 법률)을 만든 인물로도 알려져 있다.

앞서 언급한 《우익사전》은 '반공발도대'를 구상한 경위를 아래와 같이 상세히 서술하고 있다.

이 책에 따르면, '일본청소년선도협회'라는 단체의 설립 계획이 반공발도대를 만든 계기였다고 한다. 이 단체는 '근대적인 반공운동'을 목적으로 미타무라 다케오三田村武夫(전전에는 중의원 의원. 전후에는 공직 추방을 당한 뒤 자민당 중의원 의원) 등의 제안으로 만들어졌다. 전 내무 관료인 마루야마 쓰루키치

---

* 1878~1967. 일본의 정치가이자 외교관. 원래 메이지유신의 지사 다케우치 쓰나의 아들로 태어났으나 실업가인 요시다 겐조의 양자가 되었다. 도쿄제국대학을 졸업한 후 외교관이 되어 펑톈 총영사, 베르사유강화조약 대표단, 주영 대사 등을 지냈으며, 전쟁 중에는 종전 공작을 추진하다가 헌병에게 체포되기도 했다. 전후에 시데하라 내각의 외무대신을 지낸 뒤 다섯 차례 총리가 되었다. 총리 재직 중인 1951년에 샌프란시스코강화조약에 일본 대표로 참석해 조인했으며 새로 편성한 자위대를 경무장하는 대신 경제 재건을 진행하는 정책 노선을 취했다. 29대 총리인 아소 다로는 그의 손자이다.

丸山鶴吉나 전직 경시청 특고 부장이던 아베 겐키安倍源基**, 후에 후지-산케이그룹 대표를 지낸 시카나이 노부타카鹿內信隆 등이 후원자로 이름을 올렸다. 모두 전후 일본의 '적화'를 우려한 사람들이었다. 이를테면 1948년 발족한 일경련(일본경영자단체연맹)에서 전무이사를 맡은 시카나이 등은 노동쟁의가 각지에서 빈번하게 발생하자 노조나 공산당과의 투쟁에서 최전선에 섰다.

그들은 협회의 설립 구상을 법무대신인 기무라와 상담했다. 그러자 기무라는 이렇게 단언했다고 한다.

"그런 단체를 만들어도 이미 늦었습니다. 지금 청소년을 선도해봤자 무슨 도움이 되겠어요? 이제 반년만 지나면 적색혁명이 일어날지도 모릅니다. 경찰 중에도 빨갱이가 잠입해 있어요. 공산혁명에 반대하는 단체를 지금 당장 만들 수는 없겠습니까?"

'공산혁명'이 두려워 진심에서 파괴활동방지법을 만든 기무라로서는 저명인에 의한 '선도' 활동 따위는 미온적이라고 판단한 것이다.

대신 기무라가 제안한 것이 '반공발도대' 구상이었다.

이 단체는 공산당의 무장투쟁에 대항하고자, 전국의 바

** 1894~1989. 일본의 정치가이자 관료. 도쿄제국대학을 졸업한 후 내무성에 들어가 경찰로 경력을 쌓았다. 1932년 경시청 특고 부장에 부임한 후 공산당 계열 인사들의 검거에 공을 세워 유명해졌다. 전후에 A급 전범 용의자로 체포되었으나 기소되지 않았다.

쿠토博徒*, 데키야的屋**, 구렌타이 외 약 20만 명을 '반공'의 기치 아래 집결시켜 좌익 데모나 집회를 폭력으로 박살 내는 것을 목적으로 삼았다. 기무라는 주문처럼 외치기만 하는 반공이 아니라, 폭력 장치로서 "즉시 사용 가능한 전력"을 원했다. 그것은 무법자outlaw의 폭력에 의존하는 것이어서 정치가로서는 해서는 안 될 행위였다. 게다가 법의 지킴이인 법무대신이 솔선했으니 기가 막힐 수밖에 없다.

'정치·폭력·우익'의 트라이앵글

'반공발도대' 책임자로 기무라 등은 니혼바시日本橋의 협객인 우메즈 간베에梅津勘兵衛를 지목했다. 우메즈는 전전에 '대일본국수회大日本國粹会'를 만든 것으로 알려져 있다. 이 조직은 바쿠토의 전국 조직이었는데, 간사로 하라 다카시原敬*** 내각

---

* 일본의 폭력 범죄를 가리키는 용어 중 하나로, 도박판을 열어서 이득을 얻는 폭력 조직을 가리킨다.
** 축제 등이 벌어질 때 사람들이 많이 다니는 장소에 가게를 열어 이득을 챙기는 업자를 가리키지만, 일본 경찰은 이들을 폭력 조직의 원류로 본다.
*** 1856~1921. 일본의 정치가이자 관료. 메이지유신 이후에 사법성 법률학교를 다니다가 자퇴하고 신문 기자가 되어 활동하다가 외교관이 되어 청, 프랑스 등에 주재했다. 이후 정당 활동을 하면서 주한 공사, 내무대신을 지냈으며 1918년에 총리에 임명되어 원로 야마가타 아리토모와 육군대신 다나카 기이치田中義一과 연대했다. 워싱턴 해군 군축회의에 긍정적이었으며 미국과 영국에 협조적인 정책을 추진했으나 1921년 11월 4일에 도쿄역에서 우익 청년 나카오카 곤이치中岡艮一에게 암살당했다. 하라가 암살당했다는 소식을 들은 야마가타는 훗날 "그런 남자가 어처구니 없이 죽다니, 일본은 끝장이다"라는 평가를 내렸다고 한다. 평민재상이라는 별명이 있었다.

의 내무대신이었던 도코나미 다케지로床次竹二郎****를 초빙하고
고문으로 거물 우익인 도야마 미쓰루를 앉히는 등 겉으로는
우익단체 간판을 내걸었다. 현재 산구조山口組(야마구치구미)의
산하 조직인 국수회의 원류이다.

'반공발도대' 구상을 듣게 된 우메즈는 당초에는 승낙하
지 않았다고 한다.

"경찰과 MP(미군 헌병)가 도박장에 쳐들어와 멈춰Hold up라
고 소리치며 단속하는 현 상황에서, 우리들에게 국체를 지키
라고 하면 누가 들어주겠소?"

이렇게 말하며 그는 차가운 반응을 보였다. 도박장 운영
으로 먹고사는 우메즈가 보기에, 왜 자기가 경찰 편을 들어야
하느냐는 생각이 들었을 것이다. 그러자 기무라는 우메즈를
설득하기 위해 그의 집으로 직접 찾아가 말도 안 되는 큰소리
를 쳤다.

"형법을 개정해 도박사범은 현행범 이외에는 검거하지
못하도록 하겠다."

각료의 권한을 벗어난 너무 대담한 제안에 우메즈도 승
낙했다. 이렇게 해서 기무라의 "배려"를 받은 우메즈도 조직
결성을 위해 분주하게 움직이게 되었다.

우메즈의 공작으로 단포田甫 일가, 나마이生井 일가, 스미요
시住吉 일가, 교쿠토 사쿠라이極東櫻井 일가 등 유명한 바쿠토들

**** 1867~1935. 일본의 정치가. 원래는 관료로 지방관 등을 지낸 후에 중의원 의원
이 되었고, 내무대신, 철도대신, 통신대신 등을 지냈다.

정계와 폭력단, 우익이 연결된 반공방도대를 구상했던 기무라 도쿠타로.

이 '반공방도대'에 참여하기로 했다. 간사이關西에서는 토건업자인 도라바야시쿠미寅林組의 창설자로 지방 바쿠토와도 깊은 인연이 있던 고니시 도라마쓰小西寅松(나중에 자민당 중의원 의원)가 협력을 자청했다. 법무대신 기무라는 연간 3억 엔이 넘는 예산도 약속했다.

이런 단계를 밟고 조금씩 '반공방도대'가 움직이려고 하자, 수상인 요시다 시게루가 제동을 걸었다. 요시다는 아무래도 국정 여당이 뒷골목 사회와 눈에 띄게 관계를 맺는 상황은 피하고 싶었을 것이다. '반공방도대' 구상은 물거품처럼 사라졌다.

그러나 사라졌다고는 하지만, 계획을 구상하고 실현하기 위해 여러 번 대화한 덕분에 새로운 인맥이 완성되었다. 그때까지 별개로 존재하던 정계와 폭력단, 그리고 우익단체가 완

만하게 연결되었다. 오늘날 경찰 용어로 '우익 표방 폭력단'이라고도 불리는 임협계 우익은 원래 국가권력의 제안으로 만들어진 측면도 있었던 것이다.

자민당 원외단

덧붙이자면 기무라 도쿠타로는 훗날 자민당 원외 단체인 '자유민주당동지회' 회장이 되었다. 원외단이란 당 요인의 공무 외의 경호나 트러블 처리를 맡는 지원 단체로, 예전에는 자민당 본부 내부에 사무소가 있었다(2002년에 이전). 기무라는 데키야 조직인 노점상조합街商組合 고문에도 취임했기 때문에, 동지회 멤버에는 우익, 폭력단 관계자도 많았다. 이들 중에는 자민당 이름을 이용해서 공갈 사건을 일으키는 사람도 있었다.

1990년대까지 자민당 본부를 방문하면, 1층 내부에 있는 원외단실에서 하카마 차림의 거물 우익이 나오는 모습을 목격할 수도 있었다. 그래서 언론계에서는 원외단을 "자민당을 거점으로 하는 청부업자 집단" 이미지로 보는 경우가 많았다.

현재는 "동지회와는 관계가 없다"(당 본부)고 말하지만, 동지회를 칭하는 조직은 여전히 남아 있다. 실제로 동지회 홈페이지에는 자민당의 로고를 사용하고 있고, 규약에는 "1. 자유민주당 총재가 내건 정치 이념, 신조 및 정책 실현을 지향하여 이를 철저하게 지지하고 옹호한다. 2. 자유민주당 총재가 요청할 때에는 그 요청에 기초해서 일체의 대가를 요구하지 않고 응한다. 3. 자유민주당 지지자 확대를 위해 공헌한다. 4. 자유민주당 소속 국회 및 지방 의원의 정치 활동을 응원한다"라는 문구가 적혀 있다. 또한 입회 자격도 자민당원, 국회의원 경험자, 자민당 지지자 등으로 한정되어 있다. 외면적으로는 자민당의 응원단이라고 주장하지만, 실제 무슨 활동을 하는지는 전해지지 않는다.

2008년 이사와온천호텔에서 대형 우익단체 '일본청년사日本靑年社'의 '신춘 모임'이 열렸다. 이 자리에 초대된 현재 동지회 총재를 맡고 있는 인물은 이렇게 인사말을 했다.

"생각해보면, 일본청년사와 자유민주당동지회는 청년사의 전신인 구스노키 황도대楠皇道隊 시절부터 함께 발을 맞춰 좌익 집단의 투쟁에 대처했고, 기시 노부스케 내각 시절의 안보 투쟁을 계기로, 그리고 쇼와 46년(1971년)에 사토 에이사쿠佐藤榮作* 내각이 오키나와를 반환받은 다음부터 결속력이 강해졌습니다.

나라를 걱정하고, 국민을 생각하고, 다른 사람을 위해 땀을 흘리고, 국가를 위해 피를 흘렸지만, 자신을 위해서는 결코 한 방울의 피와 땀도 흘리지 않았습니다. 이런 행동을 실

---

* 1901~1975. 일본의 관료, 정치가. 기시 노부스케가 그의 형이다. 도쿄제국대학을 졸업한 후 철도, 운수 관계 관료로 활동하다가 퇴직 후 정치가가 되었다. 이후 총리를 지냈는데 재임 중 오키나와가 일본에 반환되었으며, "핵무기를 갖지도, 만들지도, 반입하지도 않는다"는 비핵 3원칙을 표명했다. 이 때문에 1974년 노벨평화상을 받았지만, 2010년에 비밀리에 핵을 보유하는 계획을 검토한 사실이 밝혀졌다.

천하고 있는 일본청년사는 보수 안의 혁신이며 테러행위 같은 걸로 국가 전복을 꾀하는 등의 언동을 취하는 좌익 집단과는 전혀 다르게 21세기의 우익의 모습을 실현하고 있다고 생각합니다."

자민당과의 관계를 강조하면서 우익에 대한 공감을 감추지 않았다. 아니 공감만 하는 게 아니라, 일본청년사와의 '강력한 결합'을 주장하고 있었다.

덧붙이자면 동지회 담당자는 나의 취재에 "현재는 우익이나 폭력단과의 결합은 없다"고 대답했다.

"섬을 지켜주었다"

그런데 일본청년사는 말할 필요도 없이 일본 유수의 우익단체이다. 총재가 '인사'에서 언급하듯, 이 단체의 전신은 1961년 결성된 임협계 우익 '구스노키 황도대'이다. 창설자인 고바야시 구스오小林楠夫는 폭력단인 스미요시 일가의 간부였다. 1969년 구스노키 황도대는 일본청년사로 이름을 바꾸었다.

일본청년사는 1978년에 센카쿠제도尖閣諸島의 우오쓰리시마魚釣島에 상륙해 등대를 건설한 사건으로 화제가 되었다. 이후 센카쿠가 2005년 일본 정부에 양도될 때까지 일본청년사가 매년 등대를 유지하고, 관리해왔다. 또한 2000년 6월 이 단체의 구성원이 "불경 기사"를 이유로 월간지《소문의 진

상噂の真相》편집부를 습격한 사건도 유명하다. 현재도 구성원은 약 2,000명이라고 하며 전국 각지에 지부가 있다.

일본청년사가 폭력단 조직을 원점으로 하는 "임협계" 조직인 사실은 과거에 국회에서도 지적되었다. 2000년 11월 1일, 제150회 국회의 국가기본정책위원회 합동심사회. 공산당의 후와 데쓰조不破哲三는 일본청년사와 자민당 의원의 관계를 질문하면서, 다음과 같이 발언했다.

"이 일본청년사라는 조직은, 정부 공안 조사청이 제공한 자료에 따르면, 폭력단 주길회住吉会(스미요시카이), 소림회小林会(고바야시카이)를 모체로 하는 전형적인 폭력단 계열 우익단체로 규정되어 있습니다."

이 말에 대해 당시 수상 모리 요시로森喜朗는 "몰랐다", "특정 단체와 관계 맺은 건 없다"고 대답했다. 하지만 2005년에는 자민당, 민주당(당시) 등의 국회의원으로 구성된 '일본의 영토를 지키기 위해 행동하는 의원연맹日本の領土を守るために行動する議員連盟'(당시 회장은 모리오카 마사히로森岡正宏 중의원 의원=자민당)이 국회에서 개최한 회합에 일본청년사 간부를 초청한 사실도 문제가 되었다.

영토 문제를 논의하는 이 회합에 일본청년사 총국장 직함을 가진 인물을 초대해서 "최근 센카쿠제도를 둘러싼 움직임"에 관해 30분 동안 보고를 들은 뒤 의원연맹 회장인 모리오카가 "섬을 지켜준 일본청년사에 고마워해야 한다"고 발언했다. 회합에는 자민, 민주 양당 의원 15명이 참가했다. 덧붙이자면 회합에 초대받은 내각부, 해상보안청 관계자는 우익단체와 동석하는 것이 바람직하지 않다고 생각했는지, 일부러 시간이 겹치지 않게 출석했다고 한다.

우익, 폭력단, 그리고 자민당—'반공발도대'를 구상할 때 맺어진 정권 정당과 뒷골목 사회를 연결하는 라인은 지금도 계속 살아 있다고 생각한다.

정재계를 연결하다

자유민주당동지회는 자민당이 결당(자유당과 일본민주당의 보수 통합)한 해와 같은 1953년에 설립되었다. 1960년 안보를 앞두고 보수 진영의 위기감이 커진 시기였다. 그때부터 폭력단의 우익화와 우익단체의 재편이 가속화되었다.

우선 야쿠자 조직을 배경으로 하는 일본의인당日本義人黨, 일본국수회, 히노마루청년대日乃丸靑年隊, 송엽회松葉会(마쓰바카이), 금정회錦政会(긴세이카이), 북성회北星会(호쿠세이카이) 등이 정치결사체로 신고했다. 송엽회는 정치결사체 신청과 함께 다음과 같은 내용의 취의서를 발표했다.

"이에 송협회는 책임 있는 자각에 의거하여 이러한 현황에 괴로워하는 일본 국민, 나아가 전 인류를 위해 민주주의 정치의 성장을 보호하고, 또한 횡포한 공산주의의 침략에 단호히 저항하기 위해 떨쳐 일어났다."

결성한 이듬해, 송엽회는 1936년 2·26사건 이후 처음으로 신문사를 상대로 테러를 저질렀다. 《마이니치신문每日新聞》

이 〈정치가들이 보낸 화환이 즐비. 송엽회 두목 부인의 장례식 "악연"에 비판〉이라는 제목으로 야쿠자와 정치가의 교류를 비판하는 기사를 쓴 사실에 항의한 사건이었다. 1960년 4월 송엽회 회원 등 열 몇 명이 발연통과 소화탄을 들고 당시 유라쿠정有樂町에 있던《마이니치신문》본사에 난입했다. 이들은 발송실 유리창을 깨부수는 등의 행위를 벌이고 체포되었다. 정치결사라고 선언했어도 야쿠자 체질은 변하지 않은 것이다.

한편 우익 또한 정재계와 연결되는 걸 모색했다. 우익은 체제 유지의 '별동대'로 움직였다.

1958년에 결성된 '신일본협의회'가 그 대표 사례이다. 이 조직은 자주헌법 제정, 국군 부활 등을 주장하는 우익 반공 단체의 횡단 조직이다. 우파 재계인으로 알려진 미쓰비시전기 회장인 다카스기 신이치高杉晋一가 결성 기금을 제공했다. 다카스기는 전 내무대신 아베 겐키와 함께 "이대로 두면 일본은 빨갛게 된다"라고 말하고 돌아다니며, 우익단체뿐 아니라 각계의 유식자들을 모았다. 재계와 우익, 반공 인사의 결합으로 "적화에 대항하는 것"을 지향했다.

대표이사로는 앞서 말한 기무라 도쿠타로, 양명학자로 '쇼와의 흑막'이라고도 불린 야스오카 마사히로安岡正篤*가 이름을 올렸다. 우익 쪽에서는 오모리 소겐大森曹玄(2·26사건에도

---

* 　1898~1983. 일본의 양명학자이자 국수주의자. 전전부터 활동한 우익 활동가로 일본 정신을 고무하여 정부 관료에게도 영향을 주었다. 전후에도 헌법 개정 운동을 벌이면서 역대 수상과 관계를 맺었다.

관여한 전전부터의 활동가), 시마즈 사다야스島津定泰(일본혁명국기동지회); 스즈키 젠이치鈴木善一(전전에 신병대 사건에 연루. 대일본생산당) 등이 참가했다. 또한 전전에 공산당 간부를 지냈다가 옥중 전향한 나베야마 사다치카鍋山定親도 이사를 맡았다.

건국기념일 제정 뒷이야기

한편 우익 내부의 재편도 진행되었다.

1959년 80개 단체가 참가해서 우익 횡단 조직인 '전일본 애국자단체회의全日本愛國者團體会議'(줄여서 전애회의)가 결성되었다. 방향성이 제각각이라 연대가 약했던 우익단체의 단결을 꾀한 조직으로, 각 단체의 자주성을 존중하면서도 반공·재군비·개헌·영토와 같은 분야에서 공동으로 투쟁하는 것을 지향했다. 전전에 도쿄역에서 하마구치 오사치 수상을 습격했던 사고야 도메오, 거물 총회꾼으로 알려진 니시야마 고키西山廣喜 등이 의장단에 이름을 올렸다.

니시야마는 원래 사회당원이었다. 부락해방동맹 위원장을 맡아 '부락 해방의 아버지'로 불렸던 마쓰모토 지이치로松本治一郎와는 특히 관계가 깊었다. 그러나 1950년대에 '무로마치 장군室町將軍'(도쿄 니혼바시 무로마치의 미쓰이빌딩에 사무소를 차렸기 때문에 그렇게 불렸다)이라는 별명으로 불린 정치 막후 조정자 미우라 기이치와 알게 되면서 우익으로 전향했다. 그 미우라도 전애회의 고문으로 취임했다.

미우라는 전전의 젊은 시절에는 기타하라 하쿠슈北原白秋*
의 문하생이 되는 등 도스토옙스키Fyodor Dostoevsky를 좋아하는
문학청년이었지만, 그 후에 국가주의의 길로 들어서 이론지
《국책國策》의 발행인이 되었다. 아버지가 중의원 의원이었던
인연으로 도조 히데키와도 친했다. 전후에는 공직 추방 처분
을 당했지만 GHQ의 반공 인맥에 파고들어 정재계 요인과 친
교를 쌓으면서 지금으로 말하면 로비스트로 활동했다. 막후
조정자의 지위를 확립한 것이다. 자민당의 유력 의원과도 관
계가 깊었는데 그중에서도 사토 에이사쿠(전 총리)의 상담역
이었던 사실은 잘 알려져 있다.

일부는 미우라가 '건국기념일'을 2월 11일로 정한 "공로
자"였다고 주장한다.

전후에 GHQ의 정책으로 그때까지 일본 건국일로 지정
되었던 2월 11일의 '기원절'이 폐지되었다. 원래 건국이 언제
이루어졌는지는 확실치 않으며, 전전의 일본은《일본서기日本
書紀》를 출처로 진무神武 천황** 즉위일이라는 2월 11일을 기원
절로 정했다.

점령 정책이 끝나고, 1960년대에 들어서서는 우파 세력
에 의해 2월 11일을 축일로 정하는 것을 목적으로 한 '건국기
념일 제정운동'이 벌어졌다. 전전형 천황제의 부활이라면서
좌파는 반발했고, 여론도 둘로 나뉘었다. 그러나 1966년 사토

---

*   1885~1942. 일본의 시인이자 동화 작가. 남국적 정서가 물씬 풍기는 강렬한 감
각의 시집을 발표했다. 주요 저서로《추억》,《수묵집水墨集》등의 시집이 있다.
**   일본의 첫 번째 천황으로 알려져 있다.

에이사쿠 내각이 정식으로 그날을 건국기념일로 축일로 제정했다. 그때 반대 여론을 무릅쓴 사토의 배후에 미우라가 있었다는 것이다.

언론인 이노 겐지猪野健治는 저서 《일본의 우익日本の右翼》에서 니시야마 고키의 증언에 근거해 이렇게 묘사하고 있다.

건국기념일에 대해서 태도를 정하지 못하던 사토 에이사쿠에게 미우라 기이치가 전화로 압력을 가했다. 미우라는 인사를 간단히 끝내고 사토에게 이렇게 말했다.

"그런데 건국기념일 문제는 2월 11일로 해주지 않으면 책임을 질 수 없소. 부탁하겠소."

전화기를 내려놓은 미우라는 아무렇지도 않은 표정으로 주위 사람들에게 "이봐, 2월 11일로 결정되었어"라고 알렸다. 그러고는 3일 뒤 열린 각료회의에서 실제로 그렇게 결정되었다는 것이다.

사실이라면 협박에 가까운 미우라의 한마디가 사토의 등을 민 셈이다. 이런 우익 중진들이 조직한 '전애회의'는 2장에서 서술한 '대일본애국단체연합·시국대책협의회'(시대협)와 함께 지금도 행동 우익의 연합체로 계속 활동하고 있다.

한국의 군사정권과 일본의 우익

전애회의의 결성과 같은 시기에 역시 반공과 국민정신 고양의 목표를 내걸고 '일본국민회의'라는 연합체가 발족했다. 이 단체의 특징은 우익뿐 아니라 '생장의 집' 등 신도 계열 종교 조직이 참가했다는 점이다. 중심인물은 상하이의 특무기관에 적을 둔 적이 있는 도마쓰 게이기戶松慶議였다.

도마쓰도 와세다대학 학생 시절에는 아베 이소오安部磯雄*의 영향을 받은 사회주의자였다. 그러나 그 후에 알게 된 야스오카 마사히로의 영향을 받아 국가신도를 공부하고, 만철 근무를 거쳐 특무(스파이)가 되었다. 전후에는 일관되게 우익의 길을 걸었다.

이 '일본국민회의' 사무국장을 맡은 사람은 와다 시로和田獅郎로, 전전에 이시와라 간지의 오른팔로 불렸던 와다 게이의 아들이었다.

와다 게이는 이시와라가 만든 동아연맹의 초기 멤버로, 전전에는 도쿄 사무소 책임자였다. 이시와라가 사망하자 장례위원장을 맡았고, 앞에서도 나온 마르크스 보이였던 조영주(전 대한민국 민단 단장)를 우익의 길로 끌어들였다. 와다의 아들인 시로도 당연하듯 우익의 길로 들어서 '일본국민회의' 사무국장을 맡게 되었다. 그 후 시로는 조영주가 만든 우익단체 '신생아시아협의회'에서도 활동하게 된다.

예전에 내가 시로를 취재했을 때, 그는 다음과 같이 말했다.

"저는 부친의 영향으로 10대 무렵부터 동아연맹에 들어

---

*   1865~1949. 일본의 사회주의자. 미국 및 독일 유학 도중에 사회주의를 접하고 그리스도 사회주의자가 되었다. 귀국한 뒤 와세다대학 교수 등을 지내면서 러일전쟁을 반대하는 활동을 했다.

가 활동했습니다. 조영주 선생을 그때 알게 되었습니다. 선생이 '신생아시아협의회'를 결성하자, 저도 권유를 받고 그곳에서도 사무국장을 맡았습니다. 덧붙이자면 '신생아시아협의회' 후원자는 마치이 히사유키 씨였는데, 마치이 씨는 당시(1960년대) 돈으로 매달 50만 엔을 주셨습니다."

폭력단인 동성회의 수령 마치이 히사유키(한국 이름 정건영)에 대해서는 앞에서 다루었다.

조영주든 혹은 마치이든 재일코리안인 그들이 왜 일본의 우익이 되었는지 이해하기 어려울 것이다. 물론 당시에는 '반공'이라는 대의명분을 앞두고, 오히려 한일의 뒷골목 사회가 두꺼운 파이프로 연결되어 있었다. '반한·혐한'을 외치는 것만이 애국이라고 생각하는 넷우익 세대는 이해할 수 없겠지만, 우익 세계에서 한일은 '북조선에 함께 대항하는' 동지이기도 했다.

"예전에는 무엇보다 반공이라는 가치관을 우선했습니다. 그런 의미에서 한국을 동지로 보는 견해가 우익에서는 지배적이었습니다."

이렇게 말한 사람은 전일본애국자단체회의(전애회의)의 고문을 맡은 미자와 고이치三澤浩一(58세)였다. 앞서 말했듯이, 전애회의는 시대협과 함께 우익단체의 전국 규모 조직이다. 학생 시절부터 우익의 세계에서 살아온 미자와가 우익이 "친한"에서 "혐한"으로 어떻게 변화하게 되었는지 그 경위에 대해서 이렇게 설명했다.

"한국이 군사정권이었을 시절에 일본 우익은 한국 군부

와 긴밀한 관계에 있었습니다. 우익에게 북조선은 한일 공통의 적이었으니까 당연히 보조를 맞췄지요. 한일 양국이 가진 다른 역사 인식 문제는 북조선이 붕괴할 때까지 보류하자고 생각했습니다."

그러나 1987년 한국에서 군사정권이 종언을 맞이하고 민주화가 실현되자 우익은 "반공 파트너"를 잃었다.

"우익은 군부와는 연결되었지만 민간과 교류하지는 않았습니다. 당시 우익은 한국 군사정권이 영원히 지속되리라 생각했죠. 한국의 민주화는 결과적으로 우익과 한국의 연결이 소멸했다는 걸 의미합니다."

이제는 예전에 '보류'해두었던 역사 문제가 대립의 불씨가 되었다. 어느새 동지 관계에서 서로를 '적'으로 인식하기에 이르렀다는 것이다.

2017년 1월, 나는 다음과 같은 광경을 보았다. 오키나와 헤노코邊野古(나고시名護市)에서였다.

신기지 건설 문제의 중심인 헤노코에서는 매일 기지에 반대하는 많은 시민들이 연대 농성하며 저항하고 있다. 그곳에서 내가 한창 반대파 시민을 취재하고 있을 때, 검게 칠한 우익 선전차가 밀고 들어왔다. 그들은 선전차 스피커를 통해 큰 목소리로 이렇게 외쳤다.

"조센징은 꺼져라!"

"야, 조센징, 그런 곳에서 뭘 하고 있는 거야!"

'신기지 건설에 반대하는 시민'='조센징'이라고 욕하고 있었다―최근에는 일부 우익도, 인터넷의 거짓 소문에 휘둘리는 넷우익 무리와 아무런 차이가 없다. 이 단체는 '일사회日思会(닛소카이)'라는 집단이었다.

나는 과거에 '일사회' 창립 멤버를 취재한 적이 있다.

이미 이 조직에서 은퇴한 그와 나하那覇 시내의 호텔에서 만났을 때, 그는 팔에 찬 고급 시계를 보여주며 내게 "보시오"라고 말했다. 문자판 뒤에는 '마치이 히사유키'라고 새겨져 있었다.

이 사람의 말에 따르면, 오키나와에서 가장 역사가 있는 행동 우익이라고 해야 할 '일사회'는 원래 마치이가 거느리던 동성회의 오키나와 지부가 전신이었다고 한다.

마치이는 오키나와에도 거점을 만들고자, 당시 오키나와 뒷골목 사회를 잘 알던 기보 도시오宜保俊夫(훗날 류에이琉映 사장)와 이야기해서 먼저 채권 회수 등에 손을 뻗친 류큐탐정사琉球探偵社를 설립했다. 그리고는 현지 불량소년 등을 모아 우익단체로 발전시켰다고 한다. 앞서 만난 사람은 그때의 설립 멤버 중 한 명이었으며 결성 기념으로 마치이로부터 손목시계를 선물받았다고 한다.

이제는 넷우익과 다를 바 없는 노골적인 배외주의와 혐오발언으로 기지 반대운동을 폄하하는 '일사회'이지만, 멤버 중 '자이니치'가 이 조직 창설에 관여했다는 사실을 알고 있는 사람은 얼마나 될까? "조센징은 꺼져라"라고 계속 외치는 그들은 자기들의 조직 역사를 부정하고 있는 것과 다름없다.

"적색 세력과의 대결"

1960년대 전후 일본 사회는 미군의 일본 주둔을 인정한 미일안보조약을 둘러싼 반대운동으로 흔들리던 시기이기도 했다.

사회·공산당을 비롯한 혁신 세력, 총평總評(일본노동조합총평의회)을 중심으로 하는 노동운동, 전학련(전일본학생자치회총연합) 등 학생단체가 모두 '안보 반대' 투쟁을 전개했다. 이 '안보 투쟁'은 전후 최대 국민운동이었다. 이에 대한 위기감 때문에 우익운동이 더욱 활발해진 측면이 있다.

1959년 7월 25일, 결성된 지 얼마 되지 않은 전애회의를 중심으로 히비야 공회당에서 '안보 개정 촉진 애국자협의회 국민대회'가 열렸다. 2,000여 명의 참가자는 집회 후 시바芝공원까지 행진하며 "적색 세력과 대결하기 위해, 필요하다면 직접 행동도 마다하지 않는다"며 기세를 올렸다. 그로부터 2개월 뒤 역시 결성된 지 얼마 되지 않은 '신일본협의회'가 구단九段회관에서 '안보 개정 국민회의'를 열었다.

부활한 발도대의 망령

1960년 안보 개정이 다가오자, 드디어 '안보 투쟁'도 최고조를 맞이했다. 국회 앞으로 매일 10만 명 단위의 데모대가 몰려왔다. 6월 4일에는 전국에서 560만 명이 파업에 참가해

정부는 막다른 길에 몰렸다.

안보 개정에 맞추어 미국은 아이젠하워Dwight Eisenhower(애칭 아이크Ike) 대통령의 일본 방문을 준비하고 있었다. 6월 19일에는 아이크 대통령과 천황이 오픈카를 같이 타고 하네다에서 황거까지 퍼레이드를 하기로 예정되어 있었다. 경찰은 당연히 10만 명 단위의 데모대로부터 아이크와 천황을 지켜야 했다. 그러나 당시 경시청 경찰관 수는 2만 4,000명이었다. 모두 동원해도 충분치 않았다.

그래서 수상인 기시 노부스케는 충분치 않은 경비를 전국 우익이나 임협 조직으로 보충하는 방법을 생각했다. 지금 시대라면 내각이 날아갈 만큼 큰 문제가 되었을 것이다. 하지만 반대로 말하면, 이 시대는 아직 정계와 임협 사이의 벽은 낮았다.

자민당은 먼저 간사장 가와시마 쇼지로川島正次郎를 통해 우익의 거물 고다마 요시오(나중에 서술하겠다)에게 협력을 의뢰했다. 고다마의 공작으로 도천회稲川会(이나가와카이)의 전신인 학정회鶴政会(가쿠세이카이), 미진조尾津組(오즈구미) 등 유력 폭력단들이 경비 참가를 표명했다. 나아가 각지의 우익단체들도 이를 따랐다. 대동숙이나 생장의 집과 같은 신도 계열 단체도 경비 참가를 자청했다.

그리고 이를 통합하기 위해 자민당은 '아이크 환영 실행위원회'(하시모토 도미사부로橋本登美三郎 위원장)를 조직했다. 앞서 언급한 《우익사전》에 따르면, '아이크 환영 실행위원회'는 바쿠토 1만 8,000명, 데키야 1만 명, 옛 일본군 군인과 종교 관계자 1만 명, 우익 4,000명, 그 외 5,000명 총 4만 7,000명에게 경비를 맡기기로 계획했다. 경비에 필요한 노보리幟*, 완장, 배지, 무기가 될 곤봉은 물론, 헬리콥터나 경비행기까지 준비했다. 물거품으로 끝난 '반공발도대' 구상이 되살아난 듯한 포진이었다.

그런데 아이크 방일 직전인 6월 15일, 국회 앞에서 반대운동에 참가했던 도쿄대생 간바 미치코가 사망했다. 이 사건은 국민들에게 큰 충격을 주어 반대운동이 더욱 격화되리라 예측했다. 이런 상황에서 '아이크 방일'은 도리어 불에 기름을 붓는 결과가 될 수 있다는 의견이 자민당 내에서도 계속 나와, 결국 '아이크 방일'은 연기되었고 자민당이 지휘하는 '야쿠자·우익연합'의 출현은 또다시 불발로 끝났다.

폭력 장치로서 우익

두 번에 걸친 무법자 대동원 계획은 실패로 돌아갔지만, 지난번과 마찬가지로 우익과 야쿠자의 상호 교류는 활발해졌다. 한편 우익에 의한 직접 행동이 문제가 된 것도 1960년대 전반이었다. 아사누마 사회당 위원장 살해 사건(1960년), 주오 코론사 사장 저택 습격 사건(시마나카 사건, 1961년) 등의 테러가 연달아 발생했다. 두 사건 모두 대일본애국당 당원 출신이

★   좁고 긴 천을 장대에 매달아 세운 것.

저지른 일이었다.

후자의 사건은 《주오코론中央公論》 1960년 12월호에 발표된 후카자와 시치로深澤七郎의 소설《풍류몽담風流夢譚》이 발단이되었다. 소설 속에 천황 일가를 야유하는 듯한 장면이 포함되어 그것을 문제로 본 대일본애국당 소속 소년(17세·사건 당일탈당)이 주오코론사 사장 집에 침입하여 사장 부인에게 중상을 입혔고, 그것을 막으려던 가정부를 살해한 것이다.

이 사건이 언론에 끼친 영향은 컸다. 있는 그대로 말하자면, 우익 테러에 대한 공포심 때문에 황실에 관해 언론은 강제로 위축될 수밖에 없었다. 이후 오늘날에 이르기까지, '천황의 전쟁 책임'을 비롯해 황실을 정면으로 비판하는 상업지는 거의 없다. 기자들은 황실 보도에 관해서는 폭력 장치로서우익의 존재에 기가 눌려 압박을 받았다.

2000년에 월간지《소문의 진상》편집부가 일본청년사구성원에게 습격당한 사건은 앞서 다뤘는데, 이 사건 외에도적지 않은 출판사들이 황실 보도를 둘러싸고 우익의 항의를받아왔다(다카라지마샤寶島社나 분게이슌쥬文藝春秋 사장 저택은 총격을 받았다).

언론에 대한 테러는 아니지만, 1990년에는 "(쇼와) 천황에게 전쟁 책임이 있다"고 발언한 모토지마 히토시本島等(나가사키 시장)가 우익단체 '정기숙正氣塾(세이키주쿠)' 간부에게 습격당하는 사건도 있었다. 이 발언을 둘러싸고 자민당의 발언철회 요구 외에, 전국의 우익단체들이 나가사키에 모여들어거리 선전 등의 활동을 펼쳤다. 하지만 모토지마는 발언을 철회하지 않아 테러의 표적이 된 것이다.

삼무 사건

이 시기, 일본 우익의 역사에서 결코 무시할 수 없는 사건이 하나 있다. 삼무 사건三無事件—1961년에 벌어진 전 일본군 장교와 우익 학생들을 중심으로 한 쿠데타 미수 사건이다. 나가사키에 있는 조선회사 가와나미공업川南工業의 전 사장인 가와나미 도요사쿠川南豊作가 쿠데타의 입안자였다. 자위대의 협력을 얻은 다음 국회를 습격하고, 정부 요인을 암살해서 우익 임시정부를 수립하려던 쿠데타 계획으로 가와나미 등 주모자들이 '삼무주의三無主義'(전쟁이 없고, 세금이 없고, 실업이 없는)에 의한 사회 건설을 지향했기 때문에 삼무 사건이라고 불렀다.

이 쿠데타 계획은 사전에 정보가 경찰에 새나갔기 때문에 실행에는 이르지 못했으며, 관계자들은 살인예비죄 등으로 검거되었다. 덧붙이자면 파괴활동방지법 적용 제1호 사건으로도 기록되었다.

계획 입안자인 가와나미는 전전에 정어리 토마토절임 통조림공장을 세워 부를 얻었다. 그 뒤 조선업에 진출해 해군에 납품하는 군수공장을 나가사키에서 운영하며 가와나미공업을 일본 유수의 함선 건조 회사로 키웠다. 전후에는 군과의 관계 때문에 공직 추방 처분을 받았고, 노동쟁의나 경영진의 내분 등도 겹쳐 1959년에는 경영에서 손을 뗐다. 사건 당시

가와나미공업은 예전 같은 대기업의 흔적은 찾아볼 수 없었고 이미 도산 직전의 영세기업으로 전락한 상태였다.

가와나미가 삼무주의에 기반을 둔 쿠데타 계획을 갖게 된 정확한 경위는 밝혀지지 않았다. 원래 갖고 있던 우익 사상뿐 아니라 노동쟁의를 경험하면서 심해진 반공 사상과 경영 악화에 따른 압류 처분 상황이 겹쳐 , '삼무' 중 세금이 없는 사회를 동경하는 마음이 생겼다고 한다. 그런 상황에 때마침 사회의 적화를 우려하던 전직 군인들과 교류하면서 생긴 나라를 걱정하던 마음이 쿠데타로 발전했다고 보는 견해가 일반적이다.

실행 부대의 리더를 만나다

2013년 봄에 있었던 일이다. 나는 사건의 주모자 중 한 사람인 시노다 에이고篠田英悟를 찾아갔다. 이미 90세의 고령이 된 시노다는 요코하마 시내의 허름한 아파트에서 혼자 살고 있었다.

문 앞에 서 있으니, 실내에서 노기를 품은 큰 목소리가 들려왔다.

"일본인으로서 어떻게 살아야 하는가! 미국은 어디까지 일본을 계속 파괴하고 있는가!"

소문으로 들은 그대로였다. 시노다는 하루 종일 계속 선동 연설을 하고 있었다―관계자나 주변 사람들이 그렇게 알려줬다.

시노다는 제2차 세계대전 중에 해군 항공대에 소속되어 있었다. 전후에 가와나미의 심복이 되어 가와나미공업의 노조 대책일을 맡아 노조 파괴꾼으로 활약했다. 쿠데타 계획에서는 우익 인사나 학생을 이끄는, 사실상 실행 부대의 리더 역할을 맡았다.

아파트 문을 계속 두드렸지만 아무런 대답도 없었다. 90을 넘긴 노인이라고는 생각할 수 없는 위압적인 목소리로 "우리 민족의 긍지"니, "썩어 빠진 정계"와 같은 맥락 없는 문구를 계속 외칠 뿐이었다.

어떻게든 시노다에게 말을 걸어보고 싶어 아파트의 주인에게 물어보니, 친절한 주인은 사다리를 타고 올라가 베란다를 통해 불러보면 어떻겠느냐는 제안을 했다. 시노다는 귀가 멀어서 아무리 현관문을 두드려도 나오지 않아서 주인 자신도 사다리로 접근하는 경우가 있다고 했다.

주인 말대로 나는 2층 베란다에 사다리를 걸었다. 예상대로 시노다는 베란다 창문을 열어둔 채 누워 있었다.

"취재 때문에 왔습니다"라고 쓴 종이를 시노다에게 보여주자, 특별히 당황해하지 않고 "그렇다면 현관으로 들어오시오!"라고 화를 내듯이 소리쳤다.

다시 현관 앞에 서자 문이 열렸다.

"집이 이런 상태니까 각오를 하고 들어오시오!"

다다미 6장 크기의 일본식 집이었다. 다다미는 거의 썩어가고 있어서 질퍽거리는 느낌이 발바닥으로 전해졌다. 벽에는 교육칙어가 걸려 있었다.

티셔츠, 반바지 차림의 시노다는 실제 나이보다 젊어 보였다. 다리와 허리는 약한 듯했지만, 유도 선수와 같은 체격은 가득 위압감을 주었다. 하루 종일 깔아놓은 듯한 이부자리에 쿵 하고 소리를 내며 앉으면서 눈을 딱 부릅뜨고, "무슨 말을 듣고 싶소?"라고 내 앞으로 얼굴을 내밀면서 말했다. 삼무 사건에 대해서 알고 싶다고 하자, 시노다는 등을 쭉 펴고, 이번에는 눈을 감고 단숨에 술술 말했다.

"때는 쇼와 35년(1960년) 6월! 소련, 중공, 일본사회당에 선동당한 수만의 좌익 학생들이 안보조약 체결을 저지하기 위해 매일 국회의사당을 포위했소. 당시 기시 총리는 시부야구 난페이타이南平臺에 있는 자기 집에서 울고 있었소. 이대로 두면 일본이 적화되고 만다. 그래서 우리가 떨쳐 일어났던 거요!"

이른바 1960년 안보 투쟁을 묘사하는 모습이었다. 이야기를 늘어놓는 그의 모습은 마치 샤쿠다이釈台* 앞에 선 강담사講談師**를 보는 듯했다.

"우리는 각 방면에서 우국지정을 가진 청년을 모아 제국 군인과 함께 적화혁명 저지와 삼무 실현을 위해……"

강담조의 연설이 이어졌다. 사실 관계는 다르지 않았다. 1960년 안보 투쟁의 고조가 삼무 사건의 방아쇠가 되었다는

★　일본 전통 예능인인 강담사의 앞에 놓는 대.
★★　일본의 전통 예능인을 가리키며 주로 책을 읽어주거나 이야기를 읊는다.

사실은 재판 자료를 통해서 밝혀졌다.

좌파에서 우파로 전향한 이유

쿠데타 계획의 개요는 아래와 같다.

① 정기국회 개원식이 열리는 날(12월 9일), 무장한 약 200명의 인원으로 국회에 돌입하여 점거한다. ② 각료 전원을 감금하고, 저항하는 자는 사살한다. ③ 보도 통제를 시행한다. ④ 자위대는 중립에 서도록 교섭하고, 진압 부대의 출동은 내부 협력자가 억제하도록 한다. ⑤ 계엄령을 시행한다. 삼무주의를 구호로 하는 임시정부를 수립한다. ⑥ 용공적인 정치가, 노조 지도자 등을 숙청한다.

위험천만의 계획이지만 실제 내용은 조잡하기 이를 데 없었다. 압수된 무기도 일본도 여덟 자루, 라이플총 2정과 방독면 정도였다. 게다가 별다른 경계도 하지 않고 복수의 자위대원에게 계획을 털어놓는 등 정보 관리도 안일했기 때문에 준비 단계에서 경시청이 알게 되어 관계자 22명이 살인예비죄, 총도법 위반 등의 혐의로 체포되었다. 시노다도 징역 1년 6개월의 판결을 받고 감옥에 들어갔다. 그 후에는 세상에 얼굴을 드러내지 않고, 요코하마의 아파트에서 40년 이상이나 계속 살고 있었다.

시노다는 전쟁이 끝나고 얼마 지나지 않았을 때, 규슈의 '일본혁명국기동지회日本革命菊旗同志会'에 참가했다. 국기동지회는 종전 직후에 결성된 우익단체인데, 철저한 반공 노선을 내세우면서도, 전전의 우익을 "전쟁에 편승한 관념론자", "반동"이라고 비판하고, 게다가 인종·민족·국적에 따른 차별 정책 반대를 주장하는 등 전후파 우익의 "별종"으로 주목을 받았다. 규슈 각지의 기업, 탄광 등에도 지부가 있었으며, 공산당 세력에 대항하기 위한 "노동쟁의 파괴" 활동도 했다.

이 조직의 고문은 하라 세쓰코原節子*가 주연한 〈녹색의 고향綠の故鄕〉, 〈여인麗人〉 등의 영화를 찍은 영화감독 와타나베 구니오渡辺邦男**였다. 이 와타나베의 경력도 흥미롭다. 와세다대학 학생 시절, 나중에 일본사회당 위원장이 되는 아사누마 이네지로 등과 "가장 합리적인 새로운 사회의 건설"을 주장하는 사회운동 조직인 '건설자동맹' 결성에 참가했다. 건설자동맹은 당시 도쿄제국대학의 신인회新人会와 더불어 가장 잘 알려진 리버럴파 학생단체였다.

대학 졸업 후에는 영화사 닛카쓰日活***에 입사했다. 영화인으로 인생을 걸게 되었지만, 사상적으로는 우익으로 전향했다. 그러면서 '국기동지회' 창설에 관여했다. 전후의 도호

---

* 　1920~2015. 일본의 배우. 제2차 세계대전 이전부터 활동했으며 일본적인 미를 잘 연기한 배우로 유명하다. 전쟁 중에는 프로파간다 영화에 자주 출연했으며, 전후에는 오즈 야스지로小津安二郎 감독의 가족 영화 등에 자주 출연했다. 1963년에 은퇴했는데, 그 후 죽을 때까지 공식적인 활동을 하지 않았다.

** 　1889~1981. 일본의 영화감독. 와세다대학 재학 중일 때 좌익운동을 했으나 전향했다. 이후 1928년 영화감독으로 데뷔했는데 영화를 제작하는 속도가 빨랐기 때문에 '빨리 찍는 감독'이라는 별명을 얻었다. 전후 1957년에 메이지 천황과 러일전쟁을 다룬 영화 〈메이지 천황과 일러대전쟁明治天皇と日露大戦争〉을 제작해 성공을 거뒀다.

*** 　1912년에 창립하여 현존 중인 일본의 가장 오래된 영화사.

쟁의(종전 직후 영화사인 도호東寶에서 발생한 쟁의. 미군이 진압에 투입되는 등 전후 최대의 노동쟁의로 불린다)에서는 국기동지회 일원으로 회사 쪽에 서서 노조를 적으로 대하며 싸웠다. 그 후 오락 노선으로 흥행에 성공한 신도호新東寶의 창설에도 관여했다. 좌익에서 전향한 와타나베의 인생 또한 아카오 빈, 후쿠다 소겐 같은 전전파 우익과 겹치는 면이 있다.

하지만 왜 좌파에서 우파로 전향한 활동가가 이렇게나 많을까? 사회학에서는 1930년대를 '전향의 시대'로 부르는 경우가 많다. 당시에는 관헌의 압박도 컸을 것이다. 사회주의자라고 말하기만 해도 체포되던 시대였다. 거듭되는 탄압이 사상의 지속을 허락하지 않았다. 예를 들면 전전의 공산당 활동가의 대부분은 옥중에서 전향했다. 매우 혹독한 취조 때문에 삶을 바꾼 자들이 적지 않았다. 그렇지만 원래 사회에 깊은 관심이 있었기 때문에 좌익이 된 사람들이었다. 좌익 사상을 버렸어도 사회에 대한 관심까지는 버리지 않았다. 그들은 축적된 지식을 살리는 장으로 우익에 접근했다. 또한 전전의 우익은 황국 사관을 가지고 있으면서 국가사회주의자이기도 했다. 문자 그대로 국가주의와 사회주의를 융합한 것인데, 이 때문에 좌익에서 우익으로 전향할 때 반드시 사회주의자라는 입장을 버릴 필요는 없었다. 전향의 울타리는 그만큼 낮았다고 할 수 있다.

물론 전향을 그 이유들만으로 합리화하기는 어렵다.

요시모토 다카아키吉本隆明는 《전향론転向論》에서 전전의 전향자가 전후에 다시 전향하지 않은 사실을 들어, 탄압이나 가

혹한 취조와 같은 외적 요인을 전향 이유로 드는 것을 부정했다. 대신 요시모토는 현실을 마주했을 때 생기는 "고립에 대한 자성自省"을 지적했다. 즉 자기 안에서 이루어진 사상의 변화였다.

"이치에 맞지 않고 하잘것없어 보이던 일본적인 정황이 그 나름대로 자족할 만한 존재라는 것을 인식함으로써 (사상의 변화가) 나타난다."《전향론》)

알기 쉽게 말하자면, 천황제나 일본의 토착 사상이라는 것이 "그 정도로 나쁘지는 않다"고 인식함으로써 압도적인 현실을 알고, 받아들이고, 가지고 있던 이상의 패배를 인정한다는 것이다.

괴승 이케구치 에칸

그런데 강담조로 계속 떠들던 시노다가 삼무 사건의 '동지'로, 예전부터 "불꽃 행자炎の行者"로 알려진 괴승 이케구치 에칸池口惠觀의 이름을 언급했다. 한때는 나가타정永田町의 흑막, 정계의 라스푸틴 등으로 불리던 인물이었다. 정치, 경제, 예능, 스포츠 등 각 분야에 폭넓은 인맥이 있어 많은 저명인들이 그를 자주 찾았다. 모리 요시로, 고이즈미 준이치로, 아베 신조와 같은 역대 총리들도 그를 찾았다. 기요하라 가즈히로淸原和博, 가네모토 도모아키金本知憲 등 운동 선수Athelete들, 혹은 가도카와 하루키角川春樹*, 이에다 쇼코家田莊子와 같은 언론 관계자들도 그를 찾았다. 모두 이케구치의 신봉자들이었다. 일본 청년사를 비롯한 우익단체와 관계가 깊으면서도 그는 북조선을 여러 번 방문했고, 조선총련 본부 빌딩 매수에 나섰을 때는 "북의 앞잡이"라는 비판도 받았다.

그 이케구치는 오스미반도大隅半島의 거의 중앙에 위치한 가고시마현鹿児島県 히가시구시라정東串良町의 가시와라柏原라는 마을에서 1936년에 태어났다. 지금도 둘러보기만 해도 논밭만 있는 한적한 시골 동네이다.

이케구치의 본명은 사메지마 마사즈미鮫島正純이다. 이케구치 에칸이라는 이름을 쓴 것은 대학 시절 부모가 이혼한 다음부터이다. 덧붙이자면 고이즈미 준이치로 전 수상의 아버지인 준야小泉純也**는 같은 현내에 있는 가와베군川邊郡(지금의 미나미사쓰마시南さつま市) 출신으로 원래 성은 사메지마였다. "두 사메지마 집안은 먼 친척에 해당한다"라고 이케구치는 말했다. 이케구치의 말에 따르면 생가는 무로마치室町 시대로부터 500년 이상이나 계속 이어진 슈겐도修験道***의 행자 집안으로,

---

*　　　1942~ . 일본의 실업가. 교수이자 출판사 가도카와쇼텐角川書店의 사장인 아버지에게서 회사를 물려받아 출판계에서 성공한 후 영화 제작에 뛰어들어 다양한 흥행작을 제작했다. 그러나 회사 재정 문제와 경영권을 둘러싼 동생과의 다툼에 이어 마약 단속법 위반 및 횡령 혐의로 구속되어 회사에서 쫓겨났다. 출소 후에는 다시 영화 사업에 뛰어들어 〈남자들의 야마토男たちの大和/YAMATO〉 등을 제작했다.

**　　1904~1969. 일본의 정치가. 1937년에 중의원 선거에 출마해 당선되었다. 전시에는 대정익찬회의 추천을 받아 의원직에 당선되었기 때문에 전후에 공직 추방 처분을 받았다. 추방이 해제된 후 중의원 의원으로 정계에 복귀하여 방위청 장관 등을 지냈다. 고이즈미 준이치로 전 수상의 아버지이다.

아버지는 신곤종眞言宗 승려였다.

"그 집안은 스님이라기보다는 무당 같은 짓을 했었지."

그곳을 방문했을 때, 그 고장을 잘 아는 노인이 그렇게 대답했다.

이케구치는 현지의 시부시志布志고교를 거쳐 와카야마현和歌山県의 고야산高野山대학에 진학했다. 고야산 신곤종이 경영하는 종문립宗門立 대학이다. 일반 대학으로 진학해서 언젠가는 신문기자나 파일럿이 되고 싶은 꿈도 있었다고 하지만, 이케구치를 후계자로 결정한 부모의 권고를 거스를 수는 없었다. 대학 시절에는 스모부의 각광을 받는 선수라서 전국 학생 선수권 대회에서 '서른두 명의 우수 선수'로도 뽑혔다. 이때 똑같이 '서른두 명의 선수'로 뽑힌 한 명이 도쿄농업대학의 나가하마 히로미쓰長濱廣光로 나중에 그는 '도요야마豊山'라는 이름으로 고무스비小結****가 된다. 이케구치는 대학을 졸업한 후 인쇄회사에서 샐러리맨 생활을 했지만, 체질에 맞지 않아 반년도 채우지 못하고 퇴사했다. 그리고 규슈로 돌아왔다.

앞으로 무엇을 해야 하며, 어떻게 살아야 할 것인가? 일과인 호마행護摩行을 계속하면서 젊은이 특유의 고민으로 괴로워했다.

*** 일본의 원시적인 산악신앙과 밀교가 혼합된 것으로 사람이 살지 않는 깊은 산속에서 초인적인 수행을 쌓아 영적 힘을 체득하는 것을 말한다.
**** 일본의 프로 스모 경기인 오즈모大相撲에 출정하는 스모 선수의 지위로, 천하장사에 해당하는 요코즈나橫綱로부터 네 번째에 해당한다.

국회 잠입

1960년에 있었던 일이다. 이케구치의 친구의 형인 시노다가 이케구치를 찾아왔다. 가와나미의 부하로 쿠데타 지휘를 맡고 있던 시노다는 뜨거운 애국심을 가졌다는 평판을 받는 이케구치에게 계획을 털어놓았다. 이케구치가 학생 스모의 전 유력 선수였고, 체력도 있고, 성격도 격렬한 점이 포섭 대상이 된 이유였다.

"공산혁명을 저지하기 위해 예방 혁명을 계획하고 있어. 혁명을 위해서 지금 국회에 잠입할 사람을 찾고 있네. 자네가 꼭 해줬으면 하네. 일본을 빨갱이들로부터 보호하는 중요한 역할을 맡아주게."

시노다가 열심히 '설득'했던 이케구치는 취재하러 온 내게 다음과 같이 대답했다.

"당시 이대로 행자로 살기도 그렇다는 생각도 했고 몸 바쳐 투쟁하는 세계를 동경하기도 했습니다. 물론 공산혁명으로부터 불교를 지키자는 위기감도 있었고, 게다가 위험한 '일'이라는 점도 알고 있었는데 어느새 그런 감정이 더 커졌습니다."

이렇게 해서 이케구치는 상경했다. 쿠데타 주모자인 가와나미 도요사쿠의 소개장을 들고 나가사키현에서 선출된 국회의원 바바 모토하루馬場元治의 비서가 되었다.

"국회 내부의 구조를 조사하는 것이 저가 해야 하는 역할이었어요. 도서실에서 국회 설계도를 가져와서 경비원이 어디에 배치되는지도 조사했지요."

돌격·점거를 원활하게 진행하기 위해 필요한 도면 작업이었다. 하지만 그때 이미 경시청은 쿠데타 계획을 탐지하고, 가와나미와 시노다 등의 행동을 주시하고 있었다.

조선인 노동자를 공양하다

1961년 12월 12일, 우선 가와나미, 시노다 등이 체포되었다. 실은 그 전날에 이케구치는 "이상한 예감이 들어서" 국회편람에 빨간 연필로 표시한 '사형 리스트'를 불태웠다. 이 리스트가 남아 있었더라면 세상은 더 시끄러워졌을 것이다.

이듬해 1월 이케구치도 파괴활동방지법 위반 혐의로 체포되었다. 이케구치는 20여 일 동안 구류되었다가 기소유예 처분을 받았는데, 이 며칠간의 '옥중 체험'이 그에게 하나의 전환점이 되었다.

"저 자신을 돌아보는 계기가 되었고, 행자로 다시 살아가기로 결심했습니다. 행자로서 자각이 부족했기 때문에 아무래도 정치에 홀렸던 듯싶어요."

이케구치는 '옥중 체험'을 마치고 가고시마로 돌아가 수행의 길에 전념했다.

한편 나는 시노다의 운전사로 쿠데타 계획 멤버 중 한 명인 고가 요시히로古賀良洋(이케구치의 고야산대학 후배)를 찾았다. 그만큼은 사건을 냉담하게 보고 있었다.

고가는 씁쓸하게 웃으면서 말했다.

"세간에서는 삼무 사건을 '전후 첫 쿠데타 계획'이라고 띄우는 사람도 있더군요. 하지만 그 사건은 장사, 국사인 척하는 무리가 저지른 상상뿐인 전쟁놀이에 불과해요. 이케구치 씨는 아무것도 몰랐잖아요? 국회 잠입이니 하는 건 과장된 표현입니다. 실제 그는 그저 말단 비서로 들어갔던 것뿐이에요. 시간이 지나니 점점 이야기가 부풀어졌으니까요."

이이즈카시飯塚市(후쿠오카현)의 간논지觀音寺 주지로 있던 고가는 2015년에 사망했다. 젊은 시절 고가는 '애국', '구국' 때문에 '전쟁놀이'에 가담했지만, 만년에는 전시에 현지 탄광 등에서 목숨을 잃은 조선인 노동자를 공양하는 데 힘썼다.

"다른 나라 땅에서 죽은 조선인들의 원통함을 생각하면 일본인으로서 책임을 느낍니다."

그가 내게 말했다. 현지에 사는 재일코리안의 신망도 두터운 인물이었다.

이런 삶을 고른 '국사'도 있었다.

전후 일본을 대표하는 우익

1963년 폭력단과 우익의 대동단결을 꾀한 연합 조직 '관동회關東会(간토카이)'가 탄생했다. 그들에게 참가를 호소한 이는 우익계의 거물 고다마 요시오였다.

고다마는 1911년 후쿠시마현에서 태어났다. 여덟 살에

폭력단과 우익의 대동단결을 외쳤던 고다마 요시오. 사진은 전범 용의자로 수감됐을 때의 모습이다.

조선으로 건너가 경성(지금의 서울)에서 고등학교를 나온 뒤 일본으로 돌아왔다. 고다마가 우익운동에 투신하게 된 것은 1929년 무렵으로, 아카오 빈이 간부로 참가했던 우익단체 '건국회建國会(겐코쿠카이)'에 가입하면서부터였다. 건국회에 적을 두고 있을 때 두목격인 아카오의 집 주변에 있는 버스회사에서 노동쟁의가 일어났다. 회사와 노조가 한창 격렬하게 충돌하고 있을 때, 고다마는 버스회사 사장을 찾아갔다. "마무리 지어줄 테니까 군자금을 달라." 그러고는 버스회사의 돈을 챙겼다고 한다. 20세 전후의 나이 치고는 일찍부터 막후 교섭이 특기였다.

'건국회'에서 우익 인사와 교류를 가지며 인맥을 확장한 그는 이번에는 '급진애국당急進愛國黨', '대일본생산당大日本生産黨' 등의 우익단체 창설에 관여했다. 정계나 군에도 튼튼한 인맥이 생겼다.

전시에는 중국 상하이에 '고다마 기관'이라 불린 특무기관을 설립해 물자 조달이나 선무 공작을 맡았다. 고다마 기관의 본부는 상하이다사上海大廈(영문명 브로드웨이 맨션스Broadway Mansions)에 있었으며, 이 건물 가장 꼭대기 층에는 '동양의 마타하리'라 불린 여자 스파이 가와시마 요시코川島芳子*가 살았다고 한다. 고다마 기관은 구리, 윤활유, 백금 같은 군수물자를 모아 해군에 납품했는데, 종전이 되자 은밀하게 이 군수물자를 일본으로 가지고 왔다. 이것이 훗날 고다마가 정재계에 침투할 때 쓴 군자금이 되었다. 귀국 후 고다마는 A급 전범 용의로 수감되었으나 곧 석방되었다. 그리고 다시 우익 활동에 복귀했다. 중국에서 가지고 돌아온 '군자금'을 무기로 다시 정재계와 돈독한 관계를 가졌다.

고다마가 폭력단과 우익의 단결을 외쳤던 이유도 역시 1960년 안보 투쟁 때문이었다. 좌익 세력이 성장하는 것을 보고 위기의식을 느꼈던 것이다. 고다마는 공산혁명의 위협이 다가오고 있는데도 우익과 야쿠자가 영역과 이권을 둘러싸고 싸우기만 해서야 되겠느냐는 생각을 하고 있었다.

---

*　1907~1948. 본명은 진비후이金璧輝, 청조의 황족 숙친왕肅親王의 딸로 일본의 대륙 낭인 가와시마 나니와川島浪速의 양녀가 되어 일본에서 교육받았다. 이후 관동군의 밀정이 되어 일본에 협력해 만주사변과 만주국의 탄생에 공을 세웠다. 전후에 체포되어 반역 혐의로 사형을 선고받고 1948년 3월 5일 베이징에서 총살되었다.

고다마의 호소에 여러 사람들이 '관동회'에 참가를 선언했다. 금정회, 주길회, 소림회, 동성회 등의 야쿠자 두목들, 그리고 히라이 기이치, 시라이 다메오^{白井爲雄}, 나카무라 다케히코^{中村武彦}, 오쿠토 다루모^{奧戶足百} 등 우익의 거물들이 그들이었다.

히라이는 제4차 요시다 내각에서 우정정무 차관을 맡은 정치가 출신이었다. 예전부터 고다마와 관계가 깊었으며, 이 당시에는 고다마가 설립한 행동 우익 공동투쟁 단체 '청년사상연구회^{青年思想研究会}' 상임자문위원으로 있었다. 시라이, 나카무라, 오쿠토 세 사람은 모두 신병대 사건(1933년 발생한 우익의 쿠데타 미수 사건. 앞서 서술함)에 연루된 바 있는 고참 활동가들로, 전후에는 오랫동안 우익 진영의 장로격으로 많은 단체를 키웠다.

국가권력이 키운 문제아

고다마가 설립을 촉구한 '관동회'는 말하자면 당시의 폭력단과 우익의 올스타가 집결한 조직이었다. 현재 바쿠토 계열 폭력단의 친목 단체인 '관동이십일회^{關東二十日会}(간토하타치카이)'는 이때의 '관동회'가 전신이라고 한다.

아타미(시즈오카현)의 호텔에서 열린 결성식에서 고다마는 다음과 같이 단결을 호소했다.

"어깨가 스쳤다느니, 체면을 잃었다느니 하는 하찮은 이유로 귀중한 생명과 에너지를 낭비하는 어리석은 짓은 이제

그만두고, 천하 국가를 위해 도움이 되는 일을 생각해주게
…… 일본에 좌익혁명의 위기나 천재지변이 찾아왔을 때 기
꺼이 희생해주시게."

또 관동회가 정한 강령은 다음과 같았다.

1. 우리는 세계의 평화와 국가의 번영에 기여하고 민주주의
   국가의 국민으로서 '책임을 갖고' 의무를 수행한다.
1. 우리는 자유민주주의를 옹호하고 추진하며 이를 방해하
   는 자를 가차 없이 분쇄하기 위해 철저히 싸운다.
1. 우리는 공산주의를 박멸하기 위해 전면적으로 투쟁하면
   서 국민의 애국 정신을 키운다.
1. 우리는 아시아의 자유주의 진영 국가와 적극적으로 협조
   할 것이며 아시아 대동단결이 실현되기를 염원한다.
1. 우리는 항상 민중의 편에 서서 일치단결하여 이유 여하를
   막론하고 민중에게 폐를 끼치는 자에게 맞선다.
1. 우리는 외부의 어떠한 단체에도 속하지 않으며, 관동회에
   가입한 단체들은 항상 자주독립적 입장과 국가적 견지에
   서 행동해야 한다.

'반공발도대 구상' 등이 밑바탕에 깔려 있다고는 하지만,
폭력단이 이처럼 명확하게 정치성을 표출한 것은 처음 있는
일이었다.

같은 시기 '관동회'에 참가한 폭력단과 우익은 각각 별개
로 자민당 소속 모든 국회의원에게 〈자민당은 즉시 파벌 항

쟁을 중지하라〉라는 제목의 유인물을 보냈다. 파벌 항쟁이 좌익의 신장을 낳고 있다고 주장하며 이에 항의하는 내용이었다. 우익단체 측이 보낸 유인물에는 "경고를 했는데도 전혀 반성하지 않고 이해를 하지 못한다면, 우리는 국가와 민족의 자위를 위해 즉시 자민당의 전면 해체를 요구할 수밖에 없다"라는 내용까지 들어 있었다.

자민당 입장에서 보면, 자기들이 키운 세력에게 위협당하는 꼴이나 마찬가지였다. 국가권력이 설치해놓은 커다란 덫이 국가권력을 위협하는 존재로 성장하고 만 셈이었다.

이때 자민당 관료 출신 의원들은 자민당을 도시형 정당으로 바꾸려는 시도를 하고 있었다. 각지 시골 보스가 중심이 된 토착형 정당에서 유동적인 도시 주민을 대상으로 한 도시형 정당으로 전환하는 걸 꾀했던 것이다. 자민당이 뒷골목 사회와 연계되어 있다는 게 밝혀지면 도시 주민에게 나쁜 인상만 줄 것이고, 혁신 세력에게 공격의 빌미만 주는 꼴이 될 것이다. 그런 점 때문에 일부 의원들은 폭력단과 우익과의 사이에 일정한 거리를 유지할 필요가 있다고 느꼈다. 우익 입장에서 보면, 이런 자민당 의원들의 행태는 방자한 짓처럼 여겨졌을 것이다. 국가권력의 폭력 장치로 실컷 이용했으면서 이미지 다운을 두려워해서 절연하려고 하니, 이보다 더한 모욕도 없었다.

관동회의 결성은 공산혁명에 대한 대항 조치로 이루어진 것처럼 보였지만, 실제로는 우익이 자민당을 향해 보내는 경고 메시지였다. "우리를 버려도 좋은가?"

폭력단과 우익이 자민당에 반발하면서 "공동보조"를 취하자 일본 사회의 "우익관"도 바뀌었다. 폭력단이 우익으로 위장한다고 보는 사람도 많아졌다.

실제로 양자의 경계는 애매해졌다. 민족운동에서 벗어나 총회꾼 등과 함께 기업을 공갈하는 무리도 생겼다. 기업에 경비원으로 고용되어 노조를 파괴하는 데 '앞장서는' 자들도 있었다. '반공', '애국'을 대의명분으로 삼아 자기 멋대로 행세하는 집단이 등장하게 된 것이다.

과연 이것이 우익 본래의 모습인 걸까?―우익 사상을 가진 사람 중에 이렇게 생각하는 사람이 있어도 이상하지 않은 상황이었다. 구도자처럼 황도의 길을 가는 대동숙 같은 '정통(순정) 우익'과 폭력단과 다를 바 없는 '행동(거리 선전) 우익'. 이 두 우익이 차지하고 있던 우익의 세계에 새로운 조류가 태어나고 있었다.

신우익―문자 그대로 '새로운 우익'은 종래의 우익상을 뒤엎는 방식으로 그 모습을 드러냈다.

4 장

신우익의
탄생

우익과 아이돌

　　교실 한가운데에는 패션쇼 등에서 모델이 걷는 무대와 같은 런웨이^{runway}가 설치되어 있었다. "예, 가볼까요!" 강사의 우렁찬 목소리에 맞춰 미니스커트 차림의 여성들이 런웨이를 걷는다. "등을 쭉 펴고! 발가락 끝까지 신경을 쓰면서!"

　　서일본단기대학(후쿠오카시) 미디어프로모션학과. 다른 대학 교육 현장에서는 볼 수 없는 '아이돌 양성' 강의 풍경이다. 이곳에서는 아이돌이나 모델을 지망하는 학생들이 춤이나 노래, 워킹, 또는 미디어론 등을 배우고 있었다. 이 학과는 2011년에 설립되었는데, 학생들 중에서 실제로 아이돌 그룹이나 모델, 리포터가 배출되었다.

　　교실 구석에서 레슨 풍경을 엄격한 표정으로 지켜보고 있는 남성이 있었다. 우시지마 도쿠타로^{牛嶋德太朗}(67세). 이 대학 교수로 미디어프로모션학과를 만든 사람이다. 근대 일본 정치사상사 연구자이자 국가사회주의를 신봉하는 우익 사상가이기도 하다.

"잠시 보여드릴 게 있습니다."

우시지마는 이렇게 말하며 우익과 아이돌의 조합에 어리둥절한 상태인 나를 근처 의상실로 데리고 갔다. 행거에는 코스튬이 걸려 있었다. 다양한 색깔의 의상들은 모두 아이돌 유니트들이 입는 것이었다. 색깔도 스타일도 다양했다. 일치되게 나란히 늘어선 가슴 단추가 특징인 밀리터리 의상도 눈에 띄었다.

"제 취미지요." 미소도 짓지 않고 진지한 표정으로 우시지마가 말했다.

"어딘가 '방패회楯の会(다테노카이)' 제복과 비슷하지 않나요? 뭐라고 하면 좋을까요. 그러니까 우리가 키우는 아이돌은 저에겐 방패회 같은 존재입니다."

그렇다면 우시지마 씨는…… 하고 말을 걸려는 찰나 우시지마가 선수를 쳤다.

"제가 (방패회를 만든) 미시마 유키오라는 뜻이지요. 이루지 못한 꿈을 이런 식으로 좇아가고 있어요."

그는 변함없는 진지한 표정으로 진심인지 농담인지 모를 말들을 계속 했다. "이거 꽤 좋지요?" 그가 의상 중 한 벌을 쥐고는 내게 보여주었다. 야마모토 간사이山本寬齋가 디자인한 옷이라고 했다.

'방패회'의 가입 조건

실제로 우시지마는 '방패회'에 "들어갈 기회를 놓친" 경험이 있었다.

후쿠오카현 출신인 우시지마는 1969년 와세다대학에 입학했다. "정치의 계절"이었다. 학원 분쟁의 폭풍이 몰아쳤다. 그해 무파벌 급진파nonsectradical 조직인 '반전연합反戰連合'이 주체가 되어 학생회관을 점령했다. 이때 정경학부장실 점거 문제를 둘러싸고 신좌익·반요요기(반일본공산당) 계열과 요요기계열*(일본민주청년동맹=민청) 학생들 사이에 격렬한 공방전이 벌어졌다.

이런 상황에서 뿌리에서부터 우익 소년이었던 우시지마는 입학하자마자 우파 계열 문화 서클인 '상지회尚志会(쇼시카이)'를 찾아갔다. 일본사상사 등을 연구하던 이 모임은 나중에 '방패회' 1기생이 되는 아베 쓰토무阿部勉(당시 와세다대 법학부생)가 만들었다.

우시지마는 그 아베에게서 미시마 유키오가 결성한 민병 조직인 '방패회'의 존재를 알게 되었다. 꼭 참가하고 싶다고 청원했다.

"그런데 결과적으로 저는 '방패회'에 들어가지 못했어요. 체구가 작았기 때문에 '징병검사'에서 떨어지고 말았거든요."

★　1960~1970년대의 정치 용어로 일본공산당과 그 집행부를 가리킨다. 요요기역이 일본공산당 본부와 가장 가까웠기 때문에 그렇게 불렸다. 신좌익은 구좌익인 일본공산당과 결별했다는 의미를 담고 있다. 그래서 이들을 반요요기파라고 불렸다.

방패회의 최저 입회 조건은 "자위대에 체험 입대해서 군사 훈련에서 탈락하지 말 것"이었다. 당시 체중이 45킬로그램에 불과했던 우시지마는 자위대 체험 입대마저 하지 못하고 그 문턱에서 쫓겨나고 말았다. 어쩔 수 없이 우시지마는 '상지회'에 출입하며 역시 우파 계열 서클이었던 '국책연구회國策研究会'에도 참석했다. 국책연구회는 1960년에 발족한 민족파 학생 조직인 '일본학생회의日本學生会議'(약칭 JASCO=쟈스코. 말할 필요도 없겠지만, 대형 슈퍼마켓*과는 관계가 없다)의 하부 기관이었다. 이것이 계기가 되어 우시지마는 쟈스코 활동가로 성장했다. 이듬해 1970년에는 기관지《쟈스코ジャスコ》의 편집 책임자가 되었다.

민족파 학생운동의 등장

쟈스코는 원래 전전의 국가주의 단체인 현양사의 총수 도야마 미쓰루의 영향을 받아 1952년에 결성된 순국청년대殉國青年隊의 학생 조직이었다. 애초에는 각 대학 응원단 관계자가 중심이 되어 조직했지만, 1967년 와세다대학의 야마우라 요시히사山浦嘉久가 의장이 된 후부터는 미국과 소련이라는 두 대국의 세계 패권 체제, 이른바 'YP(얄타, 포츠담) 체제' 타파를 기치로 내걸고 기존 우익과는 선을 그어갔다.

---

*   이온그룹이 운영한 슈퍼마켓 브랜드로 현재는 이온AEON으로 명칭을 바꾸었다.

샤스코는 'Y=얄타회담'에 의해서 미소의 패권 체제가 확립되었고, 'P=포츠담회담'이 일본을 미국의 지배 아래로 밀어넣었다고 규정했다. 샤스코는 이 'YP 체제'를 부정하고 '오른쪽에서 이루어지는 혁명'을 주장했다. 체제의 보완 세력이 되는 것을 거부하고, 폭력도 마다하지 않는다는 각오로 '혁명'을 지향한 것이다. 기존 체제를 파괴한다는 점에서는 신좌익과 통하는 부분도 있었다.

그때까지 우익이란 민족주의의 깃발을 내걸지만, 실상은 미국의 지배 체제에 붙어 자민당의 별동대처럼 행동하는 '반공'밖에 모르는 무리로 인식되었다. 대학에서의 실정도 마찬가지였다. 응원단이나 체육부 학생들이 중심이 되어 우익을 칭했고, 일반 학생들은 그들을 대학 당국의 '개'로 취급했다. 이런 이미지를 바꾼 것이 샤스코를 비롯한 일본학생동맹日本學生同盟(일학동), 전국학생자치체연락협의회全国学生自治体連絡協議(전국학협) 등 1960년대 후반에 갑자기 학원 분쟁 무대의 오른쪽에서 활약한 민족파 학생운동 단체들이었다.

그들은 종래의 우익을 부정, 혹은 뛰어넘는 것으로 자신의 존재를 규정했다. 그 뒤에는 신좌익 세력의 신장과 빈번하게 발생하는 학원 분쟁이라는 시대의 열기가 있었다. 1960년대 후반의 '정치의 계절'은 우익에게도 큰 전환점이 되었다.

새로운 우익의 계보

이 시절에 큰 비약을 보인 (어디까지나 순간적이었지만) 신좌익 세력은 전전부터 좌익의 상징이었던 일본공산당을 비롯한 기성 좌익을 권력에 잡아먹힌 존재라며 비판했다. 그리고 더 급진적이고 전투적인 직접 행동인 폭력 혁명 노선을 추진했다. 이것은 전 세계적인 흐름이기도 했다. 신좌익에게 사회주의 대국 소련은 스탈리니즘 관료가 지배하는 관료 국가에 불과했다. 미국에서도 학생들의 반란이 일어났고, 유럽에서는 파리의 5월혁명이 시작되어 거리는 분노한 청년들로 넘쳐났다. 일본에서도 신좌익에게 공산당이란 의회에서 권력과 친해진 '싸우지 않는 권위'였다. 신좌익은 그 공산당의 '권위' 타도를 기치로 내걸었다. 국가권력도 공산당도, 같은 카테고리 안에서 서로 짜고 치는 다툼만 벌이기에 함께 박멸해야 할 대상일 뿐이었다.

우익은 이 움직임에 자극을 받고 위기감을 느꼈다. 이 중에서도 가까운 곳에서 직접 신좌익 세력이 커가는 것을 목격한 학생층이 가장 큰 위기감을 느꼈다. 같은 세대의 젊은이들이 모든 권위를 부정하고, 본존本尊(공산당)마저 걷어차고 거리로 뛰쳐나왔다. 어느 정도 국민의 지지도 모았다. 노동자들도 데모에 호응했다. 거리에서 '캄파'*를 외치면, 샐러리맨들이나 상점 주인들이 헬멧 속에 푼돈을 넣어줬다. 대학교뿐 아니

---

* 러시아어 캄파니야кампания에서 유래한 단어로 자금을 모은다는 의미이다.

우파 학생운동, 신우익, 일본회의 계보

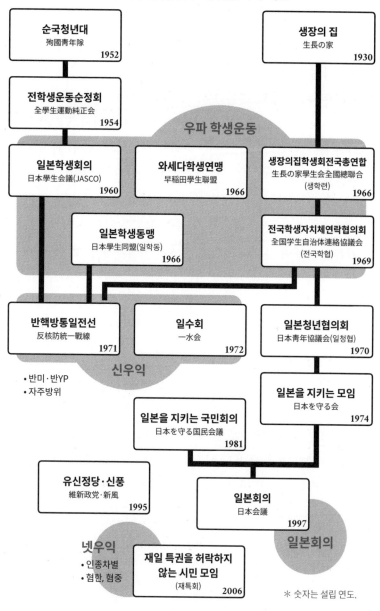

순국청년대
殉國靑年隊
1952

생장의 집
生長の家
1930

전학생운동순정회
全學生運動純正会
1954

우파 학생운동

일본학생회의
日本學生会議(JASCO)
1960

와세다학생연맹
早稻田學生聯盟
1966

생장의집학생회전국총연합
生長の家學生会全國總聯合
(생학련)
1966

일본학생동맹
日本學生同盟(일학동)
1966

전국학생자치체연락협의회
全国学生自治体連絡協議会
(전국학협)
1969

반핵방통일전선
反核防統一戰線
1971

일수회
一水会
1972

일본청년협의회
日本靑年協議会(일청협)
1970

• 반미·반YP
• 자주방위

신우익

일본을 지키는 모임
日本を守る会
1974

일본을 지키는 국민회의
日本を守る国民会議
1981

유신정당·신풍
維新政党·新風
1995

일본회의
日本会議
1997

넷우익

• 인종차별
• 혐한, 혐중

재일 특권을 허락하지
않는 시민 모임
(재특회)
2006

일본회의

＊ 숫자는 설립 연도.

라 고등학교에서도 전공투(전학공투회의全學共鬪会議)가 조직되어 교장실을 점거하는 경우도 드물지 않던 시대였다.

그런데 우익 쪽은 어디까지나 '반공' 일변도라서 미국을 추종하기만 하는 일본 정부에 항의하기는커녕 그들의 보완 세력으로서 기능할 뿐이었다. 우파 학생전선은 이런 일부 기존 우익이 무조건 수용하고 있는 전후 체제 파괴와 'YP 체제 타파'를 지향했다. "창조보다 파괴"야말로 당시 좌우 학생운 동의 특징이었으며, 그렇기 때문에 힘을 가질 수 있었다.

"기존 우익에게는 거의 흥미가 없었죠. 오히려 신좌익 무 리에게서 많은 것을 배웠던 것 같습니다"라고 우시지마는 그 때를 돌아보며 말했다. 신좌익은 라이벌임과 동시에, 전후 체 제 타도를 위한 동지이기도 했다.

분트를 동경하다

우시지마는 그 시절 도쿄 나카노구中野区에 있던 아베 쓰 토무의 집에서 정기적으로 학습회를 열고 있었다. 그 학습회 에는 나중에 피스캔 폭탄 사건(피스 담배캔을 이용해 일으킨 연속 폭파 사건)*의 '진범'이라고 스스로 밝힌 마키타 요시아키牧田吉

★   적군파 중앙군 등 3개의 운동권 그룹이 1969년 10월 24일 경시청 기동대 청사
에 피스 담배캔으로 위장한 폭탄을 투척하고, 같은 해 11월 1일 미국문화센터에 마찬
가지로 피스 담배캔이 담긴 소포로 위장한 폭탄을 보내 폭발시킨 사건이다. 경시청 기
동대 테러 사건에서는 희생자가 발생하지 않았지만, 미국문화센터에서는 직원 1명이

^明도 나왔다. 그 시절부터 마키타는 아나키스트로 이름을 떨치며, 전국의 신좌익뿐 아니라 일부 우익과도 교류했다. 미쓰비시그룹 간부의 아들이었던 마키타는 장발과 검은색 터틀넥, 청바지가 어울리는 미청년이었다. 신좌익의 스타로 우시지마의 눈에도 "눈부시게 보였다"고 한다.

우시지마가 소속된 쟈스코의 와세다대 지부는 아나키스트와 같은 검은색 헬멧을 쓰고 와세다대 전공투와 함께 투쟁했다. 우시지마 그룹은 와세다대 전공투의 '쇼와유신파', 혹은 그 폭력성 때문에 '우익 적군파', '파시스트 분트' 등으로도 불렸다.

나중에 적군파를 비롯해 다수의 분파를 낳은 분트**(공산주의자동맹)는 당시 신좌익의 최대 세력이었다. "실제로 그 분트를 동경했습니다"라고 우시지마는 말했다. "분트 무리는 행동이 과격할 뿐 아니라, 현대사상사는 물론 사회주의 이론에 해박했고, 이론 무장을 단단히 했습니다. 그들과 논전을 벌일 때마다 나 자신의 공부가 부족하다는 사실을 뼈저리게 느꼈습니다." 그 시절 우시지마의 손으로 발행된 기관지 《쟈스코》에는 〈비합리주의적 돌파〉, 〈결단주의에 의한 전후 상대주의 매장을〉이라는 난해한 제목들이 춤을 춘다.

부상을 입었다.
** 연합, 동맹, 주, 결사 등을 의미하는 독일어 Bund에서 유래했다. 일본의 공산주의자동맹의 명칭은 1848년 런던에서 독일인 망명자들이 조직한 공산주의자동맹Der Bund der Kommunisten에서 따온 것이다. 1958년 결성했다가 1960년 해체했으며, 1966년 재결성했으나 1970년 다시 해체되어 다양한 파벌로 분열되었다.

"전후 상대적 세상에서 일본의 지배자들은 공적 이데올로기로 무장하지 않았으며, 부끄러운 줄도 모르고 자기 자신의 보신에만 가치판단의 기준을 두고 거기에 관심을 집중한다."

이 독특한 표현은 우시지마의 말에 따르면 "분트의 영향을 받았다"고 한다.

검은 헬멧을 쓴 데모대

기관지에서 신좌익을 모방하기만 한 것은 아니었다.

1969년 11월, 쟈스코는 핵확산방지조약에 반대하여 외무성 국제연합국 군축실로 난입하는 직접 행동을 벌였다. 권력에 실력 행사를 함으로써 적의를 드러낸 것이다.

1968년에 조인하고, 1970년에 발효할 예정이던 핵확산방지조약은 핵 군축을 목적으로 미국, 소련, 영국, 프랑스, 중국 등 5개국 이외의 핵무기 보유를 금지하는 조약이었다. 우파 학생전선에게 이것은 '핵 확산 방지'를 명목으로 한 대국의 핵 과점 체제의 실현에 지나지 않았으며, 일본이 이를 비준한 사실은 미국의 핵우산 아래에서 예속을 강요받는다는 의미였다. '반미애국' 우파로서 이 사실은 신좌익의 '안보 반대' 투쟁에 필적할 만큼 중대한 것이었다.

1970년 쟈스코는 '반핵방'(핵확산방지조약 반대)을 위한 우익 공동투쟁을 내세웠고, 이듬해에는 쟈스코, 전국학협, 일학동통일파 등 학생 우익 3파로 구성된 '반핵방통일전선反核防統

一戰線'을 결성했다. 덧붙이자면 일학동통일파란 '반핵방'을 둘러싸고, 거기에 참여하기를 주저하는 주류파(와세다파라고도 불렸다)에 대항해서 생긴 분파이다.

1971년 12월 '반핵방통일전선'은 외무성 앞에 집결해 대규모 데모를 벌였다. 참가자들은 전원이 검은색 헬멧을 쓰고 일장기와 검은색 깃발을 들었다. 일장기만 없다면 신좌익과 거의 다르지 않은 시위 광경이었다. 이때 검은색 헬멧을 쓰고 외무성에 항의 성명을 낭독한 사람이 우시지마였다. 이날 집회가로 부른 것은 미카미 다쿠三上卓(전 해군 군인으로 국수주의자)가 작사한 〈청년 일본의 노래〉였다. 우시지마의 말에 따르면, 좌익의 〈인터내셔널가〉에 대항하기 위해 이 노래를 부르기로 했다고 한다. 국가권력의 목 아래에서 검은색 헬멧을 착용한 젊은이들이 기세를 올리고 있었다. 지금까지 본 적 없던 우익의 풍경이었다.

신우익의 정의

"정말로 이것이 신우익의 탄생이었습니다." 우시지마는 그렇게 강조했다.

일반적으로 '신우익'이라 하면 1970년대 후반부터 대두하는 일수회(나중에 서술)를 떠올리곤 한다. 하지만 우시지마는 이렇게 말했다. "1970년대 후반 이래, 제대로 된 우익운동 같은 건 없었습니다."

"1970년대 전반의 우파 학생전선, 그중에서도 쟈스코를 중심으로 한 반핵방통일전선이야말로 정확한 의미에서 신우익의 원류입니다. 반핵방통일전선만이 신좌익과 어깨를 나란히 했습니다. 전공투에도 참가해서 국가 체제와 투쟁했습니다. 본래 의미에서 새로운 우익은 반핵방통일전선이 출발점이며, 그 이후에는 거의 아무것도 이루지 못했습니다."

이것이 우시지마가 말하는 '신우익'이었다.

이쯤에서 이의를 제기할 '신우익 관계자'도 있으리라. '신우익'은 어디까지나 미디어가 이름을 붙였으며, 정확한 정의가 내려진 게 없다. 하지만 분명 우시지마는 그때까지의 우익과는 전혀 다른 지평을 열었다.

우시지마는 앞서 말한 폭탄남 마키타 요시아키와 그 후에도 친교를 계속 맺었다. 2002년에는 서일본단기대학의 《기요紀要》*와 인터뷰를 하며 '신우익'에 대해서 다음과 같이 말했다.

"저에게 민족파 학생운동은 쇼와 46년(1971년) '반핵방통일전선'에 모인 '일본학생회의'(쟈스코)를 비롯한 '일학동통일파'와 '전국학협'입니다. '일본학생회의'와 경쟁 관계에 있던 '일본학생동맹'을 포함한 4개의 분파가 민족파 학생운동의 정규군입니다. 이들이야말로 '신우익'입니다. 그 외의 단체들은 '가쿠마루파革マル派'**적 용어로 표현한다면 '소부르주아 잡

★ 대학과 연구소에서 정기적으로 간행하는 학술 잡지.

★★ 일본혁명적공산주의자동맹혁명적마르크스주의파日本革命的共産主義者同盟革命のマルクス主義派(니혼카쿠메이테키교산슈기샤도메이가쿠메이데키마르쿠스슈기하)의 줄임말.

파'에 불과했습니다. 제 의식 속에는 이렇게 정리되어 있습니다. …… 그러니까 쇼와 50년대에 스즈키 구니오 씨 등의 '일수회'가 언론에서 '신우익'이라고 불렸을 때, 제 마음속은 편치 않았습니다. 제 의식 속에서 '일수회'는 '잡파' 외에는 아무것도 아니었기 때문입니다."

우시지마는 일수회의 기관지《레콩키스타レコンキスタ》에 기고하는 등 이 모임과 감정적으로 대립하지는 않았다. 하지만 '신우익'의 정의에 관해서는 한 걸음도 물러서지 않았다.

우시지마의 연구실 벽에는 자신이 키운 아이돌 유니트의 포스터와 함께 역대 천황의 '어진영'이 붙어 있었고, 책장 위에는 적군의 붉은 헬멧과 전공투의 검은 헬멧이 나란히 있었다. 체제를 보완하려던 우익을 부정하고 전공투에 참가해 신우익의 신호탄을 쏘아 올리고, 지금은 아이돌을 통해 '방패회'의 환상을 보는 우시지마의 궤적이 잘 표현된 듯한 연구실이었다.

덧붙이자면 우시지마는 "아이돌 그 자체에는 큰 흥미가 없다"고 말했다.

"저는 사회현상으로서 아이돌에 관심이 있습니다. 파도를 만들어 사회에 자극을 주는 일종의 학생운동 같은 존재지요."

지금까지 우시지마가 손을 댄 아이돌 유니트의 명칭은 '렛푸烈風', '세이후晴風', '겟코月光' 같은 구 일본군의 전투기 이름과 많이 겹친다. 밀리터리 느낌이 나는 제복과 더불어 이런 이름에는 어쩌면 우시지마의 취미를 넘어서는, 우시지마의 예전 소망이 투영되어 있는지도 모른다.

스즈키 구니오와 '생장의 집'

우시지마가 '잡파'로 취급한 '일수회'의 창설자 스즈키 구니오(74세)는 우시지마보다 6년 빠른 1963년에 와세다대학에 입학했다.

스즈키는 어린 시절부터 '생장의 집' 신자였다. 큰 병을 앓은 것이 계기가 되어 어머니가 신앙의 길로 들어섰다. 스즈키는 어머니를 따라 "어렸을 때는 어린이 모임에 가는 거 같은 느낌으로 참가했다"고 한다.

'생장의 집'은 다니구치 마사하루谷口雅春가 1930년에 설립한 신도 계열 종교단체이다. 현재는 정치 활동과 거리를 두고 있지만, 1990년대까지 헌법 개정, 재군비 등을 주장한 매파 이미지로 통했다. 창시자 다니구치는 원래 오모토교大本敎* 신자였지만, 정부가 오모토교를 탄압하자 이탈해 '생장의 집'을 열었다. 전전의 '생장의 집'은 다른 종교단체와 달리 철저한 천황 신앙을 가지고 '성전수행聖戰遂行'에 일관되게 협력했다. 근로봉사나 군비 봉납에 앞장서며 전쟁 협력을 아끼지 않았다.

---

* 　일본의 종교로 정식 명칭은 '오모토'이다. 데구치 나오出口なお와 그의 사위인 데구치 오니사부로出口王仁三郎가 창시한 종교로 세상을 바꾸어 신의 나라를 세워야 한다고 주장했다. 1921년과 1935년에 불경죄를 이유로 두 차례 탄압을 받고 해산되었으나 1952년에 다시 등장했다.

센다이仙台에서 상경해 와세다대학에 입학한 스즈키는 당시 노기자카乃木坂**에 있던 '생장의 집' 학생도장(신자를 위한 기숙사)에 들어갔다. 매일 '기도에 빠졌다'고 한다. 아침 5시 전에 일어나 기도를 한 후 국기를 게양하고, 국가를 제창한 다음 다니구치의 저서를 바탕으로 학습회 등을 가졌다. 대학 강의가 시작되기 전에 모두 녹초가 되어버릴 것 같은 스케줄이었다.

스즈키가 대학에 입학한 지 3년째인 1966년. 그 후의 전국적인 학원 분쟁의 전초전이라고 해야 할 '와세다 투쟁'이 시작되었다. 학비 인상에 반대하는 항의 행동에서 시작하여 모든 학부가 투쟁에 돌입했다. 학교 건물 앞에는 책상과 의자로 바리케이드를 만들었다. 신좌익 학생들로 구성된 '전학학관학비공투회의全学学館学費共闘会議'가 이 투쟁을 지도했고, 현재 노동문제 등을 다루는 변호사로 알려진 오구치 아키히코大口昭彦가 대표를 맡았다. 대학 측이 기동대를 반복 투입하여 많은 학생이 체포되었으나, 저항은 멈추지 않았다.

스즈키는 학비 인상 자체에는 반대했지만, 공산주의자가 주체였기에 이 투쟁의 목적은 공산혁명이라고 믿었다. '생장의 집'에서 배운 반공 학생으로서 당연히 그렇게 생각할 수 있었다. 스즈키처럼 '투쟁'을 씁쓸하게 느끼는 학생의 수는 적지 않았다. 이런 가운데 분쟁 수습을 원하는 학원 정상화

** 도쿄도 미나토구의 언덕으로 원래는 유레이자카幽靈坂라 불렸지만, 1912년 육군 대장 노기 마레스케乃木希典가 메이지 천황이 사망하자 순사殉死한 사실을 기려 노기자카로 개명했다.

운동이 시작되었다. 이 운동의 주체는 '웅변회雄弁会', '국책연구회', '토요회' 같은 우파와 보수 계열 서클들로, '생장의 집' 학내 서클에 속했던 스즈키도 이 운동에 가담했다. 그들은 '와세다대학학생유지회의'를 결성해 학원 정상화를 요구하는 서명 받기나 유인물 배포 등의 활동을 했다. 물론 좌익 학생과 대결하는 상황은 피할 수 없었다.

"당시에는 좌익이 압도적인 힘을 가졌습니다. 반체제를 외치는 좌익 학생들은 학내에서 지배자에 가까웠습니다. 제 안에 와세다의 전통적 재야 정신이 자리 잡고 있었기 때문에 지배자 같은 좌익을 향해 일종의 반체제 투쟁을 벌였다고 생각합니다."

자주 싸웠다. 수적으로 열세였기 때문에 몰매를 맞는 경우도 드물지 않았지만, 투쟁은 맨손으로 했다. 때리면 자기 주먹도 아프다. 상대도 마찬가지였다.

"그랬으니까 지금은 그때의 적과 아무렇지도 않게 만나서 이야기할 수 있습니다. 같은 전장에서 싸운 전우 같은 사이죠."

일학동의 탄생

1966년 3월 와세다대학학생유지회의 멤버를 모체로 한 '와세다대학학생연맹'이 결성되었다. 중립적인 명칭이지만 실상은 우파와 애국 학생들의 학내 조직이었다.

초대 회장으로 스즈키가 뽑혔다.

와세다학생연맹은 좌익에 대항하기 위해 입간판을 학내 곳곳에 설치하고 교실을 돌며 투쟁 반대, 학원 정상화를 외쳤다. 끊이지 않고 좌익 학생들과 계속 싸웠다. 차츰 취직에 불안감을 느끼는 일반 학생들에게 일정 수준의 공감을 모으는 데 성공했다.

이때 와세다학생연맹에 참가한 사람 중 모리타 마사카쓰森田必勝(나중에 방패회에 참가해 1970년 미시마 사건 때 할복자살함)가 있었다. 그는 당시 1학년이었다. 하오리, 하카마 차림에 굽 높은 나막신을 신고 입학식에 나온 모리타는 원래부터 민족주의적 경향이 강했다. 당연히 학내를 지배하던 좌익 학생에게 반발할 수밖에 없었다.

5월에 학급에서 와세다학생연맹 멤버와 만난 모리타는 일기《나의 사상과 행동わが思想と行動》(日新報道)에 다음과 같이 썼다.

"어제 클래스 위원총회에서 와세다 정신이 물씬 풍겨나는 용감한 선배를 알게 되었다. 이 선배는 총회에서 가쿠마루의 일방적인 의사 진행과 독선적인 의사 내용에 분노하여 가쿠마루파 녀석들에게 혼자 달려들었다.

나는 막 입학한지라 분쟁이 어떻게 진행되었는지 잘 모른다고 말하니, '줄리안'에 데려가서 다양한 이야기를 들려주었다. 좌익과 대결해서 학원 정상화를 위해 분투하는 그룹이 있다는 사실을 처음으로 알았다. 그야말로 와세다 정신이다!"

나중에 일학동 결성 멤버가 되는 와세다 대학원생 야노

준矢野潤이 경영하던 '줄리안'은 와세다대학 근처에 있는 카페였다. 당시 와세다 주변에는 무수한 카페가 있었지만, 우익 학생들의 '집합소'로 기능한 곳은 '줄리안'뿐이었다.

모리타 같은 열혈청년도 참가하여 와세다학생연맹은 더욱 세력을 확대했다. 하지만 장기간의 학생 투쟁이 수습되는 방향으로 달려가자, 일반 학생들은 다시 일상생활로 돌아갔다. 와세다학생연맹에 참여한 보통 학생들은 어디까지나 평온한 캠퍼스를 원해서(혹은 취직 걱정에) 참가했을 뿐이었다. 원래 그들은 우익도 좌익도 아니었다. 그렇기 때문에 당연히 와세다학생연맹에서 탈퇴했다.

실력이라는 면에서 아직 좌익이 유리했다. 대학이 공산혁명의 거점이 되면 안 된다는 강한 의지가 있었기 때문에 와세다학생연맹 멤버들은 다른 대학(니혼, 고쿠시칸, 메이지, 호세이, 게이오 등)에 호소하여 횡단적이고 전국적인 학생 조직을 결성하는 방향으로 움직였다.

그해 11월에 '일본학생동맹日本學生同盟(닛폰가쿠세이도메이)'(일학동)이 결성되었다. 와세다학생연맹 의장이던 스즈키는 '일학동'을 결성할 때까지 관여했으나 그 시절에는 생장의 집 학생부 임원도 맡고 있었기 때문에, 결성 후에는 참가하지 않았다.

미시마 유키오의 격려

도쿄 나가타정의 오자키기념관에서 열린 '일학동' 발대식에 23개 대학에서 250여 명이 참가했다. '일학동'은 각 대학 내에 국방연구회, 일본문화연구회 등 우파 서클을 조직하고, 이를 발판으로 조직 확대를 꾀하는 전술을 썼다. 운동은 철저한 민족주의에 바탕을 두고 앞서 말한 쟈스코처럼 YP 체제 타파를 명분으로 내걸면서 기존 체제에도 저항했다.

"우리의 힘을 조국에 주입하여 대중운동을 곧바로 민족투쟁으로 승화시켜 투쟁하자"고 기관지를 통해 선동하고, 자민당의 정책도 "미국의 지원을 받는다"고 비판했다.

모치마루 히로시持丸博가 기관지 《일본학생신문》의 초대 편집장이었다. 이론파로 이름을 알린 모치마루는 나중에 '방패회'에 참가하여 초

활복하기 전 육상자위대 건물에서 연설하고 있는 미시마 유키오.

대 학생장을 맡았지만, 노선상의 문제로 탈퇴했다. 2013년에 사망할 때까지 계속 우파 진영에 가담하며 '방패회'의 기록을 만드는 데에도 관여했다. 또한 학생 시절에 모치마루와 알게 되어 결혼한 마쓰우라 요시코松浦芳子는 현직 도쿄도 스기나

미구의회 의원으로, 보수 계열 방송국인 '일본문화 채널 사쿠라日本文化チャンネル桜'의 창설·발기인이었다. 그 모치나가와 함께 '일학동'에 참가한 와세다 학생 중에는 앞서 말한 모리타 마사카쓰나, 현재 보수 계열 평론가로 알려진 미야자키 마사히로宮崎正弘 등이 있었다.

《일본학생신문》 창간호에 미시마 유키오가 격려문을 기고했다.

오랫동안 편향되지 않은 학생 조직이 생기길 기다렸지만, 지금까지 보지 못했다. 청년에게는 강력한 투지와 함께 복종에 대한 의지 등이 있기에, 이런 매력을 둘 다 겸비한 조직이 아니라면 진정 청년의 마음을 사로잡을 수 없다. 지금 청년들의 우울한 마음속에는 목적을 찾지 못한 행동 의욕이 넘치고 있다. 새로운 학생 조직은 그 청년들에게 하늘로 향하는 창문을 열어줄 것이다. 일본의 해는 그곳에서 빛나고 있다.

글을 읽어보면 미시마가 가진 큰 기대를 엿볼 수 있다.

내부 대립

그런데 전국 우파 학생 조직으로서 대대적으로 깃발을 내건 '일학동'이었지만, 당초부터 운영에 파란이 있었다. '일학동'을 창설할 때 임원 중에 자민당학생부에 속한 사람도 적지 않았기 때문에, 반권력 의식을 가진 학생들과 내부 대립을 불러일으켰다(자민당학생부에 가까운 사람들이 앞서 말한 와세다파=주류파가 되었다).

창립 이듬해에 실시된 제31회 중의원 총선거에서 자민당학생부 소속 '일학동' 임원들이 일을 내팽개치고, 당시 아이치 3구에서 입후보한 가이후 도시키[海部俊樹]*의 선거를 응원하러 나섰다. 일학동 임원 중에는 와세다대 웅변회에 소속된 사람도 많았기에 이 웅변회의 선배인 가이후를 응원하러 갈 수밖에 없었다. 이 사건을 계기로 자민당 계열과 반자민당 계열의 내부 대립이 심각해졌다. 내부 대립의 격렬한 논쟁을 거쳐 일학동은 자민당학생부 일파를 제명해버렸다.

하지만 그 후에도 내부 다툼은 끊이지 않았다. 이 또한 급진적 학생운동에는 항상 있는 일이다. 한편 그때까지 명확한 '적'으로 존재하던 대학 내 신좌익도 서서히 전투 능력을 잃어갔다. 신좌익에 대한 안티테제를 내걸고 등장한 우파 학생운동은 적의 주체가 약해지자 자신도 약체가 되는 상황을 피할 수 없었다. 어디까지나 결과론이지만, 전공투가 있었기에 우파 학생운동도 존재할 수 있었다.

내부 대립, 반대자 제명 같은 일은 운동에 항상 존재했다.

---

* 　1931~ . 일본의 정치인. 중의원 의원, 문부대신, 대장대신을 거쳐 1989년에 총리가 되었지만, 자신이 추진하는 정치 개혁안이 심의 과정에서 폐기되자 사직했다. 이후 자민당을 탈당하고 여러 정당에 소속했다가 2009년 중의원 선거에서 패배하자 정계 은퇴를 선언했다.

모리타 마사카쓰는 자민당의 심부름을 하는 '일학동' 임원에게 '아첨주의자'라는 낙인을 찍고 일기에 이렇게 썼다. "일학동이 중요할 때에 자민당 선거에 분주한 자들의 언동은 일체 무시할 것이다. 힘없는 자는 떠나간다. 이를 자연도태라 한다." 그런데 이렇게 말한 모리타가 그 후 미시마 유키오에게 접근해 '방패회'에 참가했다는 이유로 '일학동'에서 제명 처분을 받았다. 애초 밀월관계로 보였던 미시마와 '일학동'의 관계도 시간이 지나면서 식어갔다.

"국가를 위해 모든 것을 다하는 인재를"

'일학동'에서 제명된 사람 중에는 현재 '유신정당·신풍維新政党·新風'을 이끄는 우오타니 데쓰오魚谷哲央(70세)도 있다.

우오타니는 시모노세키下關(야마구치현山口県) 출신으로 아버지는 지방에서 유수의 어업회사 임원을 지냈다. 하지만 우오타니가 고등학교에 막 들어갔을 때, 아버지가 일하던 어업회사의 배가 이승만 라인(한국의 초대 대통령 이승만이 정한 해역 경계선)을 돌파했다는 이유로 한국에 나포되고 말았다. 그 사건이 계기가 되어 회사는 도산했고, 일가는 그 후 가난을 면치 못했다.

우오타니 가족은 집을 잃고 오사카로 이주했다. 아버지는 공장에서 일했고 어머니는 아르바이트를 해서 살림을 꾸렸다. 이런 경위도 있어 아버지는 한국에 비판적이었고, 게다가 '반공'이었다. 단 우오타니는 이런 아버지에게 회의적이었다고 한다.

"세대 차이 같다고 생각합니다. 그 시절 젊은이들은 당연히 보수적인 아버지에게 대항했으니까요."

1966년 우오타니는 도시샤同志社대학에 입학했다. 그 시절 도시샤의 자치회를 사학동(사회주의학생동맹. 분트의 학생 조직)이 장악했고, 리더는 훗날 가수 가토 도키코加藤登紀子와 결혼한 후지모토 도시오藤本敏夫였다. 후지모토라는 걸출한 지도자가 있는 탓이기도 했지만, 우오타니의 말에 따르면 "학내는 좌익으로 물들었다"고 한다.

입학 직후 우오타니는 이런 상황에 위화감을 갖지는 않았다.

"아버지와 다툰 게 밑바탕에 있었지만, 낡은 가치관과 싸우는 신좌익들에게 감정적으로 끌렸습니다."

단 그는 신좌익에 참가할 만큼 정치에 흥미가 없었다. 우오타니는 도시샤대학을 창립한 니이지마 조新島襄*에게 깊이 빠져들었다. 니이지마의 저작이나 연구서를 탐욕스럽게 읽는 사이, "국가를 위해 모든 것을 다하는 인재를"이란 문구에 홀렸다. 그런 다음 진지하게 '국가'에 대해 고찰해보았다. 그야

---

* 1843~1890. 일본의 교육자. 1864년 미국에 밀입국해 애머스트칼리지Amherst College에서 공부하여 일본인 중 처음으로 학사 학위를 받았다. 미국 생활 중에 개신교의 세례를 받았으며 이후 일본에 선교사가 되어 귀국해, 교토에 도시샤대학의 전신인 도시샤영학교同志社英學校를 세웠다. 도시샤대학은 한국의 시인 윤동주 등이 다닌 학교로 유명하다.

말로 '국가'는 도시샤 본래의 사상이 아닌가? 그때부터 국가관이 없는 좌익에 대한 의문이 생겼다.

우오타니는 '니이지마 정신, 진정한 도시샤 정신'을 내걸고 독자적인 학습회를 꾸렸다. '국가관' 따위를 말하면 우익으로 간주되던 시절이었다. 학내 신좌익과 대립하는 상황도 피할 수 없었다.

"논쟁을 했죠. 그때마다 좌익 사람들은 책도 잘 읽고 공부도 하고 있으니 감탄했습니다. 물론 이쪽도 질 수 없으니까 죽을 각오로 공부했습니다. 좌익의 존재가 자극이 되었지요."

여담이지만 나중에 우오타니가 교토 시내에 헌책방을 열었을 때, 학생 시절 논쟁 상대였던 좌익 학생들이 헌책을 제공했다. 계속 보수, 우파의 길을 걸은 우오타니이지만 옛 분트, 옛 적군 같은 좌익 인맥이 우오타니의 개업을 도운 셈이었다.

"정치를 움직이자"

그런데 니이지마 사상을 보급하는 데 힘쓰던 우오타니는 그 당시 꼭 우익이라 할 수는 없었다. 하지만 좌익과 논쟁을 계속 벌이면서, 좌익에 대한 반발 때문에 우익적 국가관에 눈을 떴다. 그러면서 도쿄에서 결성된 '일학동'의 존재를 알았다. 1968년의 일이었다.

"전공투에 대항하여 우익 학생들이 전국으로 퍼져나가고 있다고 했어요. 도시샤에서 고군분투하던 저에겐 아무래도 듬직하다는 느낌이 들었고 광채로 보였습니다."

도쿄에서 '일학동' 학습회에 참가한 우오타니는 곧바로 교토 지구 책임자로 임명되었다.

민족파에 눈을 뜬 우오타니는 교토 내의 대학을 조직하며 다녔다. 단기간에 리쓰메이칸대학이나 교토산업대에 지부를 만들 수 있었고, 교토학생협의회를 결성하여 그 단체를 '일학동'의 간사이 근거지로 만들었다.

그런데 이것이 '일학동' 본부와 대립하게 된 계기가 되었다.

"분파라고 생각했겠죠. 실제로 저는 조직의 도쿄 중심주의가 마음에 들지 않아 지시 명령이 내려올 때마다 반발했습니다."

우오타니는 도쿄 본부에 호출되어 사문査問을 받았다. 그 결과 우오타니 등 교토파는 제명 처분되었다.

"사문회의 책임자가 모리타 마사카쓰 씨였습니다. 모리타 씨는 이상하게 한마디도 하지 않았어요. 사문을 하는 동안 계속 입을 다물고 있었고 어딘가 건성이었습니다. 아마 이때 자신도 이미 그만둘 생각을 하기 시작했을지도 모르죠."

그 후에도 우오타니는 독자적으로 조직한 우파 학생운동 전열에서 싸웠고, 졸업 후에는 출판사 '니혼진오요비니혼진샤日本及日本人社'에 취직했다. 이 출판사는 원래 전전의 국수주의자인 미야케 세쓰레이三宅雪嶺*가 설립한 역사가 있는 출판사

---

* 　1860~1945. 일본의 국수주의적 철학자이자 평론가. 대표적 저서로 《진선미 일

로, 전후에도 우파와 보수파의 입장에서 계속 서적을 출판하고 있었다.

하지만 입사하자마자 우오타니는 가벼운 실망감을 느꼈다. 배속된 편집부에는 그야말로 진지한 학구자풍의 사람들만 모여 있었다. 이 회사가 입주한 교하시京橋(도쿄도 주오구中央区)에 있는 빌딩은 거물 우익으로 총회꾼이었던 니시야마 고키의 소유물이었다. 입사한 뒤 이 출판사가 '니시야마 그룹'의 일부였음을 알았다고 한다. 게다가 빌딩의 다른 층에는 행동 우익 단체도 들어와 있었고, 출입하는 이들도 명백히 '그 계통' 사람들뿐이었다.

"당번제로 니시야마 회장댁의 전화 당번을 맡는 게 견딜 수 없었습니다. 일을 마치면 회장댁으로 가서 늦은 밤까지 전화기를 들어야 했습니다. 거의 야쿠자 세계였죠. 이게 싫어서 견딜 수 없었습니다."

여름이 오기 전에 회사를 그만두고 간사이로 돌아갔다. 그해 가을, 미시마 유키오의 할복 사건이 벌어졌다. 사문회의의 리더를 맡은 모리타 마사카쓰도 함께 자살했다.

도대체 자기는 무슨 일을 해왔는가, 하는 허탈감에 사로잡혔다. 학생운동을 해도 세상은 바뀌지 않았다. 용감히 취직해도 이상과 크게 차이가 있었다. 방에 처박혀서 계속 생각에 몰두하다가 우오타니는 "정치를 움직일 수밖에 없다"는 결론에 도달했다. 그래서 옛 학생운동 동지들을 모아 교토에서

본인眞善美日本人》등이 있다.

'낙풍회洛風会(라쿠후카이)'라는 학습 조직을 결성했다. 이 조직이 나중에 '유신정당·신풍'으로 발전했다(신풍에 대해선 나중에 쓰겠다).

보수와 보신

여기에서 쟈스코, 일학동과 함께 또 하나의 우파 학생단체를 다뤄보도록 하자. 그 주인공은 좌파 학생운동에 대항하기 위해 1969년에 결성된 '전국학생자치체연락협의회'(전국학협)이다.

그해 5월 4일, 구단회관(도쿄도 지요다구)에서 결성대회가 열렸다. 전국에서 1,800여 명이 모였다. 이때 위원장으로 앞서 말한 스즈키 구니오가 선출되었다.

"생장의 집 학생연합인 '생학련'(생장의집학생회전국총연합)이 이 운동의 중핵이었습니다. 저는 당시 생학련의 서기장도 겸했기 때문에 필연적으로 톱으로 추대받았습니다."

당시 전국학협 부위원장과 결성대회 실행위원장을 맡은 사람은 다쿠쇼쿠拓殖대학의 대학원생이던 이와키 노부코井脇ノブ子였다. 그렇다. "의지! 힘! 이와키!"의 캐치프레이즈로 유명한 자민당 중의원도 당시에는 우파 학생 활동가였다.

이때 채택된 운동 방침은 '반YP 체제', '전공투 타도', '점령 헌법 타도', '반일교조' 등 쟈스코나 일학동 등 다른 학생 우익 조직과 크게 다르지 않았다. 다른 특징을 굳이 들자면,

많은 구성원이 '생장의 집' 관계자, 즉 '생학련' 멤버였다는 사실이다.

대회에서는 평론가 후쿠다 쓰네아리福田恆存*와 교토대학 교수인 아이다 유지會田雄次**가 기념 강연을 했지만, 스즈키는 당연히 이 보수 계열 문화인들을 차가운 시선으로 보았다고 한다.

"뭔가 학생들에게 영합하는 듯해서 혐오감이 들었습니다. 대개 보수라 칭하는 모습에도 저항감이 들었습니다. 보수와 보신은 똑같다 하는 의식이 보였으니까요. 저는 개혁이야말로 학생운동일 텐데 하고 생각했지요."

미시마의 탄식

이렇게 배배꼬인 시선으로 보던 스즈키를 계속 우두머리로 두기 어려웠던지 겨우 1개월 만에 위원장에서 해임했다. 대항 세력인 일학동에 융화적인 점, 조직 확대를 달성하지 못한 점 등이 해임 사유였다. 신좌익이라는 알기 쉬운 적이 보

★　1912~1994. 일본의 작가이자 평론가. 처음에는 문학평론을 하다가 사회 전반으로 대상을 확대했는데, 특히 평화론을 비판했다. 극작가이자 번역가로도 활동하여 셰익스피어의 희곡을 번역했다.

★★　1916~1997. 일본의 역사학자. 교토제국대학을 졸업하고 연구 활동을 하던 중에 징집되어 버마 전선에 파견되었다가 영국군의 포로가 되었다. 1962년에 르네상스 미술과 사회에 관한 논문으로 박사학위를 받았으며, 교토대학 교수 등을 지내면서 보수파 논객으로 활동했다.

이지 않게 된 시기이기에 에너지는 조직 내부로 향했다.

좌우 불문하고 당파 내의 우치게바^{内ゲバ}*** 가 어떻게 시작되었는지, 그 계기에 그다지 중요한 의미가 있는 것은 아니다. 막다른 길로 내몰렸을 때, 점점 약해지고 있을 때 사람들은 의심암귀^{疑心暗鬼}가 된다.

나아가 다른 당파와 헤게모니 다툼이 심해지는 상황도 피할 수 없었다. 일부 대학에서는 자치회의 주도권을 둘러싸고 '전국학협'과 '일학동' 멤버가 난투 소동을 일으킨 적도 있었다.

스즈키는 이렇게 회고했다.

"신우익끼리 맞선 우치게바 현장에 때마침 미시마 유키오 씨가 있었어요. 대단한 이유도 없었어요. 그 시절에는 의견이 다르다거나, 아무개가 마음에 들지 않는다거나 하는 별거 아닌 이유로 항상 싸웠습니다. 그런 학생들 앞에서 미시마씨가 질린 듯한 표정을 짓던 게 기억에 남아 있네요. 미시마씨는 국가의 대의를 주장하면서도 내부에서 난투만 벌이는 학생 우익에게 실망했을지도 모릅니다."

전공투건 전국학협이건, 학생운동은 결국 학생들의 놀이에 지나지 않는다고 생각했기 때문에, 결과적으로 미시마는 궐기로 향하지 않았을까?

애초에 미시마는 '애국심'을 소리 높여 외치는 자를 신용

***　일본 학생운동의 내부 폭력을 가리킨다. 일본어에서 '내부'를 의미하는 内와 '폭력'을 의미하는 독일어 Gewalt의 합성어이다. 이 폭력으로 희생된 피해자만 1969~1999년 동안 무려 사망자 113명, 부상자 4,600명에 달한다.

하지 않았다. 기존 우익단체도 혐오했다. 미시마의 미학은 어린애들처럼 서로 싸우는 학생들이나, 혹은 선전차에서 떠들기만 하는 행동 우익에도 맞지 않았다.

위원장에서 해임된 스즈키는 그 후 전국학협 본부로 쳐들어갔지만, 결국에는 조직에서 추방당했다. 1969년 스즈키는 도쿄를 떠나 친가가 있는 센다이로 돌아갔다.

일본회의를 지탱하는 실력자

현재 자민당의 정책에 큰 영향을 끼친다고 하는 '일본회의'에는 많은 전직 '전국학협' 관계자가 참가하고 있다.

가바시마 유조―현재 '일본회의' 사무총장인 이 인물은, '전국학협'을 결성할 때 중앙집행위원 중 한 명으로 규슈학협의 대표를 맡고 있었다. 즉 설립 공로자다.

1966년에 있었던 일이다. 나가사키대학 정문 앞에서 '학원 정상화'를 주장하는 유인물을 나눠주던 두 남자가 있었다. 이 학교 학생인 가바시마와, 훗날 전국학협 서기장이 된 안도 이와오安東巍였다. 당시에는 나가사키대도 예외 없이 좌익이 자치회를 장악하고 있었다. 둘 다 '생장의 집' 신자인 가바시마와 안도는 이에 대항하고자 들고일어난 것이다.

하지만 유인물을 한창 배포하던 중 좌익 학생의 방해를 받았다. 밀고 쓰러지는 가운데 밤을 새워 만든 2,000장의 유인물이 길바닥에 흩뿌려져서 사람들의 발에 밟혔다. "영원히 이날을 잊을 수 없다", "대학에 이러한 폭력이 활개를 쳐도 좋은가?"라고 안도는 나중에 《생학련 신문》에 썼다.

좌익 자치회 타도, 학원 정상화―두 사람은 여기에서 맹세했다.

그해 가을, 나가사키대에서 교양학부자치회 회장 선거가 있었다. 둘은 이 선거에 동지인 학생을 입후보시켰다. 그때까지 민청民青(공산당계 학생 조직)이나 신좌익 당파 외의 세력이 후보로 나온 일은 없었다고 한다. 그리고 압도적으로 좌익의 힘이 강하다고 여겨지던 나가사키대에서 놀라운 기적이 발생했다. 가바시마와 안도가 밀던 우익계 후보가 승리를 거둔 것이다. 획기적인 자치회 장악이었다. 국립대학에 우익계 자치회가 들어선 건 처음 있는 일이었다.

승리의 원인은 "보통의 수업을 받고 싶다"는 일반 학생들의 지지를 얻었기 때문이라고 한다. 가바시마 등은 '학원 정상화 운동'이라 칭하며 좌익이 지배하는 학내의 혼란에 대항했다. 심정적으로 좌익에게 우호적이었던 학생들 중에도 스트라이크가 빈발하는 학내 상황에 의문을 품은 사람이 적지 않았다. 가바시마 등은 이런 학생들에게 '정상화'의 필요성을 호소했고, 좌익 학생들과도 피하지 않고 논의했다. 그 자세와 주장을 좋게 평가받은 결과였다.

반대편의 시선

단 이상은 어디까지나 《생학련 신문》에 기록된 안도 등의 주장에 근거한 나가사키대의 정경일 뿐이다. 그렇다면 가바시마 등의 반대편에 있던 사람들 입장에서 보면 어떨까?

2017년 말. 후쿠오카 시내의 중화요리점에, 후쿠오카시에 사는 나가사키대 졸업생들이 매년 여는 송년회를 갖기 위해 모였다. 모두 1960년대 말 가바시마·안도와 대극에 있던 같은 대학 좌파 계열 학생운동가 출신들이었다. 대학을 졸업한 후 각각 공무원, 교사, 회사원 등 대부분이 신좌익 당파와는 관계가 없는 세계에서 살아가고 있었다. 그럼에도 빈 맥주병이 늘어날 때마다 나가사키대 투쟁이 화제의 중심이 되었다. 당연히 가바시마나 안도를 언급하는 사람도 나왔다.

"그들은 아름다운 이야기를 만들었을 뿐입니다." 한 사람이 안도가 《생학련 신문》에 쓴 회상록을 단번에 부정하는 말을 꺼냈다. 졸업 후 회사원으로 살고 있는 그는 이렇게 계속 말했다.

"자기들이 정말 좌익 세력의 피해자인 것처럼 썼지만, 그들 또한 충분히 폭력적이었고, 항상 다른 입장에 선 자들과 부딪쳤어요."

다른 사람도 이야기에 끼어들었다.

"그들이 자치회를 장악하긴 했죠. 하지만 그 시기에 좌익측은 주요 멤버 대부분이 체포당했기 때문에 일시적으로 학내에 공백이 생겼어요. 이 틈을 타고 그들이 자치회를 장악했던 거죠. 표현은 나쁘지만, 불난 집 도둑 같은 짓이었습니다. 실제로 다음 자치회 선거에서 그들은 패배했고요."

모두 그래, 그렇지, 하고 고개를 끄덕였다. 이야기를 한 이는 '반제학평反帝學評'(반제국주의학생평의회. 사청동社靑同의 학생 조직)의 리더였던 오노 야스오大野泰雄였다.

"가바시마나 안도 등은 다른 보수계나 (국제) 승공연합계 학생, 체육부 소속 우익 학생 등과 손을 잡고 좌익을 박살 내려고 시도했습니다. 게다가 그들의 배후에는 대학 당국과 경찰이 있었죠. 자기들이 마치 피해를 받은 약자인 것처럼 말하는데, 사실은 가장 권력과 가까운 곳에서 우리를 공격했던 겁니다."

일관되게 국가권력에 붙다

당시 나가사키대에서는 각종 서클이 자리 잡고 있는 학생회관 관리를 둘러싸고, 학생과 대학 측이 격렬하게 대립하고 있었다. 그때까지 학생자치의 원칙으로 지켜온 학생회관의 관리권, 운영권을 대학이 관리하려고 한 것이다. 학생 측은 관리권은 양보했지만, 운영권은 완강히 지키려고 했으며, 단속적인 스트라이크 등으로 대항했다. 한편 가바시마 등 우익 학생들은 대학 측에 붙어서 반대 세력과 대치했다.

1968년 12월에 '학관투쟁'이 일어났다. 대학 측이 장악한 학생회관을 탈환하려고 오노 등 좌익 학생들이 학생회관 돌입을 시도했다. 하지만 대학 당국 측 사람들이 학생회관 앞에서 좌익 학생들을 기다리고 있었다. 대학 학생부 직원, 신좌익 당파들과 대립하던 민청, 그리고 가바시마나 안도 등이 이끄는 우익 학생들이 대열을 짜고 대기하고 있었다. 인원수는 모두 150명 전후였다. 스크럼을 짜고 돌입하는 좌익 학생들. 돌입을 저지하려고 역시 스크럼을 짜고 대항하는 대학 당국 세력. 처음에는 대학 측이 유리했다.

"그쪽은 싸움 잘하는 체육부 학생까지 동원했으니까요. 물론 때리고 걷어차는 폭력도 있었죠."

오노 등은 어쩔 수 없이 정면 돌파를 포기하고, 비상계단을 이용해 2층에서 침입하는 게릴라전을 펼쳤다. 그리고 결국 학생회관 점령을 성공시켰다.

"결과적으로 탈환했으나, 당국 쪽 세력의 무시무시한 폭력을 확실히 알았습니다. 가바시마 등은 당시 질서파, 정상파 같은 식으로 자칭했지만, 질서도 정상도 없었고 그렇게 순진한 무리도 아니었습니다."

오노는 그로부터 몇 개월 뒤, 입시 분쇄 데모대를 주도하여 입학시험장에 난입한 혐의로 동료들과 함께 체포되었다. 이 시기에 가바시마 등이 학생회를 장악했다. 그런 탓으로 오노 등이 '불난 집 도둑'이라고 평가했던 것이다. 그 후 오노는 2년 늦게 졸업해, 현의원 등을 거쳐 50대 무렵 나가사키 시의원을 지냈다. 현재는 나가사키대 유학생을 지원하는 활동을 하느라 바쁘게 살고 있었다.

"가바시마가 일본회의 사무국을 맡았다는 사실을 알았을

때, 아아, 그 사람답다고 생각했어요. 가바시마는 당시부터 어느 쪽인가 하면, 배후에서 활동하는 이미지가 강했어요. 안도 쪽이 선동을 압도적으로 잘했고요. 그런 안도도 일본회의 안에서 큰 영향력을 가지고 있다고 들었습니다. 그들은 일관되게 국가권력 측에 섰던 사람들입니다. 피해자니 뭐니 하는 순진하고 아름다운 이야기를 퍼뜨리고 있지만, 지금도 자민당 정권에 달라붙어 일본을 오른쪽으로 이끌려고 하고 있죠. 그들은 학생 시절의 모습에서 하나도 바뀌지 않았어요."

좌파도 우파도-학생운동의 몰락

쌍방의 주장은 이렇게 엇갈린다. 단 가바시마 등의 대학 자치회 장악이 전국 우익 학생들에게 충격보다는 용기를 준 것은 분명했다. 어떤 대학에나 우익 학생은 있었지만, 그들 대부분은 '학원 정상화'를 호소하거나, 스트라이크를 분쇄하는 수준에서 운동을 펼칠 뿐 자치회 장악은 무모하다고 여기고 있었다. 그 무모한 생각을 좌익 세력이 강한 나가사키대에서 실현했던 것이다.

나가사키대를 따르자―주로 생장의 집 학생 신자들에 의해 자치회 탈취 활동이 확대되었다. 그중에는 앞서 말한 이와키 외에 에토 세이이치衛藤晟一(오이타대大分大, 현재 자민당 참의원), 모모치 아키라百地章(시즈오카대静岡大, 현재 헌법학자), 이토 데쓰오伊藤哲夫(니이가타대新潟大, 현재 일본정책연구센터 대표) 등 나중에 '일본회의'의 이데올로그가 되는 자들이 포함되어 있었다.

자치회 탈취에 성공한 가바시마 등 나가사키대의 우익 학생들은 1967년 나가사키대학학생협의회를 결성했다. 당시 '생장의 집' 신자인 학생들을 중심으로 한 자치회 탈취 운동은 '학협운동'으로 불렸다. 이를 전국 규모의 운동으로 만들기 위해 1969년에 앞서 말한 전국학협을 결성했다. 그들의 목표는 학협운동을 통한 전국 제패. 즉 주요 대학의 자치회를 장악하는 것이었다.

나가사키대학의 성공 체험을 바탕으로 화려하게 탄생한 전국학협이었으나, 생각대로 일은 진행되지 않았다. 좌우를 불문하고, 운동 내부와 조직 내부의 다툼이 학생운동의 기세를 꺾었다. 전국학협 또한 주도권을 둘러싼 분열이 일어났고, 그에 따른 제명이 이어졌다. 세력을 확대할 수 없는 상황이었다.

라이벌인 신좌익의 몰락도 민족파 학생운동의 약화에 박차를 가했다. 운동의 첨예화, 우치게바 등으로 일반 학생의 지지를 잃은 신좌익은, 1970년 이래 급속히 힘을 잃었다. 학생운동에서 신좌익과 민족파는 태양과 달의 관계와 비슷했다. 태양의 빛을 받아야 빛이 나는 달은 자기 혼자 힘으로 빛나지 못한다. 태양이라는 중심을 잃으면, 달 또한 어둠 속으로 녹아들어갈 뿐이다.

민족파 학생운동은 신좌익의 안티테제로 기능했기 때문에, 신좌익이 쇠퇴하자 민족파 학생운동도 쇠퇴해갔다. 운동에서 의미를 찾을 수 없게 된 학생들은 연달아 조직에서 탈퇴했다.

1970년대 중반에 이르면 민족파 학생운동은 거의 궤멸하게 된다.

미시마 유키오 사건이 준 충격

스즈키 구니오도 운동에서 한 번은 손을 씻었다. 센다이에서 잠시 휴식을 취한 뒤 샐러리맨이 되어 평범한 인생을 보내기로 결정하고, 산케이신문사 도쿄 본사 판매국에 입사했다. 아파트를 빌리기 귀찮았기 때문에 다카다노바바^{高田馬場}에 있던 아베 쓰토무의 집에서 집세도 내지 않고 기식했다.

그때 스즈키는 미시마 사건이 일어났다는 소식을 들었다. 1970년 11월 25일이었다.

미시마 유키오는 '방패회' 멤버인 모리타 마사카쓰(25세), 고가 마사요시(22세), 오가와 마사히로(22세), 고가 히로야스(23세) 등 4명과 함께 육상자위대 이치가야 주둔지(신주쿠구)에 들어가 총감실을 점거한 다음 자위대원들에게 궐기하여 쿠데타를 일으키도록 호소했다. 헌법 개정이나 재군비를 하기 위해서는 이제 실력 행사로 호소할 수밖에 없다는 각오하에 감행한 난입이었다.

총감실 발코니에 선 미시마는 모여든 자위대원들을 향해 외쳤다.

"들어라! 들어! 조용히 해. 조용히 하라니까. 이야기를 들어라. 한 남자가 목숨을 걸고 여러분에게 호소하고 있다니까.

알겠나? 그러니까 지금 일본인이 여기에서 들고일어나지 않는다면 말야, 자위대가 일어나지 않는다면, 헌법 개정은 없어. 여러분은 영원히 단순한 미국의 군대가 돼버리는 거라고!"

하지만 그 말에 호응하는 자위대원들은 없었다. "들어가라!", "네까짓 놈이 뭘 안다고"라는 야유나 성난 목소리가 날아들 뿐이었다. 여기에서도 미시마는 실망할 수밖에 없었다. 그리고 미시마는 총감실로 들어가 동료들과 함께 자살했다.

스즈키는 근무 중에 사건을 알았다. 황급히 사원식당의 텔레비전에 달라붙었다. 아무것도 손쓸 수 없었다. 허탈한 상태가 되었다. 원래 '방패회' 따위는 미시마 유키오의 팬클럽 같다며 내심 바보 취급을 했다. 작가의 놀이일 뿐이지, 학생운동 같은 진지함이 부족하다고 느껴졌다.

하지만 그들은 진심이었다. 진심으로 궐기를 촉구했고, 그리고 죽어갔다.

미시마의 자결보다, 예전에 알고 지낸 모리타의 죽음에 더 충격을 받았다.

"나를 남겨두고 가버렸다." 스즈키는 그런 기분이 들었다고 한다.

"결국 그때의 패배감 같은 감정이 저를 다시 운동으로 이끌었다고 생각합니다."

전업 활동가의 각오

미시마 유키오와 모리타 마사카쓰 등 열사의 혼백을 계승할 목적으로, 스즈키를 대표로 하는 민족주의 단체 '일수회 一水会'가 1972년에 결성되었다. 앞서 말한 아베 쓰토무가 지은 이름으로, "한 달에 한 번, 첫째 주 수요일"에 학습회를 가진 사실에서 유래했다.

'일수회'는 그때까지의 우파 학생운동 계보를 계승하여 '대미 자립', '자주헌법 제정', '일미안보 파기', '전후 체제 타파'를 슬로건으로 삼았다. 역시 일수회의 목적은 종래의 우익 운동을 부정하는 것이었다. 아베나 스즈키 외에 현재 보수파 논객으로 알려진 시노미야 마사키四宮正貴, 나가사키대에서 가바시마와 함께 '학원 정상화 운동' 투쟁을 했고, 전국학협 서기장을 맡았으며, 지금도 우익계의 오고쇼大御所*로 군림하는 이누쓰카 바쿠에이犬塚博英(우익단체인 팔천모사八千矛社[야치호코샤] 대표) 등도 참가했다.

임협과 우익 문제를 잘 아는 르포르타주 작가 이노 겐지는 이 움직임을 주목했다. 이노가 일수회를 '신우익'으로 평가했기 때문에, 언론도 그를 따라 일수회를 '신우익'으로 불렀다(앞서 말했듯, 우시지마 도쿠타로는 이에 반대하는 입장이었다).

---

* 본래 은퇴한 쇼군, 친왕, 귀족을 의미하지만, 에도 막부를 창건한 도쿠가와 이에야스德川家康를 가리키기도 한다. 또한 도쿠가와 이에야스가 표면상 은퇴했으면서도 뒤에서 정치를 조종했기 때문에 배후에서 일을 조종하는 거물을 가리키는 표현으로 쓰기도 한다.

궤멸 상태에 빠진 민족파 학생운동을 모체로 탄생한 일수회는 어떤 의미에서 '새로운 우익'의 흐름을 만들었다. 처음 일수회는 '민족파의 방식'을 모색하는 학습회 성격이 강했다. 조금씩 이 모임에 20~30대의 젊은이들이 모여들었다. 모두 대학교나 직장에서 1970년 안보를 둘러싼 격렬한 '정치의 계절'을 뚫고 나온 사람들이었다. 논의하고, 술을 마시는 행동에만 만족하지 않고, 그들은 거리로 뛰쳐나가기로 했다.

결성한 지 2년이 지난 1974년, 그 후의 스즈키의 인생을 결정지은 사건이 일어났다. 홋카이도의 육상자위대 지토세千歲 기지에서 자위대원이 기지 안에 스트리퍼를 불러 스트립쇼를 연 사실이 보도된 것이다. 일수회에서는 이 사건을 문제로 보고, 방위청에 항의하는 거리 선전을 했다. 그때 스즈키와 몇 명의 동지들이 제지하는 경찰관을 밀치고, 정문을 넘어 방위청 안으로 침입했다. 하지만 전원이 싱겁게 체포되었다. 이 사건으로 스즈키는 산케이신문사에서 해고당했다.

"이제 돌아갈 수 없다고 생각했습니다. 달리 취직할 회사도 없을 테니, 전업 활동가로 살 각오를 했습니다."

전업 활동가의 탄생은, 일수회라는 조직을 학습회 중심 서클에서 행동적 민족파 단체로 탈피하게 만들었다. 혈기왕성한 젊은이들의 후원도 있었다. 이후 일수회는 거리에서 적극적으로 활동했다. 이듬해 1975년에는 기관지《레콩키스타》를 창간했다(지금도 계속 발행 중이다). 스페인어로 '실지失地 회복'을 의미하는 이 기관지는, 종래의 우익계 기관지와 달리 '애국'이나 '반공'이라는 우익 용어를 극력 삼가고, 때로는 좌

익 논객에게도 집필을 부탁하는 참신성으로 세상을 놀라게
했다.

반체제 민족주의자

그해 스즈키는 우익 활동가 노무라 슈스케를 만났다. 노
무라가 고노 이치로河野一郎* 저택 방화 사건(1963년 자민당의 파
벌 항쟁을 "매국적이다"라고 주장하고, 당시 자민당 간부였던 고노의 집
에 침입해서 불을 질러 전소시킨 사건)으로 징역 12년의 판결을 받
아 복역하고 막 출소했을 때였다. 스즈키는 우익 잡지《미니
코미ミニコミ》가 주최한 파티에서 노무라와 만난 것으로 기억한
다. 두 사람은 '동아시아반일무장전선'에 대한 평가 등을 이
야기하며 의기투합했다. 그 후 일수회는 좌우를 가리지 않고,
미국이 주도하는 전후 체제를 타도하자고 외치는 노무라에게
큰 영향을 받으면서 활동을 계속했다.

노무라 또한 평범한 우익 활동가가 아니었다. 권력을 싫
어했으며 스스로 계속 반체제 측에 서 있었다. 고노의 저택
을 방화한 사건으로 지바형무소에서 복역 중일 때, 같은 방의
재일코리안이 간수에게 학대를 받자, 이에 항의하여 형무소
장에게 직접 호소한 일화는, 노무라를 아는 사람들 사이에 잘

★   1898~1965. 일본의 정치인. 자민당 내부 파벌인 고노파의 수령. '고노 담화'를
발표한 고노 요헤이河野洋平는 아들, 2019년 현재 외무대신인 고노 다로河野太郎는 손자
이다.

알려진 에피소드이다.

1983년 중의원 선거에서 도쿄도내 선거구에 입후보한 이시하라 신타로石原慎太郎*에게도 항의했다. 선거 기간 중 이시하라와 같은 선거구에 출마한 아라이 쇼케이新井將敬**의 포스터에 "북조선에서 귀화"라는 중상모략이 적힌 스티커를 연이어 붙인 사건이 발생했다. 아라이가 귀화한 재일조선인인 건 분명했지만, 본인이 원하지도 않는데 일부러 그 사실을 세상에 알리는 짓은 차별행위이며, 악질 선거 방해에 해당한다. 나중에 '범인'은 이시하라의 선거 보좌진으로 판명되었다. 노무라는 이에 격노하여 이시하라의 사무소에 쳐들어가서, "이시하라는 모든 재일조선인에게 무릎 꿇고 사죄하라!"고 협박했다.

노무라는 이런 차별을 증오했다. 애국자라 자칭하면서 다른 민족을 중상하는 자를 아주 싫어했다. 노무라가 지금도 살아 있다면, 혐한을 외치는 행위를 애국으로 여기는 우익의 풍조를 어떻게 평가할까?

1993년 노무라는 아사히신문사 안에서 권총을 쏴 자살했다. 아사히가 발행하는 《주간 아사히》에 노무라가 결당에 가담한 정치단체를 야유하는 일러스트가 게재된 사실에 항의

---

* 1932~ . 일본의 정치가이자 작가. 소설 《태양의 계절太陽の季節》이 흥행하여 인기 작가가 되었다. 이후 정계에 입문하여 중의원 의원과 도쿄도 도지사를 지냈다. 우익적인 발언으로 빈축을 샀다.

** 1948~1998. 일본의 정치인으로 원래 이름은 박경재朴景在이다. 16세에 일본 국적을 얻었으며 도쿄대학을 졸업한 후 회사원으로 근무하다가 대장성에 들어가 관료 생활을 했다. 이후 중의원 의원으로 활동하다가 뇌물수수 혐의로 조사받던 중 호텔에서 목을 매 죽은 상태로 발견되었다. 자살로 추측되지만, 타살을 의심하는 사람들도 있다.

하는 차원이었다. 이때 노무라의 자결 현장에 입회한 아사히 신문사의 출판국장은, 노무라가 존경하는 전전의 거물 우익 '애향숙愛鄕塾(아이쿄주쿠)'의 사감 다치바나 고사부로橘孝三郎***의 친척이었다. 이 사실 또한 불가사의한 인연을 생각하게 만든다.

넷우익 세력에게 내준 안방

우익 학생운동 출신이면서 신우익과 다른 방향으로 나간 우오타니 데쓰오(앞서 소개)의 그 후 인생을 다뤄보기로 하자.

도시샤대에서 일학동에 참가했지만 제명 처분을 받고, 졸업한 뒤 우파 계열 출판사에 취직한 사실은 앞서 말했다. 하지만 그곳에서도 이상을 잃어버린 우오타니는 고향인 교토로 돌아가서 헌책방을 경영하면서 민족파 조직인 '낙풍회'를 만들었다.

그런 우오타니가 '유신정당·신풍'을 결성한 건 1995년이었다.

*** 1893~1974. 일본의 우익 활동가. 농본주의적 성향을 가졌으며 처음에는 아나키즘과 톨스토이 등의 영향을 받아 농사를 지으면서 농촌 활동에 전념했다. 1931년 "새로운 일본을 건설한다"는 목적으로 애향숙을 세워 청년들을 모았다. 이후 이노우에 닛쇼와 알게 되었고, 1932년 해군 청년장교들의 쿠데타인 5·15사건에서 애향숙 소속 청년 5명과 함께 변전소를 습격했다가 체포되었다. 무기징역을 선고받고 복역 중 1940년에 석방되었다. 전후에는 공직 추방 처분을 받고 고향에서 글을 쓰며 살다가 전일본애국자단체회의 고문에 취임했다.

"의회에서 전후 체제를 변혁하고 싶었습니다. 저에게는 자민당부터 공산당까지, 모든 기성 정당이 전후 체제에 해당합니다. 현행 헌법으로 대표되는 미국의 점령 정책을 뒤엎고, 진정한 의미에서 일본을 되돌리기 위해서는 국정을 다루는 장에 새로운 정당이 필요하다고 생각했습니다."

전후 체제 타파―대부분의 주장은 미국 추종을 비판하는 신우익과 마찬가지지만, 국정 의회에서 '변혁'을 지향하는 부분이 '유신'의 특징이라고 할 수 있다. 우오타니처럼 국정에서 민족파 활동을 기대하는 우파 학생운동 출신자들이 모여 1998년 참의원 선거에 후보자를 내세웠다. 그 뒤 주요 국정 선거에 매번 도전했지만 지금까지 당선자는 내지 못했다.

그런데 '당'이 우오타니의 생각과 달리, 넷우익 세력에게 침식당하는 상황이 벌어졌다.

"10년 정도 되었네요. 애국자라고 하는 사람들이 계속 당에 참가했습니다. 그런데 그 사람들이 차별적인 사상을 가진, 이른바 넷우익인 줄은 몰랐어요. 사실 저보다 젊은 사람들이 입당하는 것을 보고 마음이 든든했지요."

지금도 우오타니는 옛날 방식으로 가나를 써서 문장을 만드는 인물이며 인터넷은 잘 할 줄 모른다. 이 때문에 우오타니는 새로운 입당자들이 지금까지 인터넷에서 어떤 발언을 했고, 외국인을 배척하기 위해 어떤 행동을 했는지 거의 파악하지 못했다. 재특회(재일 특권을 허락하지 않는 시민 모임) 등에 참가한 사람들이 '신풍' 간판을 내걸고 활동한 탓에 일부는 신풍을 '차별 집단'으로 보기도 했다. 그렇지만 그 세력 덕분에 당세가 확장되기는 했다. 국정 선거에 당선자를 내지는 못했으나, 지금까지 얻지 못한 득표수를 기록하기도 했다.

'신풍'의 넷우익화가 진행되었다.

―간단히 말해서, 넷우익에게 행랑방을 빌려줬다가 안방까지 빼앗긴 꼴이라고 할까요?

내 질문에 우오타니는 "그런 꼴이 되었네요"라며 고뇌에 찬 표정을 지었다.

내분과 분열

2009년 4월 13일, '신풍'은 웹사이트에서 〈민족차별을 용서하지 않겠다〉는 제목의 '성명'을 발표했다.

일부 사람들이 우리 당이 민족차별을 조장하는 말을 한다고 악선전을 하지만, 우리 당은 도의국가와 평등사회 실현을 지향하여 결당했으며, 민족차별 등은 무엇보다도 가장 증오해야 할 비열한 행위라고 단언하는 바이다.

유신정당·신풍은 강한 일본을 지향한다. 강하고 올바른 국민국가는 오히려 다른 나라나 다른 민족을 배려하고, 상호호혜를 베푸는 국제사회를 만들 수 있다고 믿는다. 그렇기 때문에 비소卑小한 민족차별주의자와 일선을 긋겠다는 사실을 다시 선언하는 바이다.

'당'내의 넷우익 세력에 대한 우오타니 등 전통 우익의 저항이었다. 이에 넷우익 세력은 크게 반발했다. 욕설도 오간 '당'내 투쟁을 거쳐, 이듬해 2010년에 우오타니 대신 넷우익 세력에 가까운 스즈키 노부유키鈴木信行가 대표에 취임했다.

혼란은 멈추지 않았다. 우오타니 등 전통 우파 세력을 '반일 세력'이라고까지 욕하는 당원이 나왔다. 2015년 12월 우오타니와 가까운 입장을 가진 긴키近畿 지구 당원이 '지구총회'를 개최해 스즈키 집행부에게 퇴임을 요구하기로 결의했다. 그 후에도 항쟁은 이어졌지만, 2016년 우오타니가 다시 대표로 돌아와 '당' 본부를 도쿄에서 교토로 옮겼다. 스즈키의 색을 지우기 위해서였다.

한편 스즈키는 '유신정당·신풍 도쿄도 본부'라는 이름으로 2017년 독립을 선언했다. 이 소식을 듣고 우오타니 등 집행부는 스즈키를 제명 처분했다.

우오타니는 "좀처럼 이상대로 진행되지 않는다"고 말하며 씁쓸하게 웃었다. "하지만 역시 민족차별은 용인할 수 없어요. 저는 민족파로서 국익을 위해 다른 나라를 엄격하게 비판도 하지만, 다른 민족이나 일본에 사는 외국인을 폄하하는 행위를 찬성할 수 없습니다."

제명 처분을 받은 스즈키는 2017년 11월 가쓰시카구葛飾区 구의원 선거에 무소속으로 출마해 2,587표를 받고 당선되었다. 전직 재특회 멤버들이 선거 보좌진으로 '활약'했다. 스즈키는 당선된 지 반달 후 자신의 트위터 발언으로 세상을 떠들썩하게 만들었다. 일본에 매독 환자가 급증하는 사실을 들어

"누가 일본에 옮겼는지 알고 있을 텐데? 일본에 제일 많이 온 외국인인 지나인"이라고 트위터에 썼던 것이다.

　일본을 방문하는 중국인 관광객의 증가를 매독 환자 수 추이와 겹쳐놓은 추론일 뿐이라서, 당연히 학술적·통계적으로 전혀 근거를 찾을 수 없다. 나를 포함한 많은 미디어가 국립 감염증 연구소를 비롯해 전문의 등에게 스즈키의 발언에 대한 코멘트를 요구했는데, 하나같이 "아무런 근거도 없다", "단순 억측이 아닌가?"라며 중국인설을 명확히 부정했다. 스즈키의 발언은 인터넷에 돌아다니는 단순한 '대답'을 발견하고, 적을 설정해 증오를 부추기는 넷우익다운 방식 그 자체였다. 공인이어야 할 의원이 할 짓은 아니었다.

　이렇게 해서 우파 학생운동을 모체로 한 운동은 각자의 방향으로 흩어졌다. 그중에서도 지금 일본에 가장 큰 영향을 끼치는 조직은—전국학협 전직 간부들이 중심인 보수운동—일본회의이다. 다음 장에서는 일본회의의 역사를 검증해보겠다.

5 장

종교 우파와
일본회의

양복을 입은 우익

시대와 함께 우익의 모습도 변했다. '바뀌지 않는 것'을 마음의 기둥으로 삼고, '바뀌는 것'을 혐오해온 우익이었지만, 시대의 파도는 역시 가치관을 씻어내고, 참가자를 바꿨다.

"새로운 우익의 주역들은 결코 폭력단이 아니었다." 우익 연구의 일인자인 호리 유키오堀幸雄(《마이니치신문》 기자, 대학 교원 등을 거쳐 평론가로 활동)는 1970년대 이후의 우익을 그렇게 평가했다.

그렇다면 '주역'은 누구일까? 호리는 저서 《전후의 우익 세력戰後の右翼勢力》(勁草書房)에서 다음과 같이 썼다.

"우리의 일상 주변에 있으면서 신심信心이 깊은 사람들이다. 거리 우익이 '제복을 입은 우익'이라면, 이쪽은 어디에나 있을 샐러리맨풍의 '양복을 입은 우익'이다. 그들이 대중 속으로 들어가 대중운동을 조직해서 오늘날의 우경화, 반동화의 첨병이 되었다."

이 책은 1983년에 초판이 발행되었다. 이미 35년 이상의 세월이 지났으나, 호리의 인식은 지금의 일본에도 그대로 통한다. 오늘날 우익이라는 말을 들으면 제일 먼저 연상하는 선전차나 특공복은, 우파로 불리는 진영에서는 소수파의 장식품에 불과하다. 눈에는 띄어도 주류가 아니다. 호리는 이렇게 계속 말한다.

"그들이 대중 속으로 들어갈 수 있었던 건 역으로 말하면 대중이 우익을 받아들일 여지가 있었다는 것을 보여준다. 대중은 '제복 입은 우익'을 두려워하지만, 한편으로는 '양복을 입은 우익'의 이데올로기를 받아들이고 만다."

내 나름대로 시대 상황을 덧붙이자면, '대중'은 이제 '제복을 입은 우익'이 필요하지 않다. 그런 만큼 이미 일본 사회는 우경화를 진행하지 않았을까?

오늘날 '양복을 입은 우익'은 좀 더 캐주얼한 모습으로 우파의 세력도를 새롭게 칠하고 있다. 그렇다면 이런 흐름의 단서를 어디에서 찾을 수 있을까? 역사의 시계바늘을 앞 장의 끝 부분에서 언급한 우익 학생운동이 쇠퇴해가던 시기인 1969년으로 되돌려보자.

대일본제국 헌법 복원 결의

오카야마현岡山県 나기정奈義町―돗토리현鳥取県과 경계를 접하는 인구 약 6,000명 정도의 조그마한 동네이다. 대부분은 산림과 들판이며, 기차역도 고속도로의 인터체인지도 없는 과소지이다.

이런 작은 마을 나기정이 예전에 딱 한 번 온 일본의 주목을 받았다. 1969년에 이곳 정의회에서 '대일본제국 헌법 복원 결의'를 가결했던 것이다. 일본국 헌법을 파기하고, 메이지 시대에 제정한 대일본제국 헌법을 '복원'하라는 내용이었다. '개헌'이 아니라, 메이지 헌법 그 자체의 '복원'이었다. 패전한 지 20년 이상이 지났는데 왜 대일본제국 헌법을 복원하라고 주장했던 것일까?

2017년 정의회 사무국을 찾았다. 사무국에는 당시 결의 제안 이유서가 남아 있었다. 우선 이유서의 첫머리에는 일본국 헌법을 헌법으로 인정할 수 없는 이유가 제시되어 있었다.

"현행 일본국 헌법은 그 내용이 전부 전승국이 점령 목적을 수행하기 위해 임시로 헌법이라 칭한 행정관리기본법에 불과하다는 사실은, 이미 의원 여러분이 알고 있을 겁니다."

"(1952년에) 일본이 독립했을 때 대일본제국 헌법을 부활시켜야 했는데, 일본국 헌법을 그대로 24년 동안 방치하여 오늘날에 이르렀습니다." 이른바 "(미국이) 강요한 헌법론" 주장이다. 또 이 '강요 헌법'이 일본에 다양한 '폐해'를 끼쳤다고 주장한다.

"대학 폭동을 비롯해서 이제 국내는 수습하기 어려운 무법 상태가 되었습니다." "주권재민의 민주주의를 신봉하는 영국과 미국을 모방하면서 상징 천황을 받든다는, 마치 나무에 대나무를 가져다 붙인 듯한 이상한 국체를 만들고, 언론의 자유를 비롯하여 사상, 신앙, 학문, 표현의 자유와 개인의 권리만을 우선하기 때문에 국권이 쇠퇴하는 상황을 눈 뜨고 볼 수 없습니다." "우리나라에 살며 일본의 보호를 받으면서, 그 일본을 가상 적국이라고 공연히 말하고, 일본을 타도할 목적을 가진 조선대학교를 비롯해서 국내에 초·중·고등학교 등 무려 수백 개나 되는 반체제 교육시설도, 점령 헌법 제23조에 따라 자유라고 합니다." 인간의 자유보다도 우선해야 할 '국체'가 있다고 주장하고, 게다가 민족교육을 '반체제'라고 딱 잘라 말하고 있다.

계속해서 '사상의 자유', '표현과 언론의 자유'는 "매와 욕설의 자유로도 이어진다"고 주장하고, 현행 혼인 제도도 전통적인 가족 제도를 '말살'하는 것이며, 파업을 인정한 '근로자의 단결권'도 '종래는 비합법'이었다고 한탄한다. 최종적으로 이 이유서는 현행 헌법을 '만악의 근원'이라 평가하고, "국화향이 느껴지는 도의국가 일본을 재건하기" 위해서는 "메이지 흠정 헌법을 복원하는 것 외에는 방법이 없다"고 마무리한다.

당시 정의회(정수 17의석)에서는 이 제안을 10대 7로 가결했다. 접전이 벌어졌다. 의회 사무국에서 의사록을 확인하니, 일부 보수 계열 의원들 중에서도 이 제안에 계속 의문을 제기했다. "개헌 결의라면 찬성하겠으나, 구 헌법 복원은 의미가 없다." "이 건은 본래 국회에서 논의해야 하지 않는가?" 당연한 의견이었지만, 2시간의 질의를 거쳐 의안은 가결되었다. 이렇게 해서 산간벽지 조그마한 마을에서 가결한 '대일본제국 헌법 복원'은 순식간에 세상을 떠들썩하게 만들었다.

독실한 '생장의 집' 신자

취재를 계속하던 중 이 결의의 주역이라고 할 만한 인물이 부상했다.

노부하라 요시타로延原芳太郎—종전 직후부터 나기정의 정의회의원으로 활동했으며, 결의 당시에는 정의 농지위원회 회장을 맡은 인물이다. 당시 관계자는 그를 두고 이렇게 말했다. "지역의 보스 같은 존재였어요. 정의회의원을 애송이 취급하는 사람으로, 마지못해 따르는 의원도 있었습니다."

노부하라에게는 여러 개의 다른 얼굴이 있었다. 오카야마시에 본부가 있는 우익단체 간부로서의 얼굴, 그리고 열렬한 '생장의 집' 신자로서의 얼굴이었다. 덧붙이자면 대일본제국 헌법 복원은 '생장의 집' 창시자인 다니구치 마사하루의 지론이기도 했다. 앞서 소개한 관계자의 이야기를 계속 들어보자.

"노부하라 씨는 다니구치 교조에게 빠져들었어요. 생장의 집 오카야마 교화부에도 속했으며, 선두에 서서 대일본제국 헌법 복원을 위해 의회 공작을 했습니다."

의원들을 위압하는 한편, 지역에서 학습회를 반복해서 열어 정의 유력자들에게도 '복원'의 필요성을 호소하며 다녔다. 그랬던 노부하라는 1990년 92세의 나이로 사망했다. 가족들에게 그에 관한 이야기라도 들어보기 위해 노부하라의 집을 방문했다. 그런데 한창 장례식이 진행 중이었다. 노부하라의 장남이 막 87세가 된 전날에 사망했다고 했다. 장례식 중인데도, 노부하라의 손자에 해당하는 남성(59세)이 "모처럼 오셨으니까"라고 말하며 나를 집 안으로 들어오게 해주었다.

아버지의 영정 앞에서 남성은 "복원 결의를 하던 시점에는 아직 어렸기 때문에, 잘 기억나지 않지만"이라고 먼저 말해두고, 다음과 같이 말했다.

"할아버지께서 저를 생장 집의 집회에 자주 데려가셨습니다. 어쨌거나 할아버지가 다니구치 선생을 존경했다는 사실은 잘 알고 있었습니다. 복원운동은 그 다니구치 선생의 가르침에 따라 할아버지께서 나름의 역할을 다한 결과라고 해야겠죠."

벽에는 노부하라 요시타로의 사진이 걸려 있었다. 하얀 턱수염과, 일종의 살기를 느끼게 하는 듯한 예리한 눈빛이 인상적인 인물이었다. 남성은 "제게 정치 신념을 강요하는 듯한 행동은 하지 않으셨어요"라고 말했지만, 막 사망한 노부하라의 장남은 직접 우익단체를 주재했고, 이 남성 또한 그 단체의 '총재'를 맡고 있었다. 일교조 대회 등에 선전차를 타고 가는 '행동 우익'의 리더였던 것이다.

'기이한 사건'으로 비웃을 수 없는 이유

1969년 나기정에서 가결한 '대일본제국 헌법 복원 결의'는 그 후 각지로 번지지는 않았다. 세상에서는 "시골 동네에서 뜻밖에 발생한 불행한 일" 정도로 인식했을 뿐이다.

하지만 결의를 실질적으로 후원한 생장의 집은 이듬해 1970년, 현청 소재지인 오카야마시에서 '정통 헌법 복원 개정 전국대회'를 개최했다. 교조인 다니구치도 오카야마를 방문해 참가자들 앞에서 강연을 했다. 그 기록은 나중에 《모든 악의 원인 현행 헌법諸悪の因 現憲法》(日本教文社)이라는 제목의 책으로 출간되었다. 이 책의 '서문'에는 "천황에게서 정치적 생명을 빼앗기 위해", "맥아더가 지어낸" 것이 일본국 헌법이라고 말한 다음, 아래의 내용이 이어진다.

"가족 제도는 파괴되었고, 점령 헌법 제24조로 인해 가족보다 포르노를 우선하게 되어 선조, 부모와 자식의 관계는 단절되었으며, 국가는 단순히 국민이라 부르는 개인주의자를 조합원으로 하는 복리조합이 되었고, 국민은 외설 문서, 포르노 영화 그 외의 영향으로 끝없이 성 퇴폐의 나락을 향해 떨어지는 중인데, 이 상황을 막으려 해도 점령 헌법이 보장하는 '표현의 자유'를 침해한다는 이유로 막을 수가 없다." "성생활의 자유를 보장한 헌법 제24조로 인하여 간통과 이혼이 자유로워졌으며, 겨우 여고생의 나이에 낙태를 하는 자들이 빈번히 생기고 있으며 ……"

'포르노'나 '간통'을 일본 문화를 파괴하는 원흉으로 간주하고, 일본국 헌법이 그 상황을 촉진한다고 주장하는 부분은, 전전의 가족 제도를 이상으로 여기는 당시의 생장의 집다운 주장이었다.

물론 이 사건 하나가 일본 사회에 각별한 영향을 끼치지는 않았다. 기이하게 보였기 때문에 화제가 되었을 뿐 시계바늘을 전전으로 되돌리려는 움직임은 전국에서 왕성해지지 않았다. 그렇지만 이때부터 일본의 우파 세력은 헌법 개정을 최대의 정치 과제로 내걸게 된다.

지금 이 '기이한 사건'을 비웃을 수 없는 이유는, 대일본제국 헌법의 복원, 즉 현행 헌법의 파괴를 매우 진지하게 주장하는 자들(그중에는 정치가도 있다)이 그 나름대로 영향력을 가진 세력에 있기 때문이다. 적어도 헌법은 이제 '개정'을 눈앞에 두고 있다.

자민당 본부에서 열린 개헌집회

앞 장에서 말한 대로, 우파 학생운동은 1970년 안보 투쟁의 종언, 신좌익 계열의 학생운동의 몰락과 함께하듯, 그 힘을 완전히 잃어가고 있었다.

그리고 학생들을 대신해 우파의 주역으로 '생장의 집' 같은 종교 보수가 등장했다. 그들이 바로 새로운 테제로 개헌을 들고나왔다.

생장의 집 신자이며, 나가사키대에서 자치회를 장악해

우익 학생운동의 역사를 새로 쓴 가바시마 유조는 1970년에 자퇴했다. 당시 생학련 출신자 대부분은 교단 직원이 되었으나, 가바시마는 전업 운동가로서 '우파'를 부흥하는 길을 선택했다. 그해에 가바시마의 호소로 일본청년협의회(일청협)가 설립되었다.

일청협은 생학련 출신자를 모아 결성한 청년 우익 조직이다. 초대 위원장은 에토 세이이치(현 자민당 참의원 의원)였으며, 가바시마는 실무를 다루는 사무국장에 취임했다. 그 일청협은 창립 때부터 줄기차게 생장의 집의 다니구치가 외친 개헌을 주장해왔다. 일청협은 각지에서 개헌집회를 펼쳤다.

1976년 5월 3일. 당시 미키 다케오 내각은 정부가 주최하는 헌법기념대회를 헌정기념관에서 개최했다. '의회의 아들'을 자칭하며 보수 리버럴의 길을 걸었고, 좌우의 전체주의를 혐오했던 미키는 우파가 펼치는 개헌운동을 차가운 시선으로 보았다. 미키는 국회에서도 "개헌을 추진하지 않겠다"고 단언했다. 헌법기념대회는 미키의 호헌 자세를 보여주는 장소이기도 했다.

이런 미키에게 일청협 등의 우파 세력들이 반발했다. 이날 일청협 멤버 등 1,500여 명이 항의 차 자민당 본부로 몰려들었다. 그들은 당 본부 8층 대형 홀에서 개헌집회를 강행 개최했다. 집회에는 자민당에서도 매파 의원들인 다마키 가즈오玉置和郎(생장의 집이 지원), 나카오 에이이치中尾榮一, 나카가와 이치로中川一郎 같은 이들이 참가했다. 주최자를 대표해서 가바시마가 "자민당은 개헌을 강행하라", "미키 내각 규탄"의 비난

연설을 했다.

"여러분, 전후 30년 동안 좌익 세력과 혁명 세력의 강요로 자민당은 왼쪽으로 선회했습니다. 나아가 좌익의 공세로 일본이 왼쪽으로 움직였다고 말할 수 있습니다."

가바시마의 연설에 만석인 회장에서 고막을 찢을 듯한 박수소리가 울렸다.

당 본부 8층 창문에는 "정부가 주최하는 헌법 식전式典을 규탄한다"라고 큼지막하게 쓰여 있는 현수막이 걸려 있었다. 일청협과 자민당 매파의 모반극이었다.

하늘의 계시

이듬해 1977년, 가바시마를 중심으로 하는 일청협 사무국은, 그 시절 원호법제화 운동 등에 관여한 우파단체 '일본을 지키는 모임日本を守る会'(줄여서 지키는 모임) 사무국도 겸했던 듯하다.

이 '지키는 모임'은 1974년에 결성되었다. 이 단체의 설립 발기인은 린자이종臨濟宗 엔가쿠지円覺寺파 본산 가마쿠라鎌倉 엔가쿠치 관주貫主를 맡았던 아사히나 소겐朝比奈宗源이었다. 서예가로 높은 평판을 받았으며, 방송업계에서는 〈미토 고몬水戸黃門〉, 〈오오카 에치젠大岡越前〉 등의 시대극에 제자題字를 휘호한 사실로 알려져 있다.

아사히나는 원래 평화운동에 열중하여 가가와 도요히코

賀川豊彦*, 오자키 유키오尾崎行雄** 등과 함께 세계연방운동 등에 관여한 경력이 있다. 하지만 이세신궁을 참배했을 때, '하늘의 계시'를 받아 세계관이 확 바뀌었다고 한다.

종교가의 입장에서 우파운동 조직을 설립하기 위해 활동한 아사히나는 생장의 집의 다니구치에게 의존했다. 우익 학생운동의 흑막이었으며, 그 시절에 이미 생정련(생장의집정치연합)을 조직해 자민당 내에도 발판이 있었던 생장의 집은 아사히나에게 전면적인 협력을 자청했다.

일청협 기관지《조국과 청년祖国と青年》(1985년 8월호)에 그 경위가 회고록 형식으로 묘사되어 있다. 이 글은 도미오카 하치만궁富岡八幡宮의 궁사였던 사와와타리 모리후사澤渡盛房가 썼다. 사와와타리는 선대 궁사인 도미오카 모리히코富岡盛彦의 '비서'로 각지에 그와 동반했다. 회고록에 따르면 1973년쯤 도미오카는 이세신궁 숙소에서 아사히나와 같이 머물며, 일본의 현 상황을 우려하는 논의를 나누고 의기투합했다. 그래서 구체적인 운동을 일으키고자 두 사람은 최초의 상담 상대로 다니구치를 방문했다고 한다.

---

*   1888~1960. 일본의 기독교 사회운동가. 전전 일본에서 노동운동, 농민운동, 무산정당 활동을 했으며 일본농민조합을 창설하는 등 박애 정신을 실천하려고 했다.

**   1858~1954. 일본의 정치가. 원래 언론계에서 활동하다가 정당에 들어가 1890년 제1회 중의원 선거에 출마해 당선되었다. 이토 히로부미를 탄핵하는 연설을 했으며, 1912년 다이쇼 데모크라시 와중에 당시 수상인 가쓰라 다로를 가리켜 "천황을 흉벽으로 삼고 칙령을 탄환으로 삼았다"는 말로 탄핵하여 가쓰라 내각의 총사직에 기여했다. 도쿄시장 등을 지냈으며 1953년 낙선하자 은퇴했다. 95세의 나이로 사망할 때까지 당선 25회, 공직 재직 기간 63년이라는 기록을 세웠다. 별명으로 '헌정의 신', '의회정치의 아버지'가 있다.

아래는 회고록에서 인용한 부분이다.

두 대인(인용자 주=아사히나와 도미오카)이 다니구치 총재와 방문 취지를 번갈아 주고받았다. 세상을 탄식하고, 종교심을 널리 퍼뜨릴 것을 주장하면서, 당연히 많은 논의가 여기저기에서 일어나야 하며, 또 정신운동이 필요하다는 삼자의 논담이 펼쳐졌다.
그때였다. "조국 일본을 본래의 모습으로 되돌릴 수 있다면, 우리는 생장의 집 한두 개 정도 박살 나도, 어쩔 수 없는 일이요. 우리는 그런 각오와 확고한 결의로 생장의 집을 거점으로 종교 활동에 정진했소. 우리는 협력을 아끼지 않을 것이오. 생장의 집의 활동 목적은 그 점에 있소." 다니구치 총재의 입에서 듬직한 말이 나왔다
실로 애국자의 잠언이었다. 이 말을 듣고 힘을 얻은 두 대인은 분담하여 유식자들을 설득하러 다닌 끝에 쇼와 49년 4월 2일, 메이지기념관에서 '일본을 지키는 모임'을 발족하기에 이르렀다.

이 말이 정확한 기록이라면, 다니구치는 상당한 결의로 협력을 자청한 셈이다. 실제로 '지키는 모임' 사무국은 생장의 집과 관계된 일청협 스태프가 그대로 들어왔다.

또한 '지키는 모임' 설립에 관여한 도미오카 하치만궁은 2017년 12월, 누나와 남동생의 다툼을 계기로 벌어진 살상 사건으로 세상의 주목을 받았다.* 예전에 다니구치와 함께 "유

식자를 설득하러 다닌" 도미오카 모리히코는 사건 당사자인 두 사람의 할아버지였으며, 그 경위로 도미오카 하치만궁은 우파 운동권에서 경의를 표하는 존재가 되었다.

반동

'일본을 지키는 모임' 설립 당시의 임원은 생장의 집이나 도미오카 하치만궁뿐 아니라 메이지신궁, 아사쿠사지, 불소호념회佛所護念会, 세계진광문명교단世界眞光文明教團, 수양단修養團, 모랄로지연구소モラロジー研究所 등 모두 종교단체의 대표자들이었다. 말하자면 종교계 우파의 대동단결이었다.

'지키는 모임'은 결성 취지서에서 "애국심이 희박"해진 일본의 현 상황을 우려하여 "전후의 폐풍을 일소해서 윤리국가를 재건"하기 위해 노력한다고 했다. 즉 그들의 목적은 '전후'라는 시대를 부정하는 것이었다. 언론의 자유와 민주주의, 인권, 평등, 반전평화라는 개념은 일본을 민주국가로 만들어 발전시킨 초석이었다. 하지만 우파는 거기에서 '파괴되어가는 국체'를 보았다. 있어야 할 일본이 사라진다고 느꼈다. '지

★　도미오카 하치만궁의 궁사가 전임 궁사인 친동생에게 살해당한 사건. 범인은 방탕한 행위 등의 이유로 궁사에서 해임되었는데, 이에 앙심을 품고 전국의 신사 관계자와 잡지사에 새로 궁사에 취임한 누나를 중상모략하는 편지를 보냈다. 2017년 12월 7일 심야에 범인은 아내와 모의해 하치만궁을 습격해 누나를 살해했다. 도주하던 중 아내를 서바이벌 나이프로 찔러 죽이고 본인도 자살했다.

키는 모임'을 결성하기 2년 전에 있었던 총선거에서 일본공산당이 38의석을 획득하여 대약진을 맞이한 상황에도 위기감을 느꼈을 것이다.

말하자면 전후 민주주의에 대해 종교 우파를 중심으로 한 세력들의 반동^{Backlash}(되흔들기)이 시작된 것이다. 이 흐름은 모든 권리의식을 부정하는 현대의 넷우익의 사고로도 이어진다. 애국심과 개헌의 깃발을 높이 내걸고, "일본을 지켜라"라고 외치며 전후라는 시간을 부정하는 회로는, 실로 이 시대에 탄생했다고 해도 좋다.

그리고 전후를 부정하기 위해서는 선전차도, 폭력도, 혹은 학생으로 한정된 당파도 필요 없었다. 대중운동이 필요했다. 우익 내부에서 냉정하게 시대의 흐름을 바라본 전 일수회 대표 스즈키 구니오의 견해도 마찬가지였다.

"나라를 위해 죽을 수도 있다. 그때까지의 우익에게 있었을 법한 이런 멘탈리티는 그 무렵부터 시대에 뒤떨어지게 되었습니다. 그 이후 운동의 흐름은 옛 우익이 그랬듯이 연대를 의식하면서 대중운동을 고조하는 방향으로 바뀌었습니다."

종교 우파의 대동단결은 나중에 거대 조직이 되는 일본회의의 원류 중 하나가 되었다.

원호법제화 운동의 승리

'일본을 지키는 모임'의 특필할 만한 성과로 '원호법제화 운동'을 들 수 있다. 전전에는 법적 근거를 부여받았던 원호(메이지, 다이쇼, 쇼와, 헤이세이 등 연 단위로 붙인 칭호)는 전후에 법적 근거를 잃고 일반적 관행으로만 사용되고 있었다. 우파는 만약 쇼와 천황이 서거한다면, 그대로 원호는 사라질지도 모른다는 위기감을 느꼈다. 그래서 '지키는 모임'은 적극적으로 '원호법제화 운동'을 벌였다. 원호에 법적 근거를 부여하고 유지하려는 목적을 가진 운동이었다. 우파 세력에게 원호는 천황제를 지키기 위한 생명선이기도 했다.

'지키는 모임'의 호소로 1978년 '원호법제화실현국민회의'가 결성되었다. 이 단체는 전 최고재판소 장관인 이시다 가즈토石田和外를 대표로 앉힌 대중운동 조직이었다. 생장의 집, 그리고 전국에 신사 네트워크를 가진 신사본청이 실행 부대가 되었다.

전국 각지에 '원호법제화'를 주장하는 원정대를 파견하고 각각의 지방 의회와 교섭했다. 나아가 저명인을 초청한 집회, 데모 행진 등을 펼쳤다. 그 결과 전국 지방의회의 약 반수에 해당하는 1,632개 의회에서 '원호법제화'를 요구하는 결의안을 채택했다.

마치 바닥을 기는 듯한 풀뿌리 운동의 성과였다. 결과적으로 1979년에 우파 세력이 간절히 원하던 '원호법'이 국회에서 성립했다. 우파 대중운동의 빛나는 성공 체험이었다. 또한 이 원정대의 대장을 맡아 '원호법제화실현국민회의' 사무국장을 맡은 이가 바로 그 가바시마였다. 나가사키대학에서 자치회 선거를 치렀을 때부터, 가바시마는 배웠을 것이다. 갑작

스런 행동으로 세간의 이목을 집중시키기보다는 지루한 운동을 계속해서 세상을 움직이는 중요성을 말이다.

연대와 단결, 지방에서 중앙으로. 그들은 좌익운동의 특기였던 풀뿌리 운동의 노하우를 자신들의 운동에 도입했다.

교육 정상화 운동

가바시마가 사무국장을 맡은 '원호법제화실현국민회의'는 당초의 목적을 달성했으나, 이 대중운동의 승리를 이어갈 필요가 있었다. 그래서 '원호법제화실현국민회의'를 발전적으로 해소하는 형태로, 새로운 단체를 만들었다. 그 단체가 '일본을 지키는 국민회의'이다.

1981년 10월 27일, 호텔 뉴오타니에서 결성식을 열었다. 의장으로 가세 도시카즈加瀨俊一*가 취임했다. 그는 일본에서 첫 유엔 대사를 지낸 외교관 출신이었다. 외교평론가로 활약하는 가세 히데아키加瀨英明**의 친아버지로, 오노 요코小野洋子의

---

* 1903~2004. 일본의 외교관. 도쿄상과대학(지금의 히토쓰바시一橋대학)을 졸업한 후 외무성에 들어가 해외 근무, 외무대신 비서관 등을 지냈다. 1933년 일본의 국제연맹 탈퇴, 1940년 일본과 소련의 불가침조약 체결 현장 등에 수행원으로 참석했으며, 1945년 9월 2일 미국 전함 미주리USS Missouri 함상에서 일본이 항복 문서에 조인할 때, 외무대신 시게미쓰 마모루重光葵를 수행했다. 이후 일본의 첫 유엔 대사를 지냈다.

** 1936~ . 일본의 외교평론가. 가세 도시카즈의 아들로 일본회의, 새로운 역사교과서를 만드는 모임 등에서 활동을 펼쳤다. 일본군 '위안부' 문제를 다룬 다큐멘터리 영화 〈주전장主戰場〉에서 그는 "중국은 붕괴될 것이고 한국은 일본에 의지할 수밖에 없게 된다. 그 순간부터 한국은 이 세상에서 가장 친일적인 나라가 된다. 한국은 정말

1945년 9월 2일 항복 문서에 조인하기 위해 미국 전함 미주리에 오른 가세 도시카즈(오른쪽 가방을 든 인물). 맨 앞 지팡이를 짚고 있는 인물은 외무대신 시게미쓰 마모루다.

외가 쪽 삼촌으로도 알려졌다. 운영위원장에는 작곡가 마유즈미 도시로黛敏郎가 취임했다. 또 실행위원 멤버로는 종교인 외에도 이시이 고이치로石井公一郎(브릿지스톤사이클의 전 사장) 등 경제인, 오타무라 시로小田村四郎(나중에 다쿠쇼쿠대학 총장)를 비롯한 학자, 오노다 히로오小野田寬郎***(전직 군인), 미나미 하루오

귀여운 나라다. 버릇없는 꼬마가 시끄럽게 구는 것처럼 말이다"라는 식으로 말했다. 《추한 한국인》의 저자이기도 하다.
*** 1922~2014. 일본 육군의 군인으로 원래는 무역회사에 근무하다가 전쟁 중에 입대하여 첩보 및 게릴라전 전문 교육을 하는 육군 나카노 학교에서 교육을 받고 소위로 임관했다. 필리핀의 루방섬에서 근무하던 도중 1945년 미군의 공격을 받고 밀림으로 도망쳐서 게릴라전을 펼쳤는데, 일본이 패배했음에도 미국의 모략으로 판단하고

三波春夫(가수) 같은 각계의 저명인이 이름을 올렸다.

이제 '일본을 지키는 모임'과 '일본을 지키는 국민회의'라는 두 개의 우파단체가 존재하게 되었다. '지키는 모임'이 종교 우파를 중심을 하는 단체인 데 반해, '국민회의'는 좀 더 대중운동을 의식한 진용이었다. 이 두 개의 단체가 합병해서 1997년 일본회의가 되었다.

'국민회의'는 최대 목표로 개헌을 내걸었지만, 더 나아가 자주방위와 일본의 전통에 근거한 교육의 실현도 획득 과제로 삼았다. 그중에서도 '교육 정상화 운동'에 힘을 쏟았다. '국민회의'의 인식에 따르면, 전후 학교 교육은 일교조의 강력한 지배 아래 놓여, 학교에서 사용하는 교과서도 일본의 전통문화를 경시하는 매우 불공정한 내용이었다. '국민회의'는 '적화 교육'이 진행 중인 학교 현장을 비판할 뿐 아니라 독자적 교과서 편찬에도 나서게 되었다.

교과서 편찬운동의 직접적 계기는, 1982년에 있었던 교과서 검정 문제였다. 그해, 다음 연도에 사용할 교과서 검정 과정에서 제2차 세계대전 중 일본의 식민지 정책이 '침략'에서 '진출'로 바뀌었다고 일부 언론이 보도했다. 이는 결과적으로 오보였지만, 그 과정에서 중국과 한국 등이 강하게 항의한 사실에 우파가 크게 반발했다.

1972년까지 항복하지 않았다. 1972년에 일본인 모험가와 접촉하여 소재가 파악되자, 전전의 상관이 그에게 직접 명령서를 건네고 필리핀군에게 무장해제당하는 형식으로 전쟁을 끝냈다. 이후 일본에 귀국했으나 현대 일본에 적응하지 못하고 브라질로 이민 갔다가, 다시 일본에 돌아와서 우익 활동을 하던 도중 사망했다.

그해 10월, 이 문제를 논의하는 '국민회의'의 교육 문제를 생각하는 간담회가 열렸다. 그 자리에서 '국민회의' 멤버이기도 한 고야마 겐이치香山健一가 "이번 기회에 직접 교과서를 만들어야 한다"고 주장했다. 고야마는 나카소네 야스히로中曾根康弘* 정권의 브레인으로도 알려졌으나, 도쿄대 학생 시절에는 학생운동의 투사로 전학련(전일본학생자치회총연합) 위원장도 지냈다. 분트(공산주의자동맹)를 결성했을 때 간부이기도 했다. 이 고야마의 후원을 통해 '국민회의' 주도로 1985년 고등학교용 역사교과서인 《신편 일본사新編日本史》를 문부성(당시)에 검정 신청했다.

하지만 복고조의 내용에 중국과 한국이 반발했을 뿐 아니라, 언론도 비판을 가했다. 또 내용에는 초보적 실수도 많았기에 보수파 학자들조차도 교과서의 불충분한 내용을 지적하는 목소리가 줄을 이었다. 문부성이 내놓은 몇 차례의 수정과 개선 의견을 받은 뒤 겨우 검정에 합격했지만, 교육 현장에 정착하지는 못했다. 그럼에도 독자적 사관에 근거한 교과서를 만들려는 움직임이 이것으로 무너지지는 않았고, 오히려 우파 진영에 자극을 주어 정책 목표의 큰 기둥으로서 교과

---

* 　1918~ . 일본의 정치인. 도쿄제국대학을 졸업하고 내무성의 관료가 되었다가 제2차 세계대전이 발발하자 해군 경리 장교로 임관했다. 전후에 다시 관료 생활을 시작했으나 얼마 지나지 않아 사직하고 중의원 선거에 출마해 당선되었다. 이후 방위청 장관 등을 거쳐 총리가 되었다. 총리 재임 기간 동안 미국의 레이건 정권의 파트너로 미일 공조에 힘을 쏟으면서 한국의 전두환 정권과도 협조했다. 한편 그의 재임 기간 중 총리의 야스쿠니신사 참배 문제, 역사교과서 문제 등 우경화에 관한 논란이 많이 발생했다.

서 만들기를 내세우게 되었다.

1997년에는 '새로운 역사교과서를 만드는 모임'이 발족했으며, 그 후 교육 현장에서 일정한 영향력을 발휘했는데, 이때에도 확실히 전 '국민회의' 관계자들이 강력한 원군으로 운동을 지원했다(이에 대해서는 뒤에서 서술한다).

수백 대의 선전차보다 우수한 대중운동

1985년 자민당은 결당 30주년을 계기로 당 강령을 재검토하겠다고 발표했다. 리버럴파로 알려진 다나카 슈세이田中秀征 등이 중심이 되어 강령을 짰다. 그 강령에 "앞으로도 일본국 헌법을 존중한다"는 구절이 있는데, 이에 대해 우파 진영이 크게 반발했다.

창당 이래 개헌을 당의 기본 방침으로 삼은 자민당이 호헌을 주장한다면, 당의 존재의의를 부정할 뿐 아니라, 자민당을 지지해온 '지키는 모임'과 '국민회의'의 입장에서는 용서할 수 없는 폭거였다. 두 단체는 자민당 내의 의원을 끌어들여 호헌 자세를 거듭 비판했다. 결국 다나카 등이 손을 댔던 원안은 파기되었고, "자주헌법 제정"이라는 문구를 강령에 넣기로 했다.

확실히 말할 수 있는 것은, 자민당은 이미 이러한 우파 대중운동의 힘을 무시할 수 없게 되었다는 사실이다. 자민당은 예전에 우익단체를 자기의 폭력 장치, 별동대로서 자리매김

하고 이용했지만, 세상의 비판을 받을 때마다 그들을 버렸다. 하지만 '지키는 모임', '국민회의'가 대표하는 풀뿌리 우파 집단은 대중이라는 배경을 가졌다. 자민당에게는 시장 중 하나였다. 덧붙이자면, 우파 세력은 자민당과의 관계를 구축하는 과정에서 당내에 동조를 늘려왔다. 연대하고, 단결하면서 때로는 감시하고, 의견을 내놓고, 그러면서 내부에 끼치는 영향력이 커졌다. 예전의 혁신 정당과 노조의 관계와도 비슷한 형태였다. 그렇기 때문에 우파 세력 쪽도 자민당에 아무런 거리낌이 없었다. 대중운동은 수백 대의 선전차보다 우수했다.

앞서 말한 미키 다케오 내각의 헌법기념대회에 항의한 것도 그렇지만, '지키는 모임'을 비롯한 풀뿌리 보수는, 때로는 자민당도 공격했다. 1995년 지샤사自社さ 연립정권*(무라야마 도미이치村山富市** 내각)이 전후 50주년 국회 결의***를 했을 때였다. 1년 전인 1994년 무라야마 수상이 전후 50주년을 매듭짓기 위해 '부전결의不戰決議'를 내놓을 조짐을 보이자, '지키는 모임', '국민회의'는 이를 "사죄 행동과 다름없다"는 이유

---

* 자유민주당-일본사회당-신당 사키가케 연립정권.

** 1924~ . 일본의 정치인. 81대 총리로 식민지 지배와 침략으로 여러 나라의 국민들에게 피해를 주었음을 재확인하고 사과하며 국제 협조를 촉진한다는 무라야마 담화를 발표했다.

*** 1995년 6월 15일 중의원에서 가결된 국회 결의로 정식 명칭은 〈역사를 교훈으로 삼아 평화를 향한 결의를 새롭게 하는 결의〉이다. 결의문의 일부는 다음과 같다. "우리는 전후 50주년을 맞이하여 이 전쟁으로 인해 전 세계에서 희생된 분들을 진심으로 추도한다. 또한 세계의 근대사 속에서 수많은 식민지 지배와 침략행위가 발생한 사실을 생각하여, 우리나라가 과거에 이러한 행위를 행하여 다른 나라 사람, 특히 아시아 여러 나라의 국민께 고통을 준 사실을 인식하고 깊은 반성의 뜻을 표명한다." 그리고 그해 8월 15일 무라야마는 무라야마 담화를 발표했다.

로 일제히 비판 행동을 벌였다. '원호법제화 운동' 때와 마찬가지로 전국에 원정대를 파견했다. '사죄 결의 반대' 서명 활동을 펼쳤다. 원정대는 500만을 넘는 서명을 모았다. 이렇게 '노력'한 보람이 있어서 당초 자민당도 포함된 무라야마 내각이 원안에서 제시한 "사죄와 반성"의 자세를 누그러뜨릴 수밖에 없었다. 지난 세계대전에서 벌인 침략행위를 "세계의 근대사 속에서"라는 수식어를 붙여 일반화했다.

하지만 그럼에도 '지키는 모임' 측은 납득하지 못했다. 중의원에서 결의가 가결된 날, 가바시마 등 '지키는 모임' 관계자들이 당시 자민당 간사장이었던 무라카미 마사쿠니村上正邦에게 몰려가 간사장실을 점거했다.

무라카미는 '생장의 집' 신자로 지금까지도 우파 세력과 자민당의 가교를 맡고 있다. '지키는 모임' 사무국에 적을 둔 적도 있기에, '지키는 모임'이나 '국민회의'에게는 '가족'이라 할 만한 존재였다. 당연히 무라카미 또한 지지 단체의 요망에 응하려고 움직였지만, 결의안은 중의원에서 가결되었다. 간사장실에 눌러앉은 가바시마 등 '지키는 모임' 관계자들은 이런 상황에 격노하여 욕설을 퍼부었다고 한다. 무라카미가 "참의원에서는 가결시키기 않겠다"고 약속했기 때문에 어떻게든 그 자리를 수습할 수 있었다(실제로 참의원에서는 결의하지 않았다).

그리고 일본회의로

1997년—'지키는 모임'과 '국민회의'가 통합하는 형태로 '일본회의'가 발족했다.

1년 전인 1996년 '국민회의'는 총회에서 '지키는 모임'과 조직을 통합하기로 결의한 바 있다. 의장인 마유즈미 도시로는 앞으로도 개헌운동을 추진하겠다고 말한 다음, 새로운 조직의 필요성에 관해서 이렇게 말했다.

"교과서 문제, 영토 문제, 부부 별성 문제, 국적 조항 문제 같은 현재 발생한 문제들은 우리가 국민회의를 결성했을 때 예상하지 못한 문제였습니다. 일본은 전후 두 번째 위기를 맞이했습니다. 새로운 힘을 키워 국민 여론을 올바르게 세워야 합니다."

그건 그렇다고 쳐도, 왜 이 시기였을까? 두 조직이 통합한 이유를 우익 전문가인《아사히신문》기자 후지우 아키라藤生明는 무라카미 마사쿠니를 취재하는 과정에서 다음과 같이 밝히고 있다. 그 계기는 "1990년대 초에 일어난 자민당 일당 지배 붕괴와 그로 인한 정치구조의 변화"에 있었다. 앞서 말한 '전후 50주년 결의'와 무라야마 담화의 발표 등이 결과적으로 우파 진영의 위기감을 부채질했다는 것이다. 또 후지우는 저서《다큐멘터리 일본회의》(ちくま書房)에서 이렇게 계속 말했다

"간과하기 일쑤지만, 중요한 동기가 있다. 공명당公明黨*·창가학회創価學会**의 정권 참가가 종교인의 위기감을 불러

일으켜 통합을 부추겼다는 것이다."

거대 종교 조직인 창가학회와 그 지지 기반인 공명당은 그 시절부터 '자공연립自公連立'을 추진했다. 공명당은 확실히 '권력' 쪽에서 거처를 찾았다. 숫자의 힘을 배경으로 자민당에 다가가려는 자세는 다른 종교단체의 반발을 불렀다. 이뿐만 아니라 원래 천황제 호지나 국가신도에 거리를 두었던 창가학회는 우파의 신뢰를 받지 못했다. 그렇기 때문인지 지금도 우파 세력은 공명당을 경계해야 할 상대로 인식한다.

'생장의 집'이 이탈하다

1997년 5월 30일, 호텔 뉴오타니에서 일본회의 결성대회가 열렸다.

와콜 창업자인 쓰카모토 고이치塚本幸一가 회장으로 선출되었으며, 부회장으로 이시이 고이치로(브릿지스톤사이클 전 사장), 안자이 아이코安西愛子(성악가) 등이 취임했다. 그리고 실무를 맡는 사무총장으로 역시 가바시마가 뽑혔다. 회장이 된 쓰

★   일본의 정당. 불교단체인 창가학회를 모체로 중도정치를 실현한다는 명분으로 1964년에 결성했다. 1999년부터 자민당과 손을 잡고 연립정권을 수립했다.

★★   일본의 재속 불교단체로《법화경》을 중시한다. 1930년에 소학교 교장인 마키구치 쓰네사부로牧口常三郎 등이 니치렌의 가르침에 따르는 교육자 육성을 목적으로 만든 창가교육학회가 시초였다. 1943년에 치안유지법 위반 및 불경죄로 탄압을 받았으나 전후에 창가학회로 이름을 바꾸고 재건했다. 공식적으로 '만인의 행복'과 '세계평화'를 구호로 삼고 있으나, 일본 국내 및 세계적으로 문제점을 지적받는 종교이다.

카모토는 이렇게 인사했다.

"전후에 연합국이 준 민주주의는 언뜻 보기에 아름다운 말이지만, 지금은 여러 가지 폐해가 발생했습니다. 일본의 훌륭한 정신문화도, 전통도 점점 잃고 있습니다." "그렇기 때문에, 우선 뭐니 뭐니 해도 헌법을 바꿔야 합니다. 싹이 썩으면 이 나라는 다시 일어날 수 없습니다." "하지만 저는 많은 일본인들 사이에 아직 훌륭한 전통정신이 살아 있다고 믿습니다. 이를 우리 '일본회의'는 온 일본에 철저히 전파하여 5,000만 명 이상의 '일본회의' 멤버가 생겼을 때, 우리의 힘으로 헌법을 개정할 수 있다고 생각합니다."

이에 종교인을 중심으로 한 '지키는 모임'과, 대중운동을 지휘해온 '국민회의'가 대동단결을 이루었다. '지키는 모임'에 이름을 올린 종교단체는 그대로 일본회의에 가입했고, '국민회의' 중심 멤버들이 각자 일본회의의 간부로 들어가는 형태를 취했다. 하지만 결성 당시의 명부에도, 그리고 지금도, 우파운동을 이끌어온 중요한 단체 이름을 찾을 수가 없다. 바로 생장의 집이다.

사실 생장의 집은 1985년에 창시자인 다니구치 마사하루가 사망하고, 데릴사위인 다니구치 세이초谷口淸超가 총재 자리를 계승한 후, 우파적인 정치운동에서 손을 떼었다. 종교 우익에서 탈피하려는 시도였다. '지키는 모임' 시절부터 실행부대는 생장의 집 신자들로 구성되어 있었던 만큼, 얄궂은 상황이었다. 그뿐 아니라 요즘은 명확하게 '반자민당'의 자세를 내세우기에 이르렀다.

생장의 집이 〈여당과 여당이 내놓은 후보자를 지지하지 않겠다〉는 제목의 성명을 홈페이지에 발표한 때는 2016년 6월이었다.

다가오는 7월의 참의원 선거를 눈앞에 두고, 우리 교단은 아베 신조 수상의 정치 자세에 대해 명확한 '반대' 의사를 표명하기 위해, '여당과 여당이 내놓은 후보자를 지지하지 않을 것'을 6월 8일 본부의 방침으로 결정하고, 전국의 회원과 신도들에게 알리기로 했습니다.

아베 정권은 구태의연한 경제발전지상주의를 내걸 뿐 아니라, 일개 내각의 헌법 해석 변경으로 '집단적 자위권'을 행사할 수 있다는 '해석 개헌'을 강행하여 국회에서의 우위를 이용해 11개의 안전보장 관련 법안을 단숨에 가결했습니다. 이는 아베 정권의 낡은 역사 인식에 비추어볼 때, 중국이나 한국 등의 주변 이웃 나라들과 더욱 마찰을 빚게 되어 평화 공존의 길에서 멀어질 수밖에 없는 상황을 만들었습니다.

전전을 미화하고 헌법 개정 운동을 추진하며, 모든 우파 세력에 인재를 보낸 옛날 교단의 모습은 찾아볼 수 없었다. 현재 교단은 완전히 리버럴 쪽에 서 있다. 하지만 예전부터 활동했던 활동가들은 교단의 대전환을 따르지 않았다. 그들이 믿은 것은 교단이 아니었다. 그들은 다니구치의 가르침을 믿었고, '대일본제국'을 따르려 했다. 일본회의의 일부가 다니구치 신앙으로 지탱되는 현실은, 지금도 달라지지 않았다.

일본회의의 강점

휴대전화가 울렸다. 착신 화면에는 모르는 번호가 표시되었다.

"일본회의입니다."

중년 남성의 목소리가 들렸다.

지금까지 몇 번이나 일본회의에 대면 취재를 요청했으나, 응해주지 않았다. 드디어 취재를 허락할 것인가, 하는 기대로 기분은 부풀었는데, 잠시뿐이었다.

"개헌집회에 참가해주신 여러분께 지원을 부탁드립니다."

그런 말이었던가? 즉 '권유'였다. 명부에 기재된 번호를 빠짐없이 모두 돌렸을 뿐이었다. 내가 '개헌집회'에 참가한 것은 맞다.

2017년 5월 3일이었다. 헌법이 시행된 지 70주년의 고비를 맞이한 이날, 사보회관砂防会館(도쿄도 지요다구) 별관 대홀에서 '〈21세기의 일본과 헌법〉 유식자 간담회'(통칭 민간헌법임시조사회)와 '아름다운 일본의 헌법을 만드는 국민 모임'이 주최한 개헌집회가 열렸기 때문에, 나는 거기에 참석했다. 그때 접수대 요청에 따라 이름과 연락처를 적었다.

전화를 걸어온 남성은 내 대답을 기다리지도 않고 느닷없이 '본 주제'로 이야기를 진행했다.

"선생님은 개헌에 찬성하시나요?"

당돌한 질문에 당황하여 대답할 말을 찾지 못하고 있는데, 또다시 공격하듯 남성은 "개헌운동에 참가해달라"며 설명을 하기 시작했다. 이웃 나라의 군사적 위협에 대항하기 위해서는 헌법을 바꿀 수밖에 없으며, 지금이야말로 국민운동이 필요하다—. 개헌에 대한 찬반을 물으면서, 그 의사를 확인하지도 않고 운동에 참가하도록 호소하는 매우 일방적인 방식이었다. 물론 반발하고픈 마음이 들지 않은 건 아니었지만, 취재자의 입장에서 보면, 이 일방적인 열의가 흥미로웠다. 솔직히 말하자면 감탄했다. 일본회의는 이런 행동을 수없이 되풀이해왔다. 결코 성공률이 좋다고 할 수 없는 활동을, 마다하지 않고 계속 해온 것이다. 농부가 풀뿌리의 곳곳을 파헤치는 듯한 진실하면서도 수수한 노력이 일본회의의 진정한 '강점'이라고 생각한다.

개헌 선언

덧붙이자면 '〈21세기의 일본과 헌법〉 유식자 간담회'(민간헌법임시조사회)와 '아름다운 일본의 헌법을 만드는 국민 모임'이라는 두 개의 조직은 모두 일본회의 관련 단체이다.

'민간헌법임시조사회'는 2001년에 설립되었다. 작가 미우라 슈몬三浦朱門이 대표 간사로 취임했다. 설립되기 1년 전, 중의원과 참의원에 헌법조사회가 설립된 것을 계기로, 문자 그대로 민간의 유식자에게 의견 제안을 듣고 여론을 환기하기 위한 목적으로 결성했다. 현재 대표는 5월 3일 개헌집회 진행자를 맡았던 사쿠라이 요시코이다. 부대표는 아사노 이치로浅野一郎(전 참의원 법제국장), 나카니시 데루마사中西輝政(교토대학 명예교수), 니시 오사무西修(고마자와대학 명예교수) 등 3명이다. 학자나 재계 사이에 섞여, 사카이야 다이치堺屋太一(작가), 쓰가와 마사히코津川雅彦*(배우)도 대표위원으로 이름을 올렸다.

한편 '아름다운 일본의 헌법을 만드는 국민 모임'은 공동 대표로 앞서 나온 사쿠라이 요시코 외에 다쿠보 다다에田久保忠衛(교린대학杏林大學 명예교수), 미요시 도오루三好達(전 최고재판소 장관)의 이름이 올라와 있다. 대표 발기인으로 아오야마 시게하루青山繁晴(JR도카이 명예회장), 햐쿠타 나오키百田尚樹**(작가) 등 각계의 유명인들이 줄을 이었다. 두 단체의 멤버 대부분이 겹친다.

또 사무 담당자로 역시 두 단체에 이름을 올린 모모치 아키라百地章(고쿠시칸대학 특임교수)와 앞 장에서도 다뤘던 가바시마 유조(일본청년협의회 회장)가 있다.

개헌의 '동력'—헌법 개정이나 전통적 가치관 획득을 슬로건으로 삼은 일본 최대 우파 조직인 일본회의는 이런 문맥

---

* 1940~2018. 일본의 배우. 다양한 영화와 드라마에 출연했다. 우익 계열을 후원했으며, 자신 역시 도조 히데키와 극동국제군사재판을 다룬 영화 〈프라이드プライド〉에 도조 히데키 역으로 출연했다.

** 1956~ . 일본의 작가. 소설 《영원의 제로永遠の0》를 발표하여 소설가로 데뷔했다. 우익적인 발언을 자주 하고 있다.

일본회의의 개헌집회. 민간단체가 주최한 집회에 아베 신조 수상이 메시지를 보내 주목을 받았다. 아베의 메시지에는 누구나 처음 듣는 '개헌 일정'이 담겨 있었다.

에서 이야기되는 경우가 많다. 회장은 다쿠보 다다에, 명예회장은 미요시 도오루가 맡았다. 모모치 아키라는 일본회의의 정책위원이다. 가바시마 유조가 사무국장을 맡았다. 현재 회원 수는 약 4만 명. 47도도부현都道府県 본부 외에 243개 지부를 두었다.

정계와도 깊게 연결되어 있다. 일본회의를 지원하는 국회의원 조직인 '일본회의 국회의원 간담회'(회장 후루야 게이지古屋圭司 중의원 의원) 소속 의원은 약 280명(2017년 10월 현재)이다. 아베 수상이 간담회의 특별고문을 맡았을 뿐 아니라, 현내각 각료의 대부분이 이 모임의 멤버이다.

2017년 5월 개헌집회는 민간단체가 주최했는데, 여기에 수상인 아베 신조가 메시지를 보내 주목을 받았다. 게다가 그 메시지에는 누구나 처음 듣는 '개헌 일정'이 담겨 있었다. 집회 중반에 단상에 설치된 대형 스크린에 아베 수상의 모습이 나타났다.

수상은 2020년에 열릴 도쿄올림픽을 언급하며 "일본이 새롭게 다시 태어날 큰 계기로 삼아야 한다"고 말한 뒤, 이렇게 말을 이었다. "새롭게 다시 태어난 일본이 제대로 움직이기 시작하는 해인 2020년이 새로운 헌법이 시행되는 해가 되기를 간절히 바랍니다. 저는 이러한 형태로 국가의 미래를 개척하고 싶습니다."

지금까지 수상의 지위에 있는 사람이 개헌 실현 시기에 대해서 구체적인 목표를 들어 언급한 사례는 없었다. 장내에 박수소리가 들끓었다. "좋소!"라고 외치는 사람도 있었다. 회장에는 1,000명이 넘는 참가자가 있었다. 준비된 의자가 전부 차서 서서 봐야 할 정도의 성황이었다. 뒤에서 보니, 흰머리가 두드러졌다. 하지만 청년층이 전혀 없지도 않았고, 여성도 적지 않았다.

기묘한 열기가 감돌았다. 그 열기는 단결과 연대를 확인하려고 뿜어내는 것이 아니었고, 아무도 억지로 고조를 유도하지도 않았다. 피부 안에서 땀이 슬며시 배어나오는 듯한 일종의 열병을 떠오르게 했다. 그들은 순발력이 아니라, 거듭된 노력의 결정을 과시하는 것처럼 보였다.

속속 성과를 거두다

이날 참가자에게 배포한 팸플릿 중에 '아름다운 일본의 헌법을 만드는 국민 모임'이 발행한 서명 용지가 있었다.

"당신도 아름다운 일본의 헌법을 만드는 1,000만 찬동자!"

여기에는 구체적인 개정 내용이 적혀 있었다.

- 전문에는 아름다운 전통과 문화를 포함하여 세계평화에 공헌하는 일본의 사명을 명기합시다.
- 제1장에는 천황 폐하께서 일본국을 대표하는 원수임을 명기합시다.
- 9조 1항의 평화주의는 굳게 견지하고, 2항에 자위대의 헌법상의 규정을 명기합시다.

2014년 설립된 이 모임의 핵심 활동은 1,000만 명의 찬동 서명을 모으는 것이었다. 일본회의가 관여하는 집회뿐 아니라 다양한 보수계, 우파 계열 집회에 서명 용지를 배포하려고 노력했다. 대부분의 신사 경내에도 서명 용지를 비치했다. 그 성과가 있었던지, 현재 900만을 넘는 서명을 받았다고 한다. "양복을 입은 우익"이 거둔 성과였다. 선전차로는 할 수 없었던 성과를, 그들은 발로 이루었다. 개헌의 기운은 지금에 와서 갑자기 커진 게 아니다. 이러한 견실하고도 수수한 노력으로 한걸음, 한걸음, 착실하게, 그리고 확실하게 일본 사회에 개헌의 공기를 주입해왔다고 할 수 있다.

일본회의는 지금까지 개헌운동 외에 국기국가법 제정운동, 외국인 지방 참정권 반대운동, 교육기본법 개정운동 등에 몰두해왔다. 결과적으로 그 운동들은 모두 일본회의가 생각했던 대로 진행 중이다. 확실하게 일본회의는 일본 사회에 '우경화'를 주입해왔다.

예를 들면 일본회의는 국기국가법(일장기와 기미가요에 국기와 국가의 지위를 부여하는 법률) 제정에 관여해 지속적으로 정권에 법 제정을 주장해왔다. 1998년 6월 일본회의 간부들은, 일본회의 국회의원 간담회 소속 히라누마 다케오平沼赳夫*, 아베 신조 등과 함께 당시 수상이었던 오부치 게이조小渕惠三** 를 만나 법제화를 요구하는 요청서를 직접 건넸다. 그로부터 2개월 뒤 이 법은 통과되었다.

같은 해 일본회의는 외국인 지방 참정권 반대운동에도 매진했다. 실은 외국인에게 지방 참정권을 부여하는 것은 거의 실현되기 직전이었다. 재일코리안의 민족단체인 '재일본대한민국민단'은 원래 자민당과 잘 연결되어 있었다. 민단이 강하게 교섭하기도 해서 자민당 내에서도 참정권을 인정해야 한다는 목소리가 퍼지는 중이었다. 야당 내에서는 압도적으

---

* 　1939~ . 일본의 정치인. 원래 성은 나카가와中川였으나 외가 히라누마 씨의 양자가 되었다. 정계에 진출하여 운수대신, 경제산업대신 등을 지냈다. 도쿄재판에서 유죄를 선고받은 A급 전범 히라누마 기이치로가 어머니의 삼촌이자 그의 양아버지이다.
** 　1937~2000. 일본의 정치인. 중의원 의원 등을 거쳐 관방장관, 외무대신 등을 지냈다. 1989년 쇼와 천황이 사망하자, 헤이세이로 연호가 바뀌었다고 발표했다. 이후 총리로 1998년 김대중 대통령과 함께 한국과 일본이 과거를 극복하고 미래를 지향하자는 김대중-오부치 공동선언을 발표했다.

로 참정권을 인정하는 목소리가 강했기에, 이제 실현은 "시간 문제였다"(민단 관계자의 증언).

그런데 일본회의가 방해하고 나섰다. 외국인 참정권을 "국가에 대한 간섭"으로 파악한 일본회의가 각지에서 '참정권 반대' 집회를 열었다. 일본회의 국회의원 간담회 소속 자민당 내 우파 계열 의원도 오부치 수상과 만나 신중한 대응을 요청했다. 일본회의는 보수 계열 언론 등을 통해 외국인 참정권의 '위험성' 등을 거듭 주장했다. 판 뒤집기가 성공했다. 이러한 운동 성과로 외국인 지방 참정권 부여를 둘러싼 움직임은 거기에서 딱 멈춰버렸다.

새로운 교과서 만들기

일본회의의 '약진'은 계속되었다. 2000년부터 교육기본법 개정운동을 시작했고, 2001년에는 수상의 야스쿠니신사 참배를 지지하는 국민운동도 일으켰다.

일본회의가 보기에, 전후에 제정한 교육기본법은 헌법과 마찬가지로 미국이 만든 것이며, 학교 교육에서 일본의 전통 문화와 애국심을 빼앗은 악법이었다. 일본회의는 교육기본법 개정운동을 헌법 개정의 '전초전'으로 평가했다.

이 또한 온 힘을 다해 노력했다. 집회, 데모, 지방의회에 대한 진정, 청원, 결의. 예전에 성공한 체험을 여기에서도 반복했다. 지방에서 중앙으로, 그리고 국회의원들을 포위했다.

유식자 등을 모은 운동 조직인 '새로운 교육기본법을 요구하는 모임'도 발족시켰다. '국민운동'은 시간을 들여 꼼꼼하게, 하지만 어마어마한 열의를 가지고 추진되었다.

2006년 제1차 아베 정권은 마침내 교육기본법을 개정했다. "풍부한 정조와 도덕심", "공공 정신", "전통과 문화 존중" 등의 육성을 학교 교육의 목표로 삼는 것이 개정법의 중점 사항이었다. 일본회의의 요망을 따른 내용이었다.

앞서 말했듯, 일본회의에게 "교육 개혁"이란, 개헌과 함께 추진해야 할 중요한 방침이었다.

1997년 일본회의 설립과 같은 해에 '새로운 역사교과서를 만드는 모임'이 만들어졌다. '만드는 모임'의 목적은, 예전에 일본회의의 전신인 '국민회의'가 손댔던 《신편 일본사》와 같은 교과서를 만드는 것이다―즉 '애국 교과서'이다. 일본회의를 비롯한 우파 세력에게 일본의 전후 역사교과서는 권리의식만을 강조하고, 일본의 전통을 경시할 뿐 아니라, 아이들에게 죄의식을 갖게 하는 "자학적이며 반일적"인 내용이었다. 그래서 공격 목표를 일본의 침략전쟁이나 난징학살, 종군위안부 등 가해의 역사를 다룬 교과서로 정하는 한편, "일본인의 긍지를 되찾는" 교과서를 만드는 데 손을 댔다. 그 목적을 위해 이 '만드는 모임'을 조직한 것이다.

이 단체가 설립될 때 중심 멤버는 후지오카 노부카쓰藤岡信勝(도쿄대학 교수), 니시오 간지西尾幹二(전기통신대학 교수), 고바야시 요시노리小林よしのり(만화가), 다카하시 시로高橋史朗(메이세이대학 교수) 등이었다. 이 중 다카하시는 생장의 집 신자가 주도

한 학생운동 조직인 '생학련' 활동가 출신으로, 지금도 일본 회의 정책위원을 맡고 있다. 말하자면 일관되게 '반공애국'의 길을 걸어온 투사이다.

'만드는 모임'은 2006년 노선 대립으로 분열되었지만, 그 동안 일본회의나 자민당 문교족^{文敎族}과 연대하면서 "편향 교과서 공격"과 "새로운 교과서 채택"이라는 두 개의 운동을 벌여왔다.

가해의 역사를 담지 못하다

나는 2017년 가을에 됴쿄도내의 어떤 카페에서 대형 교과서 회사 니혼쇼세키^{日本書籍}의 편집자로 일했던 이케다 쓰요시^{池田剛}의 이야기를 들었다.

"엄청났어요." 이케다는 입을 열자마자, 먼저 그렇게 말했다.

"일본을 폄훼하지 마라, 반일 교육을 하지 마라, 매국노라는 식으로 온갖 비난을 받았어요."

이케다가 일하던 니혼쇼세키는 대대로 이어지던 교과서 회사였다. 전전에는 국정교과서를 만들었고, 전후에도 중학교 역사교과서 분야에서 큰 비중을 차지하던 곳이었다. 1990년대까지 됴쿄 23개 구의 중학교 모두가 니혼쇼세키의 역사 교과서를 썼다고 한다.

1997년 이 회사에 이변이 발생했다. 검정을 통과한 회사

교과서가 종군위안부 문제를 다뤘기 때문이었다. 이 부분이 '반일적'이라며 우파 세력의 공격 대상이 된 것이다.

"위안부 출신 여성들이 재판을 제기하는 등 당시 위안부 문제는 국내외에서 격렬한 논의를 일으켰습니다. 이런 문제도 있어서 덤으로 역사교과서가 주목을 받았겠죠. 보수 계열 언론의 보도가 계기가 되어 회사에 다양한 항의가 이어졌습니다."

협박 같은 전화는 일상다반사였다. 팩스, 편지 형식의 항의도 매일 이어졌다. 이케다는 당시 회사에 온 '항의문' 등을 지금도 파일에 철해서 보관 중이다.

"편향된 교과서라고 느끼지 못하는 멍청한 출판사", "코민테른 사관", "한 조각의 애국심도 없다", "사회교과서를 태우고 싶다", "전면 삭제를 요구한다"—.

어떻게 조사했는지, 회사가 출간한 교과서를 집필한 대학교수들의 자택을 찍은 사진을 10장 가까이 보낸 사람도 있었다. 하지만 정말로 심각한 것은 항의 편지나 전화가 아니었다.

"제대로 된 항의라면 대응하면 되었고, 단순한 협박은 경찰과 이야기하면 되었어요. 그래도 실제로 손해를 본 것은 의외였지요. 2001년 교과서 채택에서 우리 교과서 지분이 크게 줄어들었습니다. 사실 우파는 우리 회사뿐 아니라 각지의 교육위원회나 학교에도 몰려가 공격을 했어요."

그때까지 회사의 교과서를 쓰던 도쿄의 23개 구에서 겨우 2개 구만 채택했다. 큰 적자를 본 회사는 그 후에도 채택

수를 늘리지 못해 2003년에 도산했다.

"지금도 분합니다. 교과서인 이상 가해의 역사를 당연히 다뤄야 한다고 생각해요. 잘못된 기술은 없었습니다. 그러나 시대의 파도가 그것을 허락하지 않았겠죠. 더 큰 문제는 이러한 공기가 다른 회사의 교과서 제작에도 영향을 끼쳤다는 사실입니다. 업계 전체에서 '니혼쇼세키처럼 되지 말자'는 흐름이 생겼습니다. 이제 대부분의 교과서가 종군위안부 문제를 다루지 않습니다."

물론 '만드는 모임'이나 '일본회의' 관계자들만이 항의 편지를 보내지는 않았을 것이다. 하지만 당시 두 단체가 이런 공기를 조성한 것은 틀림없는 사실이다. '만드는 모임'이 낳은 '자학 사관'이라는 단어는 이 시기부터 교과서를 공격하는 상투구로, 혹은 좌파 전체를 공격할 때 쓰는 욕설로 정착했다.

회사 전체를 동원해서라도

그런데 '자학적'이라는 이유로 다른 회사의 교과서를 비판하는 활동에 힘을 쏟은 '만드는 모임'은 사회운동으로서 운동을 고조시키는 데에는 성공했지만, 정작 중요한 자사의 역사교과서 채택율은 늘리지 못했다. 이 패배가 '만드는 모임'이 분열하게 된 계기가 되었다.

일본회의의 영향력이나 간섭에 염증이 생긴 일부 멤버와 '일본회의 계열' 멤버들이 심각하게 대립하여 2006년에

'일본회의 계열' 멤버들이 '만드는 모임'을 탈퇴했다. 이듬해 2007년 이들은 '일본교육재생기구'(재생기구)를 설립했다. 후지산케이그룹フジサンケイグループ 계열 후소샤扶桑社*의 자회사인 이쿠호샤育鵬社가 발행처, 즉 교과서 출판사로 나섰다.《산케이신문産経新聞》등의 지지가 크게 작용했다. 그 후 '재생기구'의 교과서는 채택률이 늘어 현재 이쿠호샤의 역사·공민교과서는 공립·사립 중학교를 다 합쳐 전국 22개 도부현 약 600개 교에서 채택하는 지경에 이르렀다.

물론 일본회의와 그 지지 세력들의 교과서 채택 운동이 엔진이 되었다. 그중에는 '기업 전체'를 동원해서 채택 운동에 노력한 사례도 있었다. 그 대표적 사례가 도쿄증권거래소 1부 상장 기업인 부동산회사 '후지주택フジ住宅'(본사는 오사카에 있음)이다. 이 회사의 이마이 미쓰로今井光郎 회장은 일본회의에 소속된 윤리연구소 법인 조직인 '윤리법인회' 회원이며, 또한 '아름다운 일본의 헌법을 만드는 오사카 부민회'의 대표위원이기도 했다.

2015년에 이 회사는 오사카시의 이쿠호샤 교과서 채택을 후원하기 위해, 사원들을 오사카 시내에 설치된 교과서 전시장(33곳)으로 보냈다. 설문 용지에 "이쿠호샤의 교과서가 좋다"고 기입시키기 위해서였다. 전시장에서 설문지에 기입시키는 것에 그치지 않고, 기입되지 않은 설문 용지를 회사로

---

* 일본의 출판사로 한일 간 큰 문제가 된《새로운 역사교과서》를 출간했다. 이외에 많은 우익 계열 서적을 간행했다.

가지고 돌아오게 해 비서실에서 기입시킨 다음, 다시 전시장에 있는 용지함에 넣게 했다. 즉 회사를 총동원해서 채택 운동을 벌인 셈이었다. 결과적으로 이쿠호샤는 오사카시의 채택 설문에서 선두가 되었다. 오사카시 교육위원회는 이를 근거로 이쿠호샤의 역사교과서를 쓰기로 결정했다.

나중에 시민단체가 시에 정보공개청구를 요청해 이를 조사한 결과, 후지주택 사원들이 설문지함에 넣은 건수가 대략 217회, 600건을 넘는 것으로 추계했다. 설문에서 이쿠호샤를 지지한 779건 대부분이 이 회사에서 한 것이라고 분석했다.

되살아난 일본의 전통 가족상

모두가 알고 있듯이 자민당 정부는 현재 한층 더 교육의 '애국화'를 위해 노력 중이다.

2017년에 발표한 새로운 중학교 학습지도요령에는 무도武道 중 총검도銃劍道를 선택할 수 있다고 명기했다.

총검도는 총검으로 상대를 찔러 쓰러뜨리는 격투술인 '총검술'에서 파생된 경기이다. 전전과 전시에는 학교의 군사교련에도 채용되었다. 군사색이 강하기도 해서, 전후에는 폐지되었으나 유일하게 자위대원의 훈련 경기로서 살아남았다. 그 총검도가 2017년 3월에 발표된 신학습지도요령으로 되살아난 것이다.

2016년 12월 중앙교육심의회가 발표한 '학습지도요령 등의 개선 및 필요한 방책 등에 대해서(답신)'에는 중학교 보건 체육에 관해 "글로벌화하는 사회 속에서 우리나라 고유의 전통과 문화에 대한 이해를 심화하는 관점에서, 일본 고유의 무도의 사고를 접할 수 있도록 내용 등에 대해서 한층 개선을 꾀한다"라고 되어 있다. 총검도는 이 말을 따르는 형태로 교육 현장에서 부활했다.

또 2018년부터 교과가 된 소학교 도덕교과서 검정에서도 이해할 수 없는 움직임이 보였다. 예를 들면, 문부과학성은 도쿄쇼세키東京書籍의 교과서에 "전통과 문화의 존중, 국가와 향토를 사랑하는 태도"를 가르치는 용도로 실은 〈산책 중에 친구네 빵집을 발견한 이야기〉에 대해 "부적절하다"는 의견을 제시했고, 도쿄쇼세키가 '빵집'을 '화과자집'으로 바꾸자 검정을 통과시켰다. 또한 갓켄쿄이쿠미라이学研教育みらい의 교과서도 아이들이 공원의 '운동 기구'에서 노는 사진을 '일본 악기점'에서 노는 사진으로 바꾸자 검정을 통과했다.

'빵집'도 '운동 기구'도 마치 적국의 언어인 것처럼 취급했다. 문과성은 구체적으로 문언을 바꾸도록 지시하지 않고, 어디까지나 전체 문맥을 문제 삼았다고 설명했지만, "말을 바꾸었기 때문에" 검정을 통과한 사실은 틀림없다.

교과서 회사의 편집자이자 출판노련의 교과서 대책부 사무국장인 요시다 노리히로吉田典裕는 "말 바꾸기도 문제지만, 문제의 본질은 훨씬 다른 곳에 있다"고 지적했다.

"이번 검정을 통과한 도덕교과서에서 예스러운 '남녀 역할 분담'이나 고전적인 가족상이 눈에 띕니다. 엄청 복고적으로 표현했죠. 예를 들면, 항상 어머니가 아이들과 만납니다. 아버지를 직장인으로 묘사하고, 집에서 어머니가 아이를 키우는 모습을 당연한 것처럼 묘사합니다. 또한 조부모도, 상냥한 할머니와 전통을 지키는 할아버지 같은 식으로 역할 분담했습니다. 할아버지는 전전에 교육받았다고밖에 말할 수 없는 가치관의 소유자로, 아무리 시대를 생각해도 리얼리티가 없습니다."

그 모습 이면에는 역시 일본회의를 비롯한 복고 세력의 존재가 뻔히 보인다. 그들은 오랫동안 예로부터 일본에서 내려온 '가족상'을 교과서에 반영하자고 주장해왔다.

예를 들면 일본회의 정책위원과 '재생기구' 이사를 맡았으며, '만드는 모임' 설립 시 간부이기도 했던 다카하시 시로는 '부모학親學'의 추진자이다. '부모학'이란 전통적 가치관을 중시한 '부모로서의 공부'를 가리킨다. 전통을 중시하고, 예로부터 이어진 가족관을 중시하는 '부모학'은 아이들의 주체성을 중시한 전후 교육에 반발하는 층의 강한 지지를 받았을 뿐 아니라, 국가의 교과서 정책에도 강한 영향을 끼쳤다. 2006년 제1차 아베 정권에서 만든 '교육재생회의'에서도 이 '부모학'을 제안했다.

- 아기에게 자장가를 들려주고, 모유를 먹여 키워야 한다. 분유는 먹이지 않는다.
- 텔레비전이나 게임 등을 제한하고, 부모와 자식이 함께 연극 등을 본다.

위와 같은 '부모의 공부'를 강요하는 경우가 적지 않기 때문에, "너무 비과학적이다"라고 교육 전문가들은 비판했다. '부모학'에서는 발달장애나 아스페르거증후군을 '부모의 책임'으로 보기도 해서 의학적인 견지에서에서도 비판이 거셌다.

신사의 지원

개헌, 그리고 교육. 일본회의는 오른쪽에서 끊임없이 바람을 일으켜왔다. 그 바람은 분명히 상당한 끈기와 노력이 필요한 것이었다.

그들은 전국 각지의 역 앞에 서서, 한결같이 목이 쉬도록 외쳤다. 유인물을 계속 뿌렸다. 유명인과 만나 찬동자를 늘렸다. 아무리 작은 지방의회라도 진정과 청원을 반복해 지방의회를 차지했다. 당파나 파벌의 벽을 넘어 그들을 지지하는 국회의원들을 늘렸다. 어떤 우익도 하지 못했던 일을, 그들은 일편단심으로 반복해왔다. 아무리 지루한 운동이었다 해도 꾸준히 계속했기 때문에 '열매'를 딸 수 있었다―. 일본회의의 궤적이 그것을 보여주었다.

중요한 것은, 일본회의는 항상 '흑자'를 관철해왔다는 것이다. 일본회의가 국가의 정책을 결정하지는 않았다. 일본회의가 보여준 것은 '대중의 힘'이었다. 그런 의미에서 "일본회의가 일본 사회를 지배한다"는 견해는 틀렸다. 그들은 '지배'

가 목적이 아니라, 공기를 바꾸는 데 힘을 쏟아왔다. 조그마한 부채로라도 몇 천, 몇 만 번 흔들어 바람을 일으킨다면, 큰 나무도 흔들린다. 그렇기 때문에 지금도 그들은 계속 선동한다. 큰 나무는 흔들리고 있다.

덧붙이자면, 이런 일본회의와 '양쪽 수레바퀴'로 비유되는 존재는 신도정치연맹神道政治連盟(신토세이지도메이, 신정련)이다. 앞서 말했듯 애초에 일본회의는 신사계를 중심으로 하는 우파 세력이 결성했다. 그 신사계가 독자적 운동단체로서 신정련을 가지고 있다. 전국에 펼쳐진 신사네트워크는 개헌운동의 첨병이기도 하다.

신정련은 1969년에 발족했다. 전국 대부분의 신사들이 가맹하는 신사본청神社本廳(신샤혼초)의 시국대책본부가 모체가 되어 탄생했다. 신정련 관계자에 따르면, "신사본청이 대외적인 정치운동에 관여하는 상황은 달갑지 않으니 정치단체를 따로 만들었다"고 한다.

신정련은 창설 이래 한결같이 신도 정신 보급, 황실과 일본의 전통문화 유지, 그리고 개헌을 주장하며 이를 지지하는 정치가를 밀었다. 정치가에게 전국 8만여 개의 신사, 나아가 우지코氏子*의 존재는 표밭으로서도 매력적인 존재다. 신정련 의원 네트워크인 신정련 국회의원 간담회는 현재 중의원과 참의원을 합쳐 288명(2018년 5월 현재)의 멤버를 자랑한다. 아베 수상도 그중 한 명으로, 젊은 시절부터 사무국장 등의 요

★   '같은 씨족신을 모시는 고장에서 태어난 사람들'을 가리키는 말.

직을 맡았으며, 현재는 회장에 취임했다.

신정련이 일본회의와 함께 개헌을 선동하는 데 큰 공헌을 해온 사실을 강조하고 싶다.

"전체주의에 물든 신사계의 현 상황이 한심합니다."

아이치현 기요스시清須市에 있는 히요시日吉신사의 미와 류지三輪隆裕 궁사가 말했다. 미와 궁사는 신직에 들어온 이래 신정련의 멤버로 활약했고, 2017년 8월까지 아이치현 본부의 임원도 지냈다. 그럼에도 지금까지 계속 '개헌 반대'의 자세를 지켰다. 의견이 다르지만 저항자의 존재를 알리기 위해서라도 우파가 주도하는 이 조직에서 떠나지 않는다고 한다.

"젊었을 때 여러 가지 압력도 받았지만, 최근에는 제지하는 말은 들리지 않습니다. 윗분들도 체념했겠죠. 그 덕분에 자유롭게 발언할 수 있습니다."

미와 궁사는 세간에서 신사계를 우파 진영으로 생각하지만 신사계에 진짜 우파는 "1할도 안 될 것 같다"라고 말했다.

"요컨대 위에 아무 말도 할 수 없었을 뿐이죠. 그러니까 전체주의가 자라고 말았습니다. 그러나 몰래 제 의견에 찬동하는 궁사도 적지 않습니다."

사무소에 개헌 서명 용지나 교육칙어가 있다고 해도, 단순히 본청에서 보냈기 때문에 기계적으로 둔 케이스도 많은 듯했다.

"본래 신사는 이데올로기와 관계없는 곳이어야 합니다. 신사본청이나 신정련은 결국 개헌운동 등을 통해서 권력의 지배도구가 되었다고 생각해요. 그들이 말하는 '전통'이라고 해봤자, 결국 전전의 대일본제국으로 돌아간다는 의미니까요. 전통을 말한다면, 신사를 본래의 모습인 기도의 장소로 되돌려야 합니다."

전전에 신사는 한 종교라기보다는 국가기관의 일부였다. 신사계가 개헌에 기를 쓰는 이유는 국가와 일체화한 '전전의 신사'를 신사본청 간부들이 꿈꾸기 때문이 아닐까? 그렇기 때문에 그들은 전후라는 시간을 부정해야 했다.

"그래도 전쟁을 경험한 궁사가 있던 시절에는 다른 건 몰라도 '전쟁만은 안 된다'는 분위기는 있었습니다. 이제는 전쟁을 모르는 세대가 신사계를 좌지우지하게 되어 옛날의 대일본제국을 꿈꾸는 자까지 나타났습니다. 엄청 위험한 상황이라고 생각해요."

전체주의의 흐름은 신사가 가진 다양성까지 빼앗으려고 하고 있다.

또한 이번 장의 '주역'인 일본회의에게는 직접 취재를 하는 대신, 서면을 통한 회답을 받았다. 그 회답에 따르면―, '전전 회귀'라는 비판에 대해서 일본회의는 이렇게 반론했다.

"일본회의는 현행 헌법 개정을 주장하지만, 한 번도 제국헌법 부활 같은 걸 방침으로 내건 적이 없습니다. 이에 반해 전후 7년 동안 GHQ의 주도 아래 이루어진 '황실 제도 개혁', '헌법 개정', '극동국제군사재판(도쿄재판)' 등 여러 가지 점령정책의 공죄를 재검증할 필요가 있다고 생각합니다."

또한 일본회의는 "특정 단체, 특정 종교, 개인이 움직이는 단체가 아닙니다"라고 말한 다음, "다양한 형태로 요망 활동을 하지만, 이 요망에 정부나 자민당이 구속되지는 않습니다"라고 대답하며 '정권에 끼치는 강한 영향력'을 부정했다. 동시에 "'넷우익' 따위와 같은 계열로 거론되고 있어서 난처합니다"라고 덧붙인 사실도 여러분께 보고드리고 싶다.

6 장

넷우익이
날뛰다

현대의 우익은 "양복을 입은 우익"만이 눈에 띄는 것이 아니다. 지금까지 봤듯이, 우익은 토대는 그대로 두고 장식을 반복해서 새롭게 바꿔왔다. 지금 일본 사회에서 날뛰는 세력들은 콧노래를 부르며 '애국'의 깃발을 내건 가벼운Light 우익right이다.

단, 무게는 없어도 파괴력은 있다. 사회에 심각한 균열을 일으킨다. 웃으면서 가볍게 건너뛰면서 사람과 지역을 파괴한다. 그들의 존재는 종래의 우익관을 덧칠한다는 의미에서, 혹은 국제적인 기준에서 '극우' 그 자체이다.

JC는 "한마디로 바보"

예를 들면—"우요군宇予くん"*은 딱 그 전형이다.

일장기를 등에 진 '우요군'이라는 이상야릇한 캐릭터가 2018년 2월에 화제가 되었다. 확실히 우익을 연상하게 하는 '우요군'은 인터넷에서 마구 짖어대고 있다.

"중국, 한국은 자기들한테 불리한 것은 모르는 척하고, 일본한테만 불평함. 한마디로 바보임. …… 일본은 이 두 바보 나라와 국교를 끊거나 혹은 미사일 폭격을 해야 함."

"NHK는 반일 세뇌 편향 보도기관임." "미친ガイキチ《아사히신문》."

'우요군'은 트위터 계정이다. 아카즈카 후지오赤塚不二夫가 그린 '하타보ハタ坊'와 비슷한 이등신의 남자를 프로필 사진으로 하고, 프로필에는 "보수 사상, 취미는 근육 단련, 고기를 좋아함"이라고 적었을 뿐이다. 연일 이웃 나라나 국내 언론을 거듭 매도하고, 민족차별을 선동하는 한편 "아베 수상, 헌법 개정에 의욕적임. 힘내주길 바람"이라며 아베 신조 수상에게 빠짐없이 찬미를 보낸다. 전형적인 넷우익 계열의 계정이다.

하지만 '우요군'의 계정을 관리하는 자는 심심풀이로 혐오발언을 입력하는 단순한 넷우익이 아니었다. 공익 사단법인 '일본청년회의소'(일본JC)―지역의 젊은 경영자 등이 조직한 경영자단체가 '우요군'을 움직인다.

'우요군'의 프로필이나 트위터 내용에는 JC가 전혀 언급되어 있지 않지만, 인터넷상에 '우요군'을 써서 개헌 전략을 제시한 JC의 내부 문서가 유출되었기 때문에, 양자의 관계가

＊　　우익의 일본어 발음인 うよく와 발음이 비슷하다.

밝혀졌다.

이 문서에 따르면 '우요 군'은 JC의 헌법개정추진위 원회가 만든 캐릭터이다. "헌 법 개정을 비롯한 역사나 애 국심 등 보수적 요소를 재미 있게 써서", "좌익 대항 악플 확산"을 목적으로 한 인터넷 전략의 일환이었다고 한다. '19세', '재수생', '오른쪽'이 라는 캐릭터 이미지를 설정

일본청년회의소가 만든 우익 캐릭터 우요군. 우요군은 매일 이웃 나라를 비난하고, 민족차별 을 선동하는 한편, 아베 신조를 찬미하는 전형 적인 넷우익 계열의 계정이다.

하고, 트위터를 할 때는 말꼬리를 "~임", "~라고 함"으로 하도 록 정했다.

나는 JC가 이렇게 비열한 캐릭터를 써서라도 개헌운동을 추진하려 했던 사실에만 놀란 게 아니다. 내부 문서를 읽으니 JC는 '우요군'이라는 존재를 진심으로 '좌익 대항', '개헌운동' 에 유효하다고 생각하고 있고, 나아가 우익이라는 말로 이어 지는 '우요ᅮ'라는 문구를 쓰는 데 아무런 망설임도 보이지 않는 사실에 더 놀랐다.

그 후 '우요군'의 '내부인'이라는 사실이 밝혀진 JC는 계 정을 지웠다. 웹사이트에서 "부적절한 발언을 계속했습니다" 라는 사과의 메시지도 게재했다.

이 문제가 발각된 직후, 나는 어떤 온천 동네의 지역 청년 회의소 활동에 참가하며 일본JC 임원으로도 있었던 어떤 남

성과 만났다. 남성은 '우요군'에 분노했다. "JC…… 아니, 일본의 수치입니다"라고 말하며 씩씩거렸다. 이 남성이 말하길, JC에 참가한 사람은 대부분 2대째, 3대째 경영자나 임원으로, 대부분은 정치에는 거의 관심을 보이지 않는다고 한다. 하지만 21세기에 들어서부터, "자민당에 가까운 JC 간부들이 개헌을 위한 여론 만들기를 논의했다"고 한다.

정치적으로 무관심한 일반 멤버들이 많지만, JC는 본디 자민당과 매우 가까웠다. 나카소네 야스히로, 오부치 게이조, 모리 요시로, 아소 다로麻生太郎 같은 전직 수상들도 JC 멤버였다. 아소는 예전 일본JC의 회장도 맡았다. "개헌색이 노골적으로 심해진 것은 제1차 아베 정권이 발족했을 쯤"이었다고 이 남성은 말했다. 이들은 역사수정주의에 근거한 '전전을 찬미하는 애니메이션'을 제작하거나, 보수파 평론가를 초대한 개헌집회를 각지에서 개최하기도 했다.

"자신들이 자민당과 일심동체라는 사실을 숨기지 않게 되었지요. 결국에는 '우요군'이라는 유치한 캐릭터를 써서 우익을 정당화하는 상황까지 벌어졌기 때문에, 이제 우익 그 자체로 보여도 어쩔 수가 없습니다."

나는 이것이야말로, 지금 가장 일반적인 우익의 모습이라고 생각한다. 조소와 냉소, 그리고 혐오발언. 차별과 편견을 노골적으로 드러내며 '적'을 하나씩 하나씩 찾아내 개별적으로 공격한다. 인터넷에서 태어난 일본판 '극우'는 오늘도 곳곳에서 날뛰고 있다.

지금 가장 '극우'인 곳

캐리커처가 된 캐릭터뿐만 아니라, 이러한 사고에 물든 살아 있는 인간 역시 그다지 찾기 어렵지 않다.

지금, 가장 '극우'스러운 광경을 볼 수 있는 곳은 야스쿠니신사도, 이세신궁도 아니다. 바로 국회의원 선거 전 마지막 날의 아키하바라秋葉原(도쿄도 지요다구)가 아닐까?

2017년 10월 21일. 제48회 중의원 선거 마지막 날에도 그랬다. 그날 밤 역 앞 광장. 자민당 선거 유세 차량이 줄지어 서 있고, 수상을 비롯한 자민당 간부가 마지막 호소를 하기 위해 소리를 지른다. 이를 맞이하는 것은 수천 개에 이르는 작은 일장기들이다. 광장이나 육교를 가득 채운 청중이 일제히 일장기를 흔드는 모습은 마치 국위발양國威發揚의 제전 같다.

"신조!" "아베 씨!" 아베 신조 수상이 도착하자, 큰 환성이 울렸다.

내가 취재하면서 만났던 넷우익의 모습도 적지 않았다.

"힘내라!" "굴복하지 마라!"

수상이 손을 흔들어 환성에 답한다. 큰 환성에 기분이 좋아졌는지, 연설도 '공격'하는 기세로 가득 찼다. 2017년도 국회의 초점이기도 했던 '모리토모森友 · 가케加計 문제'*에 관한 언급은 일체 없었다. 지금까지의 경제 정책으로 얼마나 성장을

---

* 오사카의 사립학교 재단인 모리토모학원이 소학교 설립인가와 국유지를 불하받는 과정에서 발생한 의혹과 가케재단이 재단 소유 대학에 수의학부를 신설하는 과정에서 오랫동안 알고 지낸 아베 수상의 도움을 받았다는 의혹.

해왔는지, 북한의 위협이 얼마나 심각한지, 수상이 날카로운 목소리로 외칠 때마다 일장기의 파도가 일었다.

"우리 자유민주당이 일본을 지키고, 일본의 미래를 열 것입니다!"

마무리 발언에 군중은 열광했다. 수상이 선거 유세 차량에서 내려갔는데도 열광은 멈추지 않았다. 환희의 기세는 그대로 분노가 되어 곧 '적'을 향한 공격으로 바뀌었다. 그 자리에 '참가'한 소수의 '반아베'파 사람들과 언론이 표적이 되었다.

"꺼져라!" "너희들, 비국민이야!"

사람들이 작은 일장기를 창처럼 내지르며 성이 난 목소리로 외쳤다.

자민당 유세국의 말에 따르면, 선거 마지막 날의 '최종 연설'을 아키하바라로 고른 것은 2012년 12월 중의원 선거부터였다고 한다. 그전까지는 시부야나 신주쿠, 이케부쿠로에 있는 대형 터미널이나 역 앞이었다.

"2012년 중의원 선거 전에 자민당 총재 선거가 있었습니다. 그때 5명의 후보자들이 아키하바라에서 거리 선전을 했는데, 매우 반응이 좋았습니다. 아베 씨가 주장한 '일본을 되찾는다'는 문구에도 큰 반응을 보였습니다. 인터넷 사용자에게 끼친 영향은 크다고 생각합니다. 그래서 아키하바라는 아베 정권에게 상징적인 장소로 평가받고 있습니다."(유세국 담당자)

중요한 것은 '인터넷의 반응'이 좋다는 걸 충분히 이해한 다음 아키하바라에서 선전을 한다는 것이다. 그렇기 때문에 여기에는 무수한 '우요군'이 모인다. 자민당을 응원하는 형태를 빌려 타인을 배척하는 기분을 폭발시킨다. 자민당은 이를 옳지 않다고 반대하지 않는다. 무수한 '우요군'은 소중한 표밭이기 때문이다.

인터넷에서 태어난 욕설

1995년 마이크로소프트사가 '윈도우즈 95'를 발매했다. 그때까지 일부 취미나 학술 세계에서만 쓰이던 인터넷이 단숨에 일본 사회에 보급되었다. 넷우익은 문자 그대로 이 인터넷 무대에 뛰어든 사람들이다. 익명이고, 검열도 없으며, 자유롭게 마음대로 쓸 수 있다. 누군가가 '읽는' 것을 전제로 하니 글도 잘 써진다. 아니, 입력도 잘된다.

인터넷 게시판을 비롯해 각종 블로그, SNS에서는 자칭 '애국자'가 쓴 증오와 원한, 혹은 차별과 편견에 가득 찬 게시물을 볼 수 있게 되었다. 욕하는 대상은 재일코리안을 비롯한 마이너리티, 좌익, 언론, 단순히 정권을 비판하는 사람들까지 다양하다. 2017년 천황과 황후가 한반도에 유래가 있는 고마高麗신사*(사이타마현埼玉県)를 방문했을 때, 혐한 무드의 영향 탓

---

* 일본으로 건너간 고구려의 마지막 임금 보장왕寶藏王의 아들 약광若光을 모시는 신사. '고려신사'라고도 불린다.

인지 "천황 부부는 반일"이라고 쓴 게시물까지 나왔다.

'반일', '국적', '매국노', '비국민'ㅡ. 자기들의 사상이나 사고를 일반에게 널리 알린다기보다는 타인을 배제하고 배격하기만 하는 말이 인터넷상에 넘쳐났다. 게다가 반드시 자기들을 '애국자', '일본인'이라고 말한 다음 공격을 했다. 이러한 사람들일수록, 국가를 배경으로 하면 목소리가 커진다. 그들은 앞을 다투듯 게시물을 계속 올렸다. 마이너리티의 '말살', '학살', '일소' 등을 주장하는 자들의 기세가 갈수록 커져갔다.

욕설과 증오에 사람들이 선동되었다. 여기에 '눈을 뜬' 사람들 중 현실 사회에서의 '연대와 단결'을 지향하는 사람들이 생겨났다. 그것이 넷우익의 거리 데모로 발전했다. 재일 외국인 같은 마이너리티를 향해 "죽어라", "죽여라"를 연달아 외치며 돌아다니는 광경은, 한때 도쿄나 오사카에서 매 주말마다 볼 수 있었다. 일장기나 욱일기, 나치스의 하켄크로이츠 깃발이 늘어선 '차별 데모'를 본 사람도 적지 않을 것이다.

재특회가 말하는 '진실'

그들의 선두에는 2006년 말에 결성한 재특회(재일 특권을 허락하지 않는 시민 모임在日特権を許さない市民の会)가 있었다. 이 단체는 재일코리안 등 외국인이 일본에서 "생활보호의 우선 수급" 등 우월한 권리를 가진다고 주장하고(실제로는 단순 헛소문일 뿐이다), 외국인 배척을 각지에서 호소했다. 설립했을 때의 회원

수는 500명 정도였으나, 나중에 1만 5,000명까지 규모가 팽창했다.

재특회 결성 당시의 홍보 책임자는 나의 취재에 응답하길, "모임의 모체는 '2채널ちゃんねる'* 같은 인터넷상 게시판에서 보수적 의식을 갖고 계속 '활동'한 사람들"이라고 대답했다. 즉 한결같이 마이너리티를 향해 차별적, 공격적 게시물을 올린 넷우익이 이 단체의 모체였다.

실제로 나는 다수의 재특회원과 만나 그들의 이야기를 들었다. 하나같이 정치운동을 한 경험은 없었다. 나이대나 직업도 다양했다. 중학생, 고등학생도 있었고, 유명 사립대에 다니는 학생도 있었다. 샐러리맨이나 자영업자, 기업 경영자, 주부, 퇴직한 고령자도 있었다. 물론 아르바이트를 하는 사람이나 무직자, 니트족도 있었다. 그들의 공통점은 모두 "인터넷에서 진실을 알았다"고 말한다는 것이다.

그들이 입을 모아 말하는 '진실'이란, 재일코리안이 복지에서 우대를 받고 있으며, 우선적으로 언론에 취직할 수 있거나, 혹은 정치나 행정, 경제 분야를 "은밀히 좌지우지한다"는 내용이었다. 인터넷에 넘치는 음모론이나 가짜 뉴스에 나오는 말뿐인데, 한 청년은 "일본을 재일이 지배하고 있다"고 엄청 진지하게 말하기도 했다.

"바보 같다"라고 잘라 말할 수 없는 이유는, 그것이 일정

---

*   일본의 인터넷 익명 커뮤니티 사이트로 2017년 10월 1일부터 5채널로 이름을 바꾸었다.

한 기세로 사회로 퍼지고 있으며, 현존하는 역사 논쟁이나 사회문제와 연관되어 차별을 부추기기 때문이다. 또한 익명의 넷우익뿐 아니라 영향력을 가진 유명인이나 일부 언론까지 거기에 동조하는 것도 문제를 심각하게 만들고 있다.

그들의 무기는 혐오발언

재특회의 활동은 경이적인 기세로 전국으로 퍼져나갔다. 홋카이도에서 오키나와까지, 주요 도시에 차례차례 지부를 설치하고 데모나 거리 선전을 반복했다. 그 재특회의 무기는 선전차도, 특공복도, 단순한 공감도 아니다. 일본회의 같은 곳에 로비도 하지 않는다.

그들의 무기는 혐오발언이다. 재일코리안을 비롯한 마이너리티를 향해 민족과 같은 항변할 수 없는 속성을 야유하고, 공격하고, 차별하고, 증오를 선동한다. 마이너리티를 침묵하게 만들고, 그들에게 공포를 주는 점이야말로 혐오발언의 본질이다.

특히 이들이 교활한 것은 표면상 대의명분을 든다는 점이다. 북한의 납치 문제. 종군위안부나 난징학살을 둘러싼 역사 인식 문제. 항상 이런 문제들을 활동 주제로 삼고, 혐오발언의 '이유'로 삼는다. 게다가 "종군위안부 문제에 관해 한국에 항의한다"고 이름 붙인 데모를, 일부러 재일코리안이 많이 사는 지역에서 벌인다. 아마 종군위안부에 관한 깊은 지식도

재특회가 데모를 하는 풍경. 재일코리안을 비롯한 마이너리티를 향해 야유하고, 공격하고, 차별하고, 증오를 선동하는 그들의 무기는 혐오발언이다.

없거니와, 논의하고픈 마음도 없을 것이다. 중요한 것은 재일코리안이 모여 사는 지역에서 시끄럽게 소란을 피운다는 그 한 가지 사실이다.

"위안부는 매춘부." "자이니치는 꺼져라!" "자이니치는 죽어라." "자이니치 여자는 강간해도 상관없다." 데모대는 이런 말들을 연달아 외치면서 거리를 돌아다닌다. 주제가 '난징'이건, 납치 문제건 마찬가지이다. 결국 마이너리티를 배제하자고 주장하고 싶은 것이다.

일부 참가자들에게 데모는 오락, 엔터테인먼트이기도 하다. 재특회 멤버에게 데모에 참가한 이유를 묻자, "재밌으니까"라는 대답이 돌아온 적도 있다.

"자이니치가 무섭다고 생각했는데, 데모대가 앞에 있으니 아무 말도 못하고 조용히 있다. 그 모습을 보는 것이 즐겁다. 일본인의 힘을 보여준 듯한 기분이 든다."

다른 멤버는 "동지가 생겼다"며 기뻐했다. 20대 회사원인데, 인터넷을 하다가 한국이나 재일코리안에게 적의를 갖게 되었다고 했다. 하지만 주위 사람들에게 그 사실을 말해도 상대해주지 않았다. 재특회에 들어가 데모나 집회장에서 많은 동료와 교류를 거듭하니 드디어 "안심할 수 있었다"고 한다.

실제로 그들만이 아니라, 많은 참가자들이 즐거워 보였다. 데모가 경찰의 보호를 받으니 안심이 되기도 했을 것이다. 카운터라 불리는 사람들이 길가에서 항의 목소리를 내질러도 간들거리는 표정으로 데모를 계속한다. 일장기나 욱일기를 흔들면서 크게 웃는다. 데모가 끝나면 이자카야에 모여 간담회를 갖는다. 나는 몇 번 그 간담회에 '잠입'해본 적도 있는데, 확실히 그들은 즐거워 보였다. 인터넷에서 모은 지식을 서로 꺼내 이야기하며, 재일코리안을 욕하고, 비웃는다. 이자카야 점원이 때마침 중국에서 온 유학생이기라도 하면 역사 문제를 꺼내 모두가 그를 힐문한다.

나는 그렇게 해서 고조되는 그들의 정신세계가 그저 불쾌하다. 아니, 마이너리티 당사자야말로 불쾌해서 견딜 수 없을 것이다. 바보 취급을 당하고, 존재를 부정당하고, 사회에서 사라지라는 협박을 받는다. 용인할 이유가 없다. 그런데 재특회는 '시민 모임'이라 말하면서, 현실적인 해결을 요구하는 운동을 하지도 않는다. 살육, 살해를 교사하고, 노골적인 증오만 터뜨릴 뿐이다.

과격한 우파 집단

그래도 좋을까?—이런 나의 질문을 받고, "그래도 좋아요"라고 대답한 사람은 재특회 지방 지부장 중 한 명이었다. 디자인 회사를 경영한다는 이 남자는 이렇게 말했다.

"허들은 낮으면 좋고, 입구는 넓으면 좋아요. 운동체는 모든 사람을 받아들이는 쪽이 힘이 세지요. 그러니까 인터넷의 힘이 중요해요. 각각이 가진 불만이나 위기의식을 결합할 수 있으니까요. 너무 가볍다는 비판도 듣지만, 수단이 아니라 목적이 중요하니까요."

일반적인 운동론으로서 귀를 기울인다면 위화감은 들지 않는다. 단 재특회는 수단은 물론, 목적도 잘못되었다. 이질적인 타자를 배제하자는 주장은 아무런 정당성도 없다. 그렇다면 나치스와 완전 똑같지 않은가?

재특회가 극도로 융성하던 2013년쯤까지, 많은 언론은 이 조직을 "과격한 우파 집단"이라고 말했다(나도 그렇게 표현한 적이 있다). 하지만 지금 돌이켜본다면, 이 집단은 '과격'도 아무것도 아니다. 잘못되었을 뿐이다. 어떠한 논리를 긁어모아도 속성을 이유로 인간을 배제하는 것이 정당화되어서는 안 된다.

이 집단은 당연히 많은 곳에서 사건을 일으켰다.

2009년 12월, 재특회 멤버들은 교토 조선 제1초급학교 (교토시 미나미구南区)로 몰려갔다. 교내에서 한창 수업 중인데도 "조선학교를 일본에서 몰아내라!", "김치 냄새가 난다", "스파이 새끼"라고 확성기를 들고 소란을 피웠다. 이로 인해 4명이 위력에 의한 영업방해 등의 혐의로 체포되었다. 이듬해 2010년 4월에는 도쿠시마현德島県 교직원조합 사무소(도쿠시마시)에 난입했다. 그 자리에 있던 여성 직원을 향해 확성기로 "배를 갈라라!", "매국노"라고 분노를 터뜨리고 업무를 방해했다. 이 사건으로 7명이 건조물 침입 등의 혐의로 체포되었다. 한국인 여배우를 광고에 기용한 것은 '매국적'이라며 제약회사에 쳐들어갔다가 강요죄로 체포된 사건(2012년 3월)도 있었다. 이외에 명예훼손 등 민사재판도 있었다.

그들은 적인가, 아군인가

이 재특회는 사쿠라이 마코토桜井誠(본명 다카다 마코토高田誠)가 만들었다. 그 또한 재특회를 결성할 때까지 특별히 우익운동에 관여한 경험은 없었다.

후쿠오카현 출신의 사쿠라이는 20대 초반쯤에 상경했다. 당시 그는 경비원이나 구청 임시 직원을 하면서, 빈 시간에 인터넷에 '반한', '혐한' 메시지를 쓰는 일개 넷우익일 뿐이었다. 고향 후쿠오카에서 사쿠라이를 아는 인물은 "학교에서도 눈에 띄는 타입이 아니었다. 도저히 정치운동을 할 만한 인간이라 생각하지 못했다"라고 말했다. 하지만 인터넷에 글을 쓸 때는 너무나도 다른 인간이 되었다. 한국이나 재일코리안을 향해 공격적인 글을 계속 쓰던 사쿠라이는 차츰 인터넷상에서 이름을 알리는 존재가 되어갔다.

한때 '일본문화 채널 사쿠라' 같은 보수 계열 텔레비전 방송국에 게스트로 초청받기도 한 그는 조금씩 현실 세계에 침투하기 시작했다. 이윽고 인터넷에서 웅변만 외치는 '넷우익'이 아니라, 조선 문제에 해박한 전문가로 떠받들어졌다. 그 사쿠라이가 2006년에 재특회를 결성한 것이다.

재특회는 전국 각지에서 정력적으로 활동했다. 일장기를 걸고 한국이나 북한, 중국을 비난하고, 재일코리안을 폄훼하는 데모를 매 주말마다 전국 각지에서 벌였다. '반일', '매국'으로 인식된 기업, 신문사, 텔레비전 방송국을 향한 항의운동도 빠뜨리지 않았다.

2012년부터 2013년까지가 운동의 정점이었다. 2012년 여름에 한국의 이명박李明博 대통령(당시)이 독도에 상륙하자 세간에서 '반한', '혐한' 분위기가 고조되었다. 재특회는 이 상황에 편승하여 도쿄의 신오쿠보新大久保, 오사카의 쓰루하시鶴橋 같은 재일코리안이 모여 사는 지역에서 대규모 데모를 펼쳤다. "조센징을 모두 죽여라!", "목을 매달아라"라고 쓴 플래카드를 내걸고 혐오발언을 계속 외치는 데모를 보고 우익단체조차도 "너무 한다"는 말을 했다.

2012년 어느 날, 나는 도쿄의 모 우익단체 간부가 주최한

회의를 취재할 수 있었다. 신주쿠의 카페에 있는 회의실에 행동 우익, 임협 우익의 보스급들이 모였다. 그날 주제는 '재특회'였다. 재특회는 적인가, 아군인가—줄곧 거리 선전 우익으로 살아오며 산전수전을 다 겪은 노간부들은 팔짱을 끼면서 생각에 잠겼다.

"틀림없이 애국자들이야." "하지만 너무 말이 심해."

그런 의견들이 오갔지만, 결론은 나지 않았다. 인터넷이라는 세계를 그다지 알지 못하기 때문에, 아무도 내실을 파악할 수 없었다. 즉 같은 우익이면서도 조직끼리의 교류는 그때까지 전혀 없었다.

손을 잡을 만한 상대나 동료로 인정할 만한 존재로 여길수 없었다. 내버려두자. 아마 그런 결론에 도달한 것으로 기억한다. 적어도 이 시점에서 재특회와 거리 선전 우익 사이에 주목할 만한 연계는 없었다.

재특회의 쇠퇴

그런데 재특회는 2013년 이래 급속히 조직으로서 힘을 잃었다. 한때 1,000명 가까운 동원력을 보여주기도 했지만, 2014년 무렵부터 데모 참가자는 많았을 때도 100명 정도였으며, 데모 자체의 횟수도 줄었다.

최대 이유는 일련의 데모에 대한 항의 행동이 활발해졌기 때문일 것이다. 재특회가 막 데뷔했을 때도 항의 활동은 있었으나, 그때는 대부분 좌익 관계자들 중심이었다. 그러나 데모가 확대되면서 이를 혐오하는 일반인이 '카운터'라고 칭하며 현장에 모여들었다. 조직적으로 동원하지 않았는데도, 많을 때는 1,000명 이상이 데모 개최 장소에 모여 '차별 반대 Anti racism'를 외쳤다. 적이 늘어나니 데모하기도 어려워졌다. 그때까지 데모가 끝난 뒤에는 반드시 열던 간담회도, '카운터'가 무서워 열 수 없게 되었다. 데모가 끝나면 경찰이 재특회 측 대열을 보호하듯 둘러싸고 역까지 바래다주었다. 이런 상황이니 만남이나 교류를 기대하던 사람들도 "즐거울" 리가 없었다.

데모의 실태가 보도되자, 세상도 그들을 엄한 시선으로 바라봤다. 경찰도 공안 관계 부서를 동원해 데모 참가자들의 정보를 진지하게 수집하기 시작했다. 익명으로 참가했을 텐데도 어느새 경찰이 자신의 집이나 이름, 직장까지 파악된 사람도 적지 않았다. 이 때문에 아무래도 동원력이 떨어질 수밖에 없었다.

2014년 11월에는 갑자기 사쿠라이가 재특회 회장을 그만두었다. 어떤 재특회 간부가 이 상황에 관해 내게 이렇게 털어놓았다.

"혐오발언 비판을 비롯한 사회적 압력에 대한 대응이었죠. 재특회는 이제 혐오발언의 대명사가 되었어요. 그게 싫어서 그만두는 회원도 많았습니다. 여기에 위기감을 느낀 사쿠라이 씨는 활동 장소를 거리에서 의회로 옮기기로 생각했겠죠."

재특회는 리더의 사임을 계기로 급속히 쇠퇴했다. 아직

도 조직은 존재하지만, 자력으로 데모나 집회를 여는 경우는 거의 없다.

2016년 넷우익에게 더욱 유쾌하지 못한 사태가 발생했다. 국회에서 '혐오발언 해소법'이 성립된 것이다. 이 법안은 차별 데모에 대해 카운터로 참가했던 참의원 의원 아리타 요시오^{有田芳生} 등이 주도해 만들었다. 당초 여당은 사실 이 법안에 찬성할 생각은 없었다. 하지만 차별 데모가 벌어지는 현장 등을 시찰하고, 당사자인 재일코리안과 간담회 등을 가지면서 자민당 의원 사이에서도 "뭔가 법적 정비가 필요하다"는 인식이 퍼졌다.

결국 벌칙 조항은 없었지만, 언론의 자유를 배려하는 '이념법'의 형태로 해소법은 성립했다. 벌칙은 없었지만, 이 법률로 인해 지방자치체 등에게는 "혐오발언 해소에 노력할 의무"가 생겼다. 혐오발언에 반대하는 측에게는 하나의 승리라고 해도 좋을 것이다.

혐오는 살아 있다

지금 재특회에는 이제 왕년의 기세가 없다.

그렇다면 재특회의 쇠퇴와 궤를 같이하듯 혐오발언도 줄어들고 있을까? 문제는 거기에 있다. 나는 앞 장에서 1970년대 이래의 우익을 다룰 때, 풀뿌리에 기반을 둔 우파 세력이 출현했기 때문에 "이제 폭력적인 우익은 필요하지 않게 되었다"고 썼다. 그와 같은 상황이 지금 발생했다.

재특회의 힘이 약해진 이유 중 하나는 혐오발언적인 행동에 대해 사회적 압력이 강해졌기 때문이다. 하지만 그와 동시에 재특회가 없어도 될 만큼 사회에 이미 '극우 공기'가 가득 찼기 때문이라고도 말할 수 있다. 재특회의 추락으로 바뀐 것은 재특회가 주최한 데모가 거의 사라졌다—이런 사실 정도이다.

실제로 사쿠라이 마코토는 무대에서 사라지지 않았다. 그는 재특회 회장에서 물러난 후 직접 정치에 관여하고 정치단체인 '일본제일당日本第一党'을 설립했다. 2016년 도쿄도지사 선거에 후보로 나와 약 11만 표를 획득했다. 물론 당선되기에는 한참 미치지 못한 수치였지만, 그럼에도 주요 후보자를 제외한 후보들 중에서는 선두였다. 게다가 그는 선거운동의 형태를 빌려 재특회에서 외쳤던 것을 당당하게 거리에서 주장할 수도 있었다.

혐오발언은 곳곳에 살아 있다. 인터넷에는 변함없이 차별과 편견으로 가득 찬 말이 날뛰고 있다. 매일 넷우익이 활발하게 행동하는 상황은 조금도 변하지 않았다. 아니 재특회가 사회 곳곳에 분단과 균열을 낳은 탓에, 차별의 허들은 훨씬 낮아졌다. 거리에서 데모를 하지 않아도, 마이너리티를 폄훼하는 문구가 퍼지고 있지 않은가?

전국 각지의 서점 서가에는 이웃 나라들을 폄하하고, 마이너리티의 존재에 의문을 던지는 책들이 꽂혀 있다. 대부분의 저자는 '애국'을 내걸며 차별을 선동한다. 텔레비전 방송을 봐도 "일본인임을 자랑하는" 내용이 매우 많아졌다. 도시의 이자카야에서 마이너리티를 중상하는 말이 오가는 상황을 한두 번 본 게 아니다.

그렇다. 재특회 따위는 필요 없다. 사회의 일부는 충분히 극우화되었다. 우익의 주체는 선전차를 모는 우익도 아니거니와 재특회도 아니다. 극우의 분위기를 탄 일반인이다.

'차별'이라고 생각하지 않는다

2016년 10월 7일, 오후 1시 10분. 후쿠오카지방재판소(후쿠오카시) 제4호 법정에 사건의 주역이 모습을 드러냈다. 증언대에 선 피고 남성(64세, 후쿠오카시 미나미구 거주)은 풍채가 좋아서 기업 경영자처럼 보이기도 했다.

"그럼 판결을 내리겠습니다."

재판관이 그렇게 말하자, 남성은 두 주먹을 불끈 쥐었다.

"피고인을 징역 1년에 처한다. 단 이 판결이 확정된 날부터 3년 동안 형 집행을 유예한다."

남성은 재판관을 향해 머리를 숙였다. 검찰 측 구형은 징역 1년 6개월이었다. 아마 예상 범위 안이 아니었을까? 남성도, 변호인도 침착한 표정으로 그 뒤로 이어지는 양형 이유에 귀를 기울였다.

'사건'은 그해 6월 17일부터 30일 사이에 발생했다. 이 남성은 시내 백화점 등 14곳의 대형 상업시설 화장실에 침입해 재일코리안을 중상하고, 차별하는 유인물을 붙였다.

관계자가 말하길, 두 종류의 유인물(모두 A4 크기)을 붙였다고 한다. 〈재일코리안의 사회 민폐〉라는 제목의 유인물에는 재일코리안이 소비자 금융과 폭력단의 대부분을 차지한다는 내용과, 재일코리안이 저질렀다는 사건명 등이 적혀 있었다. 또한 〈일본인을 속이는 재일코리안 정치가〉, 〈일본인을 배제, 차별하는 기업〉 등의 제목이 붙은 유인물에는 정당별로 재일코리안 의원의 인원수와 재일코리안 계열의 기업명 등이 적혀 있었다.

각 빌딩 시설 관리자의 통보로 후쿠오카현 경찰이 수사에 착수했다. 6월 30일, 남성은 경계 중이던 수사원에게 건조물 침입 용의로 현행범으로 체포되었다―이상이 사건 내용이다.

남성은 대학교를 졸업한 뒤 학원 경영 등을 했고, 범죄에 손을 댄 적은 없었다. 같이 사는 아내도 두 번이나 반복하듯, 앞으로 남편을 감시하겠다고 약속했다고 한다. 정상 참작할 여지는 나도 충분히 인정하는데, 그럼에도 뭔가 찜찜한 느낌이 들었다.

재판 도중 남성은 유인물을 작성한 이유가 "이자카야에서 연예계에는 다수의 재일코리안이 활동한다는 말을 들었"기 때문이라고 말했다. 그 말에 재일코리안의 존재에 흥미를 느껴 인터넷에서 검색해봤더니, 연예계뿐 아니라 많은 기업, 폭력단 조직, 일부 정당까지도 '재일코리안의 영향 아래' 있다는 글이 있었다. '발견'의 연속이었다. 말할 것도 없이, 인터넷에 돌아다니는 허위 정보 부류였다.

"인터넷에 익숙하지 않다"는 이 남성은, 이 정보들에 대한 근거를 찾지도, 검증하지도 않고 유인물에 써서 뿌렸다.

—유인물을 붙인 의도는?

"7월에 있을 참의원 선거를 앞두고, 인터넷에서 조사한 사실을 유권자에게 알리고 싶었다."

—어째서 유권자에게 알리고 싶었는가?

"일본의 실태를 알고 투표장에 가면, 일본이 더욱 좋아질 것이라 생각했다."

—올바른 목적이라면 어떠한 수단을 써도 좋은가?

"올바르다고 해도 범죄행위는 좋지 않다. 유인물을 붙일 때에는 화장실에 손상이 가지 않도록 신경을 썼다. 일본을 위해 하는 일이기 때문에 조금 관대하게 봐줄 것이라 생각했다."

—앞으로는 어떻게 할 생각인가?

"신중하게 행동하겠다. 여러 사람의 의견을 듣고, 두 번 다시 범죄는 저지르지 않겠다. 낚시라도 하면서 세상에 폐를 끼치지 않는 생활을 하고 싶다."

인터넷 정보를 그대로 받아들임으로써 혐오발언이 탄생하는 전형적 패턴이 떠올랐다. 또한 사건에 대한 반성은 전달되었지만, 자신이 저지른 차별적 언동, 사고에 관해서는 거의 언급하지 않았다. 본인은 '낚시'라도 하면서 과거를 잊고 살면 괜찮을지 모르겠지만, 지역사회에 균열을 내려 한 죄는 지울 수 없다. 유인물을 봤을지도 모르는 마이너리티의 마음에 깊은 상처를 입힌 셈이다.

판결 당일, 법정 밖으로 나온 그 남성은 지금까지의 보도에 관해서 지역 언론 기자에게 직접 항의했다.

"어째서 차별 목적으로 유인물을 붙였다고 썼나요?"

남성은 끝까지 '차별'을 인정하지 않은 듯했다. 그 점은 나도 묻고 싶었다. 나는 재판소 밖에서 남성에게 직접 물었지만, 그는 일체 답변을 하지 않았다.

이것이 지금 우익의 모습이다. 선전차를 타지도 않고, 거리의 차별 데모에 참가하지도 않는다. 하지만 가장 첨예하게 '우익 활동'을 하는 사람은 시정에서 볼 수 있는 평범한 인물이다.

혐오범죄가 발생할 때

2017년 5월 민족 계열 금융기관인 '이오イオ신용조합'(구 조은중부신용조합) 오에大江지점(나고야시)에 한 남자가 침입해 등유를 끼얹고, 불을 지르려던 사건이 발생했다. 범인으로 체포된 자는 우익 조직에 가입하거나 활동한 경력이 전혀 없는 전직 회사원(65세)이었다.

그는 재판정에서 범행 동기를 "위안부 문제 때문에 이전부터 한국에 나쁜 감정을 가졌다"고 말했다. 인터넷이나 텔레비전 뉴스에서 본, 서울의 일본대사관 앞에 설치된 위안부상 등에 분노를 느끼고, 이런 행동을 하려고 했다는 것이다.

덧붙이자면 이오신용조합은 조선총련 계열의 금융기관이지, 한국 자본이 아니다. 그런 간단한 사실조차 조사해보지 않고, 그는 등유를 뿌리고 불을 지르려고 했다. "한국을 용서할 수 없다"는 이유만으로 대참사로 이어질지도 모를 폭거를 저지른 것이다—이것은 완전한 혐오범죄hate crime(증오범죄=민족이나 성적 지향 등 특정한 개인, 집단에 대한 증오가 원인이 되어 발생한 범죄)이다.

판결 공판에서 내가 본 피고는 역시 일반적인 우익의 모습과는 상당히 거리가 먼 수수한 느낌을 주는 남성이었다. 몇 년 전에는 지역 철강회사에 25년 이상 근무한 실적을 평가받아 시가 주최하는 우수 직원 현창식에서 '특별 표창'을 받기도 했다. 그가 살던 아파트의 이웃 주민들에게서도, "말수가 적은 점잖은 아저씨"라는 말 외에는 다른 말은 듣지 못했다. 그런 남성이 "마음을 먹고" 범죄를 저질러 징역 2년, 집행유예 4년의 유죄 판결을 받았다. 오랫동안 근무한 실적을 인정받아 표창까지 받은 "점잖은 아저씨" 역시 극우의 공기에 휩쓸려, 정신을 차려보니 선두에서 뛰고 있었던 것이다.

녹고 있는 경계

그렇다면 지금까지 봤던 종래의 우익(거리 우익)은 지금 어떻게 되었을까?

예전에 우익과 넷우익 사이에는 명확한 구분선이 그어져

있었다. 내가 《거리로 나온 넷우익ネットと愛国》(講談社)을 쓰기 위해 재특회 관계자를 취재했던 2010년부터 2012년까지는, 앞서 말했듯이 넷우익의 대부분이 우익을 혐오했다. 그들은 우익을 "야쿠자의 앞잡이"라고 불렀고, 때때로 길거리에서 선전차를 향해 "꺼져라!"라고 성난 목소리를 질렀다. 넷우익의 주장은 우익 이상으로 차별적이고 배타적인 극우인데도 종래의 우익과 거리를 두었다.

동시에 우익 쪽도 넷우익 대열을 향해 "그냥 울분을 풀 뿐이다"라며 차가운 시선으로 바라보았다. 오사카의 쓰루하시, 도쿄의 신오쿠보 등 재일코리안이 모여 사는 지역에서 차별 데모가 있을 때, 길가에는 멀리서 빙 둘러싸서 그들을 바라보는 우익들의 모습이 눈에 띄었다. 내가 말을 거니, 혐오가 가득 찬 표정으로 "바보 같다"고 내뱉듯이 대꾸하는 사람이 대부분이었다.

"우익은 민족차별 따위는 하지 않습니다."

그렇게 말한 이는 일수회 대표 기무라 미쓰히로木村三浩였다. 기무라는 2013년 3월에 참의원 의원회관에서 개최된 '혐오발언' 반대 집회에 참가해서 이렇게 말했다.

"그런 데모에 참가한 자는 진짜 우익이 아닙니다. 진짜 우익은 권력을 상대로 싸우기 때문이죠."

'반미·자주독립'의 깃발을 계속 내걸어온 기무라가 보기에, 거리에서 소란을 피우며 돌아다니는 넷우익 따위는 말할 가치도 없는 존재였을 것이다.

하지만 지금은 어떠한가? 완전히 소규모가 된 차별 데모

지만, 군복 차림의 우익이 데모대와 나란히 다니는 광경은 드물지 않게 되었다. 그뿐만 아니라 차별 데모에 반대하는 카운터를 공격하는 우익도 있다. 2016년 가와사키에서 있었던 차별 데모에 반대하는 사람들에게 지역 우익 구성원이 폭력을 휘둘렀다가 체포된 사건도 있었다. 일부 거리 우익이 넷우익의 '게쓰모치けつもち'*가 된 사례가 적지 않다.

2017년 여름에 전 재특회 회장인 사쿠라이가 히로시마에서 '반핵 반대' 거리 선전 활동을 할 때, 이 행위에 반대하는 '카운터'에게서 회장을 지킨 사람들도 군복 차림의 우익이었다. 취재하러 찾아온 나를 힘껏 밀어낸 자들 역시 전투모를 쓴 우익 남성들이었다.

오키나와에서도 헤노코 기지 건설 반대운동 현장에 지역우익과 넷우익이 하나가 되어 습격하는 경우가 현상이 되고있다.

그렇다. 예전에 우익과 넷우익 사이에 엄연히 존재했던 울타리는 이제 거의 없어졌다. 공동투쟁할 뿐 아니라, 실제로는 우익과 넷우익 쌍방을 '상호 이용'하는 멤버도 존재한다. 차별과 배타의 분위기로 가득 찬 극우의 공기는 우파 진영을 완전히 삼켜버렸다.

이러한 상황에 싫증을 느껴, 더 새로운 선전 우익을 지향하는 사람도 나타났다. 예전에 신우익과 통일전선의용군

---

* 일본의 속어로 폭력 조직이 상점 등을 비호하며 이득을 챙기는 행위를 말한다. 최근에는 행진 대열의 후미를 맡는 자를 가리키는 의미로도 쓰인다.

에 속하여 방위성에 화염병을 던졌다가 체포된 적이 있는 야마구치 유지로山口祐次郎(32세, 현재 우국아도회憂國我道会[유고쿠가도카이] 대표)는 "전쟁을 찬미하는 풍조에 영합하고 싶지 않다"는 이유로, 매년 여름마다 거르지 않던 '야스쿠니 참배'를 그만두었다. 동시에 우파 진영의 배타적 체질도 "혐오발언의 온상"이라고 비판했다. 지금은 한국의 위안부 피해자들을 찾아가서 일본의 전쟁 책임을 배우고, 북한에도 가서 일조우호日朝友好의 가능성을 찾는 중이다.

"우익을 그만두지 않았습니다. 우익으로서 일본의 역사와 현실을 마주보고 싶습니다."

우익계의 혼돈 속에서 지금까지 보이지 않았던 우익이 생겨난 것이다.

우익의 망망대해

우익과 넷우익의 '혼교混交'를 상징하는 듯한 사건이 2018년 2월 23일에 일어났다. 바로 조선총련 총격 사건이다.

그날 미명에 차를 탄 남자 두 명이 조선총련 중앙본부(도쿄도 지요다구) 현관을 향해 총탄 5발을 쏘았다. 현행범으로 56세의 우익 활동가와 46세의 전직 폭력단원이 체포되었다. 두 사람은 요코하마 시내의 아파트에서 함께 살고 있었는데, 사건 후 그 아파트를 찾아가니, 그들에게 방을 빌려준 다른 우익 관계자가 문틈으로 얼굴을 비추었다.

"저는 아무 말도 듣지 못했어요. 동기나 사건의 상세한 내용 등 아무것도 들은 적이 없어요."

이 남성을 어디선가 본 적이 있었다. 과거 차별 데모 대열에서였다.

체포된 활동가는 우익 세계에 잘 알려진 사람이었다. 우익단체 연합 조직인 전일본애국자단체회의(전애회의) 간부를 맡은 적이 있고, 1992년에는 천황의 중국 방문 반대를 위해 불을 붙인 트럭을 몰고 수상관저로 향했다가 체포된 적도 있었다. 하지만 최근에는 그 역시 재특회를 비롯한 배외주의 단체와 가까워졌다. 나는 그가 차별 데모나 거리 선전에서 재특회 관계자와 나란히 활동하는 모습을 몇 번이나 목격했다. 그는 혐오발언 참가자들에게서 '교관'이라고 불리며, 그들에게 경찰에 대처하는 방법 등을 지도해주기도 했다. 그래서 혐오발언에 반대하는 시민단체들이 그를 "민족파 우익"이라기보다는 혐오 활동가로 보는 경우도 적지 않았다. 실제로 그는 거리에서 "불령선인不逞鮮人*들의 압력에 굴하지 않는다"는 식으로 거듭 혐오발언을 내뱉기도 했다.

2013년 재일코리안이 모여 사는 오사카의 쓰루하시에서 벌인 혐오 데모에서, 한 여자 중학생이 "난징대학살이 아니라, 쓰루하시대학살을 실행합시다"라며 살육을 선동하는 발언을 해 세상에 충격을 주었는데, 그 여중생이 이 남성의 딸

★　불온하고 불량한 조선 사람이라는 뜻으로, 일본 제국주의자들이 자기네 말을 따르지 않는 조선 사람을 이르던 말.

이었다. 남성은 당시 나의 취재에 이렇게 대답했다.

"(학살 발언이) 일일이 그렇게 떠들 만한 문제인가? 입으로 말했을 뿐이잖소?"

그가 활동 거점을 간사이에서 간토로 옮긴 시점은 총격 사건이 발생하기 2년 전이었다. 전애회의 간부의 말을 들어보니, "잠시 전애회의 계열 단체에 소속했지만, 2017년에 활동 방침을 둘러싸고 이견이 생겨 단체를 이탈한 뒤 개인으로 활동했다"고 한다.

2018년 총격 사건 직후, 재특회 관계자 등 배외주의 단체 멤버들은 이 사건을 "의거"라고 부르며 찬사를 보냈다. 인터넷에서도 총격을 찬사하는 게시물이 적지 않았다. 체포된 그는 테러도 마다하지 않는 고참 우익 활동가이지만, 그가 도달한 곳은 차별과 배타의 지평이었다.

범행을 도운 것은 이웃 나라들을 '적'으로 삼은 세상의 바람이었다. 적을 찾아 적을 매단다―그 회로에 그 또한 편입되었다.

이런 의미에서 예전에 노무라 슈스케가 표현한 "민족의 촉각"은 더 추악한 형태인 싸구려 포퓰리즘으로 추락했다고 할 수 있다. 촉각은커녕 세상의, 아니 국가권력의 개가 되었다.

요 몇 년을 돌아보기만 해도, 차별이나 편견을 부추기는 일본의 '극우화'는 속도를 올리고 있다. 아니 끝이 없다. 차별 데모에 참가하는 지방의원이 있다. 응원하러 달려오는 국회의원이 있다. 차별 발언을 되풀이하는 의원이 있다. 넷우익이 주최하는 집회에서 강연을 하는 의원이 있다. 블로그에 외국인을 "구더기, 바퀴벌레"라고 표현한 신사의 궁사가 쓴 책에 아베 신조 수상이 추천사를 쓴다.

이제 혐오발언은 '풀뿌리'의 전매특허가 아니다. 사회의 위와 아래에서 호응하면서, 차별의 허들을 계속 낮추고 있다.

2018년 4월, 내각부 정부공보실이 개설한 '국정모니터' 사이트에 타민족을 비방 중상하는 '국민의 의견'이 게재된 사실이 발각되었다.

"재일한국인을 몰아내자!", "자이니치의 강제 퇴거가 필요", "오키나와에 있는 조센징을 내란죄로 단속해라!"ㅡ.

공보실은 "올려주신 의견을 존중해서 게재했다"고 밝혔다. 그 게시물을 입력한 '국민'은 물론, 점검한다면서도 이러한 "의견을 존중"하는 내각부도 감각이 마비되었다는 말밖에 할 수 없다.

그렇다. 이것이야말로 사회의 극우화이다.

우리는 우익의 망망대해에서 살고 있다.

끝으로

나는 미군기지 신설 문제를 취재하기 위해 정기적으로 오키나와에 간다.

그 오키나와에서 처음으로 그녀의 모습을 본 것은 2017년 여름이었다. 헬기장 신설 공사를 막 마친 다카에高江(히가시무라東村) 미군 북부 훈련장 정문 앞이었다.

그녀는 기지와 도로의 경계선을 표시한 '옐로우 라인'에 닿을락말락한 지점에 우뚝 서 있었다. 전투복에 전투모 차림, 검은색 편상화, 옆구리에는 대형 확성기를 끼고 있었다.

우익단체 '화영숙花瑛塾(가에이주쿠)'(본부는 도쿄에 있다)의 나카무라 미도리仲村之菊(38세)였다.

다카에나 헤노코(나고시) 등 오키나와현에서 기지 건설 반대운동이 있는 장소에 우익단체가 몰려드는 광경은 드문 일이 아니다. 그중 잘 알려져 있는 것은 지역 우익단체인 '일

사회', '대일본충인사 大日本忠仁社(다이닛폰추진샤)'의 '반·반기지 활동'이다. 그들은 '비국민', '국적'이라는 말로 반대운동 참가자들을 위협하고 해산시킨다. "중국의 공작원, 반일 조센징"이라는 차별과 편견을 적나라하게 드러낸 말로 욕을 하는 광경도 익숙하게 볼 수 있다. 선전차를 타고 음량을 크게 올린 군가를 틀면서 위협을 반복하는 우익단체가 반대파의 거점인 텐트를 습격해 체포되는 경우도 있었다. 두 단체 모두 "반기지 운동 배후에 중국이 있다", "반대운동 참가자는 매국노"라고 나의 취재에 답했다.

하지만 그녀는 달랐다. 반대파 시민이 한 명도 없는 곳에서 미군기지를 향해 확성기를 들고 항상 하던 선전을 시작했다.

"제 목소리에 귀를 기울여주십시오!"

그렇게 그녀가 말을 꺼냈을 때, 머리 위에 투다다 하는 독특한 굉음을 울리면서 오스프리Osprey가 지나갔다. 그녀는 잠깐 하늘을 쳐다보고는 조그마한 한숨을 내뱉은 뒤 연설을 계속했다.

"헬기장 건설은 명백히 기지 기능을 강화하는 행위입니다!"

기지 안에 있던 경비원이 황급히 카메라를 들었다. 그 모습을 신경 쓰지도 않고 나카무라는 계속 말했다.

"저는 오키나와의 아름다운 바다를 지키고 싶습니다. 숲을 지키고 싶습니다. 아이들이 안심하고 살아갈 수 있는 오키나와가 되기를 원합니다."

아무리 봐도 우익이라는 사실을 숨길 수 없는 씩씩한 복장을 입었으면서도, 말투는 부드러웠다.

"오키나와의 고통을 이해하고 싶습니다. 전쟁의 상흔과 기억을 마음에 담아두고 싶습니다. 그리고 기지가 없는 섬을 원하는 오키나와 사람들에게 다가가고 싶습니다. 부디 함께 생각해볼 순 없나요?"

기지 건설 반대를 주장하는 연설은 약 30분 동안 이어졌다.

"아무쪼록 오키나와 사람들의 마음을 거절하지 말아주십시오."

마지막으로 그렇게 말하고 나서, 그녀는 마이크를 입에서 떼고 인사를 하고는 그날의 선전 활동을 마쳤다.

—일반적으로 떠오르는 우익의 이미지와 많이 다르네요?

내가 그렇게 말을 걸자, 나카무라는 온화한 웃음을 지으면서 이렇게 대답했다.

"그런가요? 민족파로서 당연한 주장이라고 생각해요."

그녀가 소속된 '화영숙'은 2016년 11월에 결성되었다.

그렇다지만 그녀의 우익 경력은 약 20년에 달한다. 18세 때, 우익 인사의 연설을 듣고 사회에 관심을 갖게 되어 그 세계에 뛰어들었다.

우익 중에서도 '대형 단체'으로 꼽히는 '대행사大行社(다이코샤)'에 들어가 다양한 활동을 했다. 북방 영토 반환이나 납치 문제 해결 요구, 일교조 대회에 대항하는 선전 활동—그녀의 행보는 확실히 우익 그 자체였다. 자민당 본부에서 소화기를 분사해 구속되기도 했다.

하지만 활동을 이어오던 중 조금씩 모순을 느끼게 되었다.

"그중 하나가 오키나와를 둘러싼 기지 문제입니다. 우익은 국체호지를 주장하면서 오키나와에 미군이 주둔한 이 현실에 큰 관심을 기울이지 않아요. 지금도 미군 점령 아래 있는 것과 마찬가지 아닌가요? 민족파를 자칭한다면, 타국 군대가 일본에 자리 잡고 있는 상황에 당연히 이의를 제기해야죠."

하지만 그 생각은 우익의 세계에서는 이단에 불과했다. 중국의 위협에 어찌 대처할 것인가? 좌익 세력을 이롭게 하는 결과가 되지 않을까? 이런 반론이 이어질 것이다.

"존경하는 우익 인사는 적지 않습니다. 하지만 우익이자 민족파인 이상 더욱 오키나와의 현 상황을 방치할 순 없었어요. 중국의 위협이라고는 하지만, 오키나와를 고통스럽게 만드는 것은 미군의 위협입니다. 더 이상 불평등한 미일지위협정을 용인할 수 없습니다."

자신을 키워준 조직에 애착은 있었다. 조직을 따를 것인가, 자신의 생각에 따라 충실히 살 것인가? 한참 고민한 끝에, 그녀는 후자의 길을 택했다. 동지 기가와 토모木川智(33세)도 마찬가지였다.

기가와 또한 대학 시절부터 '대행사'에 소속되어 활동했다. 그는 제네콘ゼネコン*에 쳐들어가 총을 쐈다가 체포된 이력이 있는 전과자이기도 했다.** 그런 기가와를 중심으로 '화영

★   대형 종합 건설사나 종합 건설 청부업자들을 가리키는 영단어 General Contractor의 줄임말.

★★   기가와는 2004년 11월 다이세이건설大成建設 건물의 접수대에서 권총을 1발 쏘

숙'이 설립되었다. 현재 숙생은 약 30명이다.

"국가를 생각하고 진지하게 역사를 마주 본다면, 오키나와의 현 상황을 용인할 수 없습니다"라고 기가와는 말한다.

"류큐처분*** 이래, 오키나와에서는 항상 현지 사람들의 의견이 무시되어왔어요. 일본과 미국 양 정부에게 농락당한 어둠의 역사를 직시한다면, 애국자로서의 입장은 자연스럽게 정해지죠."

일방적으로 강요당한 미군기지를 반대하고, 오키나와에 대한 편견과도 싸우는 것이 진정한 우익의 '정도正道'라고 주장하고 있다.

화영숙은 슬로건을 외치기만 하는 일과성 운동을 하고 싶지 않아 나카무라를 오키나와에 상주시켰다. 그리고 다카에와 헤노코의 신기지 건설 반대운동에 몰두했다.

나카무라는 자신의 행동의 기초는 '국체호지'라고 몇 번이나 말했다. 그 점은 다른 많은 우익 인사들과 다르지 않았다. 천황을 중심으로 하는 '국체'를 지키는 것—이런 국가의 형태를 나는 바라지 않지만, 사고방식, 사는 방식 중의 하나임은 부정하지 않는다. 하지만 작금의 우파에게 '국체'란 무엇일까? 나카무라가 지적한 대로, 우익과 우파란 단순히 '반

고 응접실에서 농성을 하다 체포되었다. 다이세이건설을 비롯한 11개의 대형 건설사가 납북된 일본인 피해자를 무시하고, 북한의 기반 시설 공사를 수주받기 위해 현지 조사를 하는 모습에 분노해 범행을 저질렀다고 한다.

*** 1609년에 일본의 사쓰마번의 침공으로 예속된 류큐왕국은 1872년에 류큐번으로 격하되었다.

좌파', '안티 이웃나라' 운동에 머무르고 있지 않은가? '애국자'를 자칭하면서도 너무 불평등한 미일지위협정을 무조건 받아들이고 있지는 않은가? 모순이 심하다.

"거짓말을 하는 자가 애국자로 칭송받고, 진실을 말하는 자가 매국노라는 욕을 듣는 세상을, 나는 경험해왔다."

2016년에 사망한 미카사노미야 다카히토三笠宮崇仁* 친왕은 이런 말을 남겼다. 군인으로 중국 대륙에 파견된 경험이 있기 때문에, 그는 편협한 내셔널리즘이 폭발했을 때의 무서움을 알고 있었다.

미카사노미야 친왕이 살아 있었다면 정권을 비판했다는 이유만으로 '매국노'라는 욕을 듣고, 재일 외국인이라는 이유로 "꺼져라"라고 협박을 받는 이런 시대를 어떻게 평가할까?

우익은 국가권력의 손발로 행세하기만 하면 될까? 나는 그런 생각을 하면서 이 책을 썼다. 우익은 사회의 모순을 바라보는 것에서부터 바탕을 다져야 했다. 시민사회나 마이너리티를 위협하기만 하는 우익은 너무 한심하지 않은가? 불공평, 불평등을 위해 흘린 눈물에서 태어났어야 했을 우익이 일본 사회를, 지역을, 사람의 삶을 파괴하고 있는 듯한 현실이 안타깝기만 하다.

지금의 우익은 결코 '이단'이라고 할 수 없다. 정부의 본

---

* 1915~2016. 일본의 황족. 쇼와 천황의 막내 동생으로 육군사관학교를 졸업하고 육군 장교로 제2차 세계대전에 참전했다. 전후에는 고대 오리엔트사를 연구하면서 일본의 우경화를 경계하는 발언을 했다.

심을 그대로 전하기만 하는 확성기이다. 우익은 일부러 재야에 머물러 권력과 대치하는 존재여야 하지 않을까? 나는 그렇게 생각한다.

이 책을 쓰면서 우익 관계자를 포함한 많은 분들의 도움을 받았다. 진심으로 고맙다는 인사를 전하고 싶다. 또한 우익의 역사를 조사할 때, 많은 서적과 논문이 도움이 되었다. 귀중한 증언과 논고를 남겨주신 분들의 노고에 그저 머리를 조아릴 뿐이다.

고단샤講談社 현대신서 편집자인 아오키 하지메青木肇 씨가 귀중한 조언을 해주셨다. 글을 마칠 때까지 그의 존재만이 기둥이었다. 진심으로 감사를 드린다.

옮긴이의 말

삼청동, 교보문고, 인사동을 돌아보려고 광화문 거리를 지나갈 때마다 엄청난 숫자의 깃발을 보고 놀란다. 태극기의 숫자도 그렇지만 성조기, 심지어 이스라엘 국기까지 목격하게 되니 더욱 놀랄 수밖에 없다.

그냥 깃발만 들고 있다면 모르겠지만, 간혹 가다가 다른 나라의 깃발을 자국 깃발 위에 달고는 자기와 안 맞는 사람을 향해 "빨갱이"라고 소리치는 분도 목격한 적이 있다. 애국이라고 하면서 어째서 자국을 중심으로 보지 않고, 외국을 중심으로 보는지 이해할 수 없다.

이 책의 저자 야스다 고이치는 2012년에 《거리로 나온 넷우익》이라는 논픽션을 썼다. 2013년에 이 책이 한국에 나왔을 때, 나는 '그런 건 우경화가 진행 중인 일본에서나 볼 수 있는 현상이겠지'라는 생각을 하며 솔직히 말해서 비웃는 감정으로 그 책을 접했다.

그런데 2014년부터 내가 잘못 생각했다는 사실을 깨달았다. 세월호 사건의 진실을 찾길 원하는 사람들이 광화문 광장에서 단식하는 가운데, 그런 사람들을 응원하지는 못할망정, 며칠 동안 아무것도 먹지 않고 물만 마시는 사람들 바로 근처에서 온갖 먹을 것을 먹으면서 '조롱'을 가하는 한국판 넷우익 '일베'의 모습을 보며 수많은 사람들이 경악을 금치 못했다. 그날 나 역시 광화문 광장에서 아는 형들과 함께 그 광경을 목격하고 경악한 나머지, 그들을 향해 욕을 퍼부었다. 그 행위는 단순한 욕설뿐 아니라, 세상 돌아가는 일을 안이하게 생각했으며 또한 10대 말에서 20대 초에 인터넷 커뮤니티에서 활동하면서 어쩌면 그들과 비슷한 소리를 뱉었을지도 모르는 나 자신을 향한 매질이기도 했다.

저자는 2013년에 한국의 다큐멘터리에 출연하여 일본의 넷우익의 사례를 들어 그들을 내버려두면 반드시 길거리로 나와 큰일을 저지르게 된다고 말한 적이 있다(KBS 광주 제작 〈일베, 얼굴 없는 폭력〉). 과연 그대로였다. 많은 사람들이 인터넷상에서 단순히 '찌질이'라는 신조어로 무시했던 한국의 넷우익 역시 그냥 방치했더니, 기어코 일을 저지르고 말았다.

그로부터 4년이 지난 2018년에 저자는 이 책을 집필했다. 그는 일본 우익의 기원부터 시작해서 현재 일본의 넷우익 +기존 극우 세력+극우 정치인(일본회의라는 가장 최악의 형태를 가진 극우 정치단체가 대표적이다)의 조합이라는 끔찍한 상황을 이 책에 묘사했다. 야스다가 쓴 책의 특징은 많은 일본과 한국의 저자들이 학술의 시점에서 이 상황을 분석하는 것과 달리, 직접 몸으로 그들 사이에 뛰어들어 취재하고 분석한다는 점이다. 그만큼 그가 전하는 일본 극우의 모습들은 매우 생생하고, 그만큼 더욱 날카롭게 우리들에게 경고를 던진다.

책의 후반부에 넷우익들이 최근에는 활동이 뜸하다는 묘사와 함께 저자는 우리에게 날카롭게 경고한다. 그것은 이미 사회가 충분히 극우화되었다는 사실을 의미한다고. 2014년부터 거셌던 민중의 의지 앞에서 일베라는 넷우익은 순식간에 모습을 감추었고, 그들은 이제 자기들의 정체를 숨기기 급급하다. 하지만 이미 이들은 독소를 사회에 뿌렸고, 그 독소들은 지금도 작용 중이다. 예를 들면 이른바 '급식체', 특정 지역 사투리를 어설프게 따라 해서 그 지역에 대한 혐오를 표현하는 방식이 있다. 2000년대까지만 해도 그런 말투는 일부만이 쓰던 표현이었다. 하지만 지금 그 표현은 청소년들이 자주 쓰는 표현이 되었고, 이어서 청년, 심지어 장년층 일부도 쓰고 있다. 유튜브 방송 진행자들도 그런 표현을 쓴다. 매우 우려스러운 상황이다. 또한 일본의 넷우익과 극우 세력들이 하나가 되어 인터넷 방송 및 커뮤니티에서 활동하듯, 현재 한국에서도 비슷한 상황이 벌어졌다. 5·18 및 민주화운동에 대한 조롱은 현재 진행 중이다. 그리고 죽은 줄 알았던 뉴라이트의 망령도 되살아났고, 그들은 마침내 광화문 한구석에서 소녀상과 징용노동자상 설치를 반대하는 집회까지 열었다(실제 멀리서 관찰해보니 숫자는 소수였지만, 그들의 구호가 현재 한국 극우의 구호와 유사하기 때문에 언제 혼합이라는 끔찍한 상황을 연출할지 모른다).

이쯤에서 첫 문단의 상황으로 돌아가 보자. 놀랍게도 이러한 상황은 일본의 우익과도 비슷하다. 그들은 국가를 위한다는 명분 아래, 약자들에 대한 혐오를 스스럼없이 하며, 이에 반대하면 '빨갱이', '비국민' 취급을 한다. 그렇게 혐오를 하면서 기성 권력에 빌붙는다. 나는 이 책을 읽으면서 이런 생각을 했다. 일본의 우익이 그렇게 자랑스럽게 내세우고, 한국의 우익, 예를 들면 김두한 같은 이들이 흉내 내려고 했던 도야마 미쓰루나 기타 잇키 같은 이들이 저승에서 그들을 보면 무슨 생각을 할까? 도야마도 기타도 우익적 행보에 비해 어디까지나 재야에 머물렀다. 하지만 그들을 흉내 내려는 자들은 권력과 유착했고, 그들이 명분으로 내세웠던 '약자의 연대'(물론 제국주의 시절의 논리이니 가감해야 한다)도 짓뭉개버렸다.

이 책의 대망의 종착역은 요즘 자주 언급되는 '일본회의'이다(물론 책의 순서로는 넷우익과 일본 사회의 우경화지만). 야스다는 역시 직접 몸으로 이들을 조사해간다. 그런 가운데 우리는 최근에 수상인 아베 신조를 비롯한 극우파 정치인들이 어떤 의도를 가지고 행동하는지를 쉽게 알 수 있다. 이 책에서 아베는 패권으로 약한 이웃 나라와 자국민을 압박하던 그 시대를 이상으로 여기고 움직이고 있는 확신범確信犯이라고 몇 개의 사례를 들어 증명하고 있다. 그렇게 해서 학문도, 언론도, 예술도 전부 자기들에게 유리하지 않은 것이라면 막으려고 한다. 나고야시에서 발생한 시장의 소녀상 철거 요구 또한 이와 비슷하다고 판단된다.

이 책이 한국에서 일본 우익에 대한 정보를 알리는 데 도움이 되기를 바란다. 또한 지인인 이영수 씨는 오랫동안 인터넷 커뮤니티에 관심을 끊어 인터넷 말투에 약해진(?) 나에게, 일본 넷우익의 말투가 한국의 SNS에서는 이렇게 번역될 것이라는 조언을 해주었다. 그분께 고맙다는 인사를 전하고 싶다.

끝으로 제국주의 시대 일본의 작가인 모리 오가이의 글을 인용하면서 마무리짓고 싶다(비록 '학문', '예술'이라는 단어만 나오긴 했으나 사회 전반을 가리킨다고 확대 해석할 수 있다).

"학문의 자유로운 연구와 예술의 자유로운 발전을 방해하는 나라가 번영할 리가 없다."

—《문예의 주의文芸の主義》(1911)

일본 '우익'의 현대사

초판 1쇄 펴낸날 2019년 8월 23일

지은이   야스다 고이치
옮긴이   이재우
펴낸이   박재영
편집   이정신 임세현
디자인   당나귀점프
제작   제이오

펴낸곳   도서출판 오월의봄
주소   경기도 파주시 회동길 363-15 201호
등록   제406-2010-000111호
전화   070-7704-2131
팩스   0505-300-0518

이메일   maybook05@naver.com
트위터   @oohbom
블로그   blog.naver.com/maybook05
페이스북   facebook.com/maybook05

ISBN   979-11-87373-95-7 03910

이 도서의 국립중앙도서관 출판시도서목록(CIP)은 e-CIP홈페이지(http://nl.go.kr/ecip)와
국가자료공동목록시스템(http://www.nl.go.kr/kolisnet)에서 이용하실 수 있습니다.
(CIP 제어번호 : CIP2019030318)

• 책값은 뒤표지에 있습니다. 잘못된 책은 바꾸어 드립니다.